U0052730

滄海叢刊

困勉強狷八十年

陶百川 著

1986

東大圖書公司印行

行政院新聞局登記證局版臺業字第〇一九七號
著作權執照臺內著字第三八七九〇號

中華民國七十三年八月初版
中華民國七十四年四月再版
中華民國七十五年五月增訂初版

 困勉強狷八十年

基本定價肆元捌角玖分

著作者 陶百川
發行人 劉仲文
出版者 東大圖書股份有限公司
總經銷 三民書局股份有限公司
印刷所 東大圖書股份有限公司
臺北市重慶南路一段六十一號二樓
郵撥：〇一〇七一七五—〇號

本書著者

本書著者夫婦

Chinese Speaker at MIIS

'Commonwealth of Ch
Possible Reunification

Formation of a "Commonwealth of China" could be the first step in reunification talks between the Peoples Republic of China and Taiwan, a former politician and political commentator for Nationalist China told a Monterey audience Wednesday.

Tao Pai Chuan, for 29 years a member of Taiwan's senate and a presidential adviser there today, said that Taiwan will "maintain a posture of no contact, no negotiations, no compromise" as long as it fears that the People's Republic of China will insist on reunification under its terms.

Those terms, Tao said in a talk at the Monterey Institute of International Studies, include creation of a Marxist state in Taiwan under the Chinese Communist Party.

He said that recent reactions in Hong Kong financial markets to the prospect of renewed Chinese control of that British colony should give a key to future reactions in Taiwan to any possibility that a mainland government would control the island.

Lesson

Investment capital will be withdrawn from Hong Kong and "it won't be as prosperous or as stable as before," Tao said. "Maybe there is a lesson for the future of Taiwan that Communist China should learn."

He advocated a gradual building of ties between mainland China, Taiwan and various Chinese colonies around the mainland.

Tao said this "(
China" could develo
ic and scientific ties
jor issues of dispute
participants in whi
would be able to ve
action.

Closer ties could
years in such an
said.

He also said that
the commonwealth s
out the use of fo
disputes.

Peaceful

At present, he sai
claims Taiwan as a
the nation, and inte
country by peaceful
the use of force.

As the United Sta
ties with the Peo
China, Tao said it ha
to Chinese claims to

But, he said, the U
wan to feel more th
ture if it cuts bac
needed to stave off a
attack.

Mainland China "
to start a shooting v
are reduced too muc

Lose Sove

Mainland offers i
mise in order att
would reduce Taiwa

本書著者一九八二年夏季在美國蒙得和

三版序言

本書出版不到半年，便因暢銷而再版。現在三版就將付印，我趕緊校閱一遍，改正一些錯誤，修改一些文字。

我本來還加寫了兩章：一是「國會問題，苦心孤詣」，二是「統一問題，危行言遜」。那兩個問題，較諸其他國是，似更重要，也很迫切，所以多年來我念茲在茲，傷過腦筋，瀝過心血，尤其因為後者而受過圍剿和誣衊，創鉅痛深。我自當寫將出來，以供國人參考，並候指教。

但是稍加估計，發現字數過多，自必增加印製成本，且恐書局未便中途加價，所以改變計劃，僅將「國會問題」一章先行插入，將來可能另寫一本「回憶補述」，收印「統一問題」。

本書出版後三天，我就離臺去美，所以對臺灣關於本書的批評，僅能偶然得之於友好的通訊，所知不多。但我看到了民生報和亞洲人雜誌的評介，多蒙揄揚，又承新書月刊社邀請文化出版和學術界人士票選本書為去年「最具影響力的書」之一，尤感光寵。敬此一併道謝。

陶百川　七五、四、三

附一：陶百川「困勉强狷八十年」廣受矚目

民生報

為了向歷史交代，前監察委員陶百川，最近將一生出處進退及對國家安危大局所思所慮，彙整成編，定名為「困勉强狷八十年」，成為廣受注目的回憶錄。

陶百川一生以國民革命事業始，辦黨、辦報，均有所建樹，也招忌刻。來臺後，以監察委員諤諤之言自期，雖然驚動朝野，也在所不惜，必堅持最後的原則。

近年來，陶百川雖辭卸監察委員職務，但仍關懷國事、政情，為人權、法治提出建言，期望對民主政治，盡瘁一己之能。書中陶百川均有簡要的回憶，還節錄了相當的文獻佐證。

值得一提的是，全書充滿了作者對自己負責，對世局關懷的精神，雖困而必求知，雖艱難而必勉行。平和、寬厚之情則一再見之於對弱者或受冤抑者的同情，特別是在年輕時軍法處長及監察委員任內更見明顯。

對於時政的諷評，及政治制度應興應革，陶百川也多能心平氣和的提出他的見解，所出版的「叮嚀文存」，都是委婉建言。有些不落痕迹的評論則有待讀者細心體會，例如書中所述不少不必要的爭議，沒有意義的政爭，都可從字裡行間看出政界裡的小人構煽，反置大局於不顧，都是危機肇禍之源。

如何從制度中建立民主政治，作者對共產制度的評論正是反證。趨避之間，就在寬容及政治藝術了。

作者為了出版文存及回憶錄，曾有內在的「好名」困擾，作者自引「若避好名之嫌，終無為善之路」，出版這本書多少仍有寄寓之意。

南宋愛國詩人陸游是作者家鄉先賢，陶百川偏好陸放翁一詩「人材衰靡方當慮，士氣崢嶸未可非。萬事不如公論久，諸賢莫與衆心違！」南宋正是初唱「中興以人才為本」的時代，兩相對照，這本書也更具意義了。（王震邦）

附二：陶百川的證詞

亞洲人

陶百川先生在八月初又悄悄赴美，預計停留半年才回來。他的自傳：「困勉強狷八十年」在他離開臺灣的時候，才由自立晚報連載，引起強烈迴響。

近年來，八十二歲的陶百川，雖然在民間享有崇高聲望，但在黨內甚至黨外，卻也引起不少攻擊和誤解。但他是一位具有強烈歷史感的人，在這本為歷史作證的自傳中，他做了不少為自己辯寃白謗的工作。

他談到他跟老總統的來往、辭掉監委的內幕、在上海當軍法處長的經過，黨務和文宣經驗、接受國策顧問的心情、孫立人案內幕、警總圍剿案，與黨外的關係等等。其中有不少珍貴的資料，也有民主法治理論的闡揚，內容非常豐富，不同於一般傳記。

陶公不見容於黨內的當權者，又不被許多黨外所接受，為了堅持自己的強狷，他常感到「六親斷」、「故友絕」似的孤獨，他在進退取與之間，嚴守分際，至今仍存著如履薄冰的心情。

最近一年來，他的文章大部分都刊在自立晚報，因兩大報已經不大敢用他的文章了。但是他仍然困勉強狷不已。整本書讀來，一股不平之氣，經常溢出字句之間。他似乎越老越不肯屈服，至死不渝，「強哉矯」！

自序

本書的寫作，是由我那讀歷史和教歷史的長男天翼所建議，三民書局董事長劉振強先生便從而加以催促，後來聯合報發行人王必成先生和聯經出版事業公司總經理劉國瑞先生以及自立晚報社長吳豐山先生和總編輯顏文門先生，也表示關切，並允提供出版機會。所以「開宗明義第一章」，我應對他們首先表示感謝。

天翼的提議遠在十餘年前，他希望能趕在我七十歲把本書出版。但我總是躊躇，沒有動筆。在我七十歲前夕，仍是天翼和他弟妹的關愛以及劉董事長的協助，我出版了一套十六冊的「陶百川叮嚀文存」，以紀念我七十誕辰。在該書自序中我道出我所以躊躇的原因。我說：

叮嚀總不免使人煩厭。賢明如唐太宗，也曾想撲殺忠君愛國而直言極諫的魏徵，而且在徵死後，太宗終因小人的挑撥，以徵曾把諫諍的話告訴史官褚遂良為罪名，賴婚毀碑。（太宗曾允以衡山公主下嫁徵子叔玉，並親寫徵的墓碑）。（唐書魏徵傳）我現在把這些逆耳之言集印出來，豈非更惹人煩厭，自非明哲保身之道。所以原想把它在半年以前出版的，拖到最近，我還在躊躇。

其次，我在二十二歲就參加革命行列，面對大義大節，從不為名利打算。可是誠如楊朱所說：「行善不以為名，而名從之；名不與利期，而利歸之；利不與爭期，而爭歸之」。（「列子」）有些人嘗以「好名」來貶抑我提案或發言或作文的莊嚴的純潔的動機，預料本書的出版，不免又會引起一些人的怒目和惡聲，我又何苦來呢！

可是經過幾番認真考慮之後，我仍決定把它出版了。因為上面第一點顧慮，我刪去了一部份文字，至於第二點顧慮，我既決定出版，祇得任之和忍之。但對好名之誣，我曾稍加辯析。我說：

但好名之誣，誤人誤事，其害極大，我不得不借用兩位古人的話，用以自勉和與人共勉。一是宋朝名臣范純仁所說的：「若避好名之嫌，卽無為善之路矣」（宋史，范純仁傳）。另一位明儒呂新吾，說得更憤激也更透澈：「今之人只是將『好名』二字坐君子罪。不知名是自好不將去。分人以財者，實費財；敎人以善者，實勞心；臣死忠，子死孝，婦死節者，實殺身；一介不取者，實無所得！試著渠將這好名兒好一好，肯不肯？卽使真正好名，所為却是道理。彼不好名者，舜乎？蹠乎？果舜耶，真加于好名一等矣。果蹠耶，是不好美名而好惡名也。愚悲世之人以好名沮君子，而君子亦畏好名之譏而自沮，吾道之大害也。故不得不

辨。凡我君子，其尚獨，復自持，毋為嘵嘵者所撼哉！」（呻吟語）

右引叮嚀文存序言所描述的矛盾心情和躊躇態度，也是本書所以稽遲而終於出版的心路歷程。

但曲折尚不止此。以最近「明鏡」雜誌一則新聞為例，它以「傑出女性眼中最具魅力的政治人物」為題，訪問調查的結果，趙耀東先生得十六票，林洋港先生十五票，孫運璿先生十一票，而我僅得二票。如以三票為及格標準，我是名落孫山。這很公正，因我雖被認為政治人物，可是沒有赫赫之功，因而就乏善足陳。

但我兒子所以提議我寫本書的目的，不是要我教人如何謀求功名利祿，而在以我青少年時代的困心衡慮、苦學力行以及做監察委員時候的奮鬥和狷介，去勉勵青年敦品勵學，自强不息，並對時下的風氣發生一點激俗揚清的作用。如果讀者也以這種標準來看本書，則他們對本書將來縱使可能失望，但我便不應吝而不寫了。於是我把本書名為：「困勉强狷八十年」。

這「困勉强狷」四個字，都出自孔子。

關於「困」：孔子說：「或生而知之，或學而知之，或『困』而知之，及其知之一也。」

關於「勉」：孔子說：「或安而行之，或利而行之，或『勉』强而行之，及其成功一也。」

關於「强」：孔子把强分為：北方之强、南方之强或君子之强。所謂君子之强，依照孔子，是：「和而不流，强哉矯！中立而不倚，强哉矯！邦有道，不變塞也，强哉矯！邦無道，至死不變，強哉矯！」

關於「狷」：孔子說：「不得中行而與之，必也狂狷乎。狂者進取，『狷』者有所不為也」。

我對孔子這些話一向有強烈的感受。因為綜我一生，在學業上，我沒有生而知之的天賦，青少年時期的求學歷程也很曲折而艱苦，所靠的就是那個「困」字，真如孔子所說：「人一能之己百之，人十能之己千之」。

在事業上，我也遭遇了許多打擊和挫折，沒有安而行之或利而行之的福分，幸靠自強不息和奮勉從事，方有一點成就。

在修養方面，我很重視孔子勉人的「狂狷」。但「狂者進取」，而我則謙退恬淡，不善進取，「狷」是「有所不為」，包括「狷介」和「狷潔」，乃是我的個性。所以我去「狂」存「狷」，而以「強」代「狂」。因為無論是「寬柔以教，不報無道」的南方之強或「和而不流」、「中立而不倚」、「不變塞」和「至死不變」的君子之強，我雖未能，然很嚮往。

我不知本書能否如劉董事長和天翼之所期，對讀者有點貢獻，但我卻信本書容或有一些錯誤，有勞大雅君子惠予指正和諒解。天翼可能要寫一本「我的父親陶百公」，我希望它能補充本書的內容和校正本書的缺失。

陶百川 七十三年七月

困勉強狷八十年　目次

第十九章　佈道市義　所爲何來……四四三

第一章 書香門第 坎坷身世

第一節 山川秀麗 民性峭慧

我生長在浙江紹興。它是兩個層次行政區域的名詞：一是前清的府名，一是民國時代所改的縣名。紹興府原轄會稽、山陰兩縣，但兩縣同在一城，會稽在東，山陰在西，民國以後合而爲一，統稱紹興縣。在合併前，我家雖在會稽縣，但以府來說，我是紹興人，兩縣合併以後，我當然更是紹興人了。

實則紹興人以前不僅是會稽人和山陰人，府治時代原轄八縣：會稽、山陰、嵊縣、上虞、餘姚、新昌、蕭山和諸暨，那八縣的縣民統稱也喜歡稱爲紹興人。

會稽歷史悠久，最早的史蹟是禹陵或稱禹穴。它是古代治水英雄大禹的墓地。漢朝大史家司馬遷在史記自敘中說：「上會稽探禹穴」。依照史家張晏：「禹巡狩至會稽而崩，因葬也，上有孔穴」。

戰國時代，越王勾踐臥薪嘗膽，滅吳雪恥，他的墓地就在會稽。

到了秦朝，史記載：「秦始皇三十七年登會稽山祭大禹，望於南海，立石刻，頌秦德」。

蘭亭是會稽另一史蹟，它是我國大書法家王右軍（羲之）與友人修禊之地，時在晉朝永和九年。

宋朝的六陵，也是會稽的名勝古蹟。它是宋高宗等六位皇帝的墓穴。

會稽郡志略有這樣幾句綜論：「會稽實禹巡守之地。其民性勤儉，重祭祀，力溝洫。至於勾踐，臥薪嘗膽，奮志復吳，由是民俗勁烈。及漢嚴光抗節不仕，人皆勵廉靖，興學行。東都卓特之士，率皆由之」。

至於會稽人的個性，宋書說：「民性敏柔而慧」。郡志說：「士好學篤志，敦師擇友。商賈工作之徒，皆著本業，不以奢侈華麗爲事」。又說：「俗重犯法」。

同鄉老友阮毅成先生的適廬隨筆，載有「山陰道上」一文指出：世說新語載：「王子敬云『從山陰道上行，山川自相映發，使人應接不暇』，言勝景多也。」這就是「山陰道上，應接不暇」一語的來源，可見紹興風物之受人推重，由來已久。

阮先生文中又有一段回憶，最爲我所欣賞。他說：

抗戰勝利之後，李君佩（文範）先生來遊杭州，他說：「胡展堂（漢民）先生當年遊了紹興回去，曾有詩句謂：『我有一言君信否，會稽山水勝杭州』。所以，也要去遊一次紹興。」以胡先生的個性，自然喜歡東湖的峻峭，而認爲勝過西湖的柔媚了。

胡先生和阮先生的體會，深得我心。

於是我聯想到紹興師爺，而我父親又正是以此爲業，我自應有所敍述。

第二節　紹興師爺　優良傳統

紹興有三大名產：紹興師爺，紹興酒和紹興錫箔，而以前二者最爲著名，其中關於紹興師爺，則更有「無紹不成衙」之諺。

何謂師爺？他是衙門中的僚賓，也就是古代的記室。「師爺」或「老夫子」乃是對他的尊稱。他的種類頗多：其中專辦文書翰墨的叫做「書啓師爺」，專辦會計出納的，叫做「帳房師爺」，敎導主官子弟讀書的，叫做「敎書師爺」，在大衙門專辦奏摺的，叫做「摺奏師爺」，但是主官最不可缺的，乃是刑名師爺和錢穀師爺。刑名師爺也稱刑幕，錢穀師爺也稱錢幕。前者專辦刑事案件和民事案件的研判並撰擬有關文書；後者處理公款、公糧的接收和盤查以及丁、糧、賦、課的徵免、支應和報銷。我父親乃是刑名師爺。

然則紹興爲什麼會出那麼多的師爺而著名於當時？因爲紹興是有名的魚米之鄉，人民富足，家長多鼓勵子弟讀書求功名，而且人口之多又爲浙江全省之冠，所以很多靑年競求科名。但是秀才、舉人和進士都有名額限制，而考不取舉人或進士的秀才和監生，很多人乃投奔衙門去學幕。

明淸科舉取士，中進士的人往往外放作縣官。他們當然能寫很好的八股和詩詞，但對民刑審判和糧賦會計，大多是茫然無知，所以他們必須聘請一些師爺特別是刑名師爺和錢穀師爺做顧問。

照淸朝成法，一切政事，除律例有明文規定者外，如果已有舊例，便須依例辦理。各省督、撫、藩、臬的奏事多交部議，議復時有前例可據者從例，無事例者則請旨。所謂事例，便是歷年積壓下來的舊案，原經奏准並行文各級衙門，不過因積年旣久，舊案多到不知其數，新做官者固屬茫然，很難處理，卽使做官已久的也只粗知大要。只有主管各部的書吏，經過不斷的心傳口授，並秘密編目，故對部中各類舊案知道得最爲詳細。因此外官所奏請各種事宜的應准應駁，各部書吏往往操其實權，堂官司員多數不能有所主張。又因淸制關於刑事案件的失出失入，朝廷對審判官員的處分很重，丁、糧、賦、課徵解不足，須由官員本人賠補。

於是外官赴任，爲求辦事的便利迅速，免掉責任上的很多負擔，就聘請刑部、戶部中熟習律例的書吏，居於幕中以爲之襄助。除原給修脯外，並尊之爲幕友，待之以客禮。督、撫、藩、臬的幕友，又往往收容沾親帶故的家鄉子弟學習刑名、錢穀，然後推薦於道、府、州、縣。刑錢幕友又師徒相承，上下相通，公文往返，互相照顧。所以，各地方官的衙門。很少沒有刑名師爺和錢穀師爺的，而這些師爺又很少不是紹興人。

我父親就在那樣的背景中做了紹興師爺，從事民刑審判。

主官對主辦刑錢的幕賓，不能札委，而須禮聘。主官備具關書，親自拜送，書式爲大紅全柬，內寫：「敦聘○○○老夫子，在○官任內，辦理○○事。月奉修金○○○元。到館起修。謹訂。敎弟○○○頓首拜，○○○年○月○日。」

關書收納後，視同契約，雙方都受約束。稱「敦聘」以示並非僚屬，稱「老夫子」以示尊崇，稱「辦理某官任內某事」，以示任滿共退，「修金」以明並非官俸，「敎弟」以示受敎而非所敎。

習幕人士，他省也有，不僅紹興，但以紹興人最多，而且取法乎上，都以紹興之老夫子爲式。因爲後者的定規很嚴，以輔佐主官爲名宦自任。最低條件，也須使「東翁」不遭禍患，可以交代。

史稱清朝中興名臣湖南的左宗棠在做幕賓時便因驕橫不恭，與總兵樊燮（樊樊山的父親）大鬧，參樊目不識丁，樊也告他是「劣幕」。若無胡林翼廻護，左宗棠幾乎「就地正法」，連累駱秉章也不得下臺。他便不及紹興師爺那樣謙恭有節了。

紹興師爺以我父親爲例，立身行己，恪守規律。平時足不出戶，不接賓客，眞所謂「大夫無私交」。謹關防，嚴分際。處理案牘，周詳綿密，使下無違言，上不遭駁。對主官負責，關鍵所在，片語隻字不容率改。對主官措施有不當者，直言諫勸，若不見聽，可以片面告辭。

我在上文所以對紹興的風土人情以及紹興師爺的立身處世，參考幾位鄉親的著作，寫得頗多，目的是試圖說明那些情事與我父親以及與我本人的個性和作風不無關係。我父親在我母親逝世後的第二年，四十七歲，正當盛年，就因討厭官場生活而辭職，而退隱，而從此不問世事。

我比父親較為堅強而幸運，但我做上海警備司令部的軍法處長不到兩年，做上海市立敬業高中校長和香港國民日報社長各僅兩年，而中央日報社長則僅做一年，監察委員做得最久，但在中途力辭而去，現任總統府國策顧問，六年之中，我已辭過兩次，看來快將退隱了。

第三節　哀哉我母　天胡不仁

我出生時，祖父尚在人世。他是秀才，我父親也中了秀才。但他們兩位都因家境清寒，必須早日賺錢養家，不能續求功名，先後改行。祖父習醫，父親學幕。

父親有兄弟六人，我的大伯學醫，但中年夭折，二伯學醫不成，經常失業，三伯習商，父親排行第四，五、六兩叔務農。各房都娶了好媳婦，而以我母親最美最賢。

以我老家那樣食指浩繁，生活困難，我父親本來準備也學醫謀生，不道去給田間工作的兄弟們送點心而誤踩蛇身，為蛇所咬，半年多不能走動，於是利用時間，勤讀詩文，改求科名，從而考中秀才。先教私塾，後因族叔蘭芳公公提攜，在民國紀元前六年遠赴瀋陽學幕。

那時祖父已逝，伯叔分居，我家分得僅臥房一間，厨灶共用，菜園五坪，遠在兩里以外。

父親離家時，我僅六歲，二弟四歲，三弟尚未出生。他臨行把積蓄數十元拜託族叔大公公存放，以充家用，不道他存心不良，拖欠不還。父親在學幕期間，沒有薪水，以致兩年沒有寄錢回家，其間因蛇創復發，一年多沒有家書。我母親既為生活所困，又擔心父親的健康，日夜不安，突患哮喘重病。本村雖有一位中醫，但藥舖則在十里以外。我以七、八歲的小孩，常常起了大早，立在村邊路口，手握藥方和零錢，等候趕集的伯伯叔叔拜託他代為買藥。有時遇不到便人，買不到藥，坐視母親喘得上氣不接下氣，咳得冷汗直流，我幼小的心靈，只怪菩薩何以不保佑！父親何以不回來！

在那樣貧困中，母親在沒有病倒時，蔬菜由她種，柴薪由她採，鷄由她飼養，春天還要利用幾株桑樹養蠶賣繭，貼補家用。母親病時，則種菜、採薪、飼鷄和煮飯等非做不可的事，只好一律由我和弟弟承擔。

我的外婆家在外埠開設米店，經營小本生意。外婆每逢年節，總要派人送一擔吃的給我家，有魚有肉，也有一些水菓和糖果。那是我家最快樂的一天，也是一年中僅有的一次。記得我九歲過年時，母親因我不吃肥肉，為我留下半碗紅燒精肉，那是一年中所僅有，但竟為野猫偷食，以致我一年不知肉味。母親痛我命苦，淒然淚下。

父親與母親結婚後的第七年，便別婦拋雛，爲遊幕而遠走東北。五年後因逢辛亥革命，方回家團聚。但在家中僅住兩年又爲衣食而奔走四方。再過兩年，工作安定，父親乃接我們母子到江蘇灌雲同享天倫之樂。但僅三年而已，我們弟兄遠去蘇州求學，再過一年半而母親就去世了。時年四十三歲。她一生中與家人團聚僅十三年半，而且大半是在病中。哀哉我母！天胡不仁！

第四節　兩次浩刼　妻子離散

老輩讀書人常有「不爲良相，當爲良醫」的打算，我父親在讀書時也隨祖父學醫。後來退休回鄉，爲人治病。但因故鄉（六翰村）人口不多，父親業務收入，僅足糊口。我們弟兄二人，乃不得不在中學畢業後就自力謀生，並須帶領小弟。

我們弟兄三人都有志於敎育，我先在常州縣立第一小學任敎，一年後，把敎職讓給二弟，到上海任敎於私立養性中學。在上海市黨部工作時，我仍兼任敎職，並任上海市立敬業中學校長。來抗戰時期，我應中央政治學校（現爲國立政治大學）敎務長張道藩先生之聘，敎授三民主義。來臺後，在世界新聞專科學校初創時期，感於成舍我先生的熱心敎育和「三顧」盛情，我與他的幾位老友端木愷、程滄波、阮毅成和胡秋原諸先生都「出山」任敎。我敎「新聞法律與新聞道德」。

後因美國政府邀請赴美訪問國會而告退，從此以後，不再教書。

二弟廣川和三弟愚川，都以教書爲終身職業。廣川在政府撤出上海時擔任上海市立敬業中學校長，爲中共所清算鬭爭，終因中共查無劣蹟而被免職結案，但在文化大革命時期，他仍難逃刼運，被關三年，掃地出門。在獄中染上肺病，逝於民國六十九年。遺有一子一女，都驚駭成疾，神經不很正常。

愚川畢業於日本早稻田大學，後又赴美進修，獲得密歇根大學教育碩士學位。抗戰初期回國，繼我擔任教育部戰時教育研究委員會駐會委員，後任國立湖南師範學院教授。四十一年上海中共清算加劇，他也被捕入獄，釋放後被遣送回籍，下田勞改。文化大革命結束後，幸獲平反，任教於山東師範學院，現尚生存。三年前我去美國，突然接到他輾轉寄來一信，說學校同事告訴他：「你現在可與你大哥寫信談談家常了」。可憐他們家破人亡，而且餘悸猶存，還有多少家常可談和能談呢！

我父親在我結婚前半年，民國十七年，由故鄉去上海爲我主持婚禮。以後一直住在上海。三十八年五月二日，我來臺灣，他說：「抗戰時期，我們在日軍鐵蹄下尚能生存，中共究竟是同胞，我何必遠走！況且二、三兩兒都在上海，你們放心走罷。」他主張我的長子天翼也留在上海，一面陪他，同時也好完成高三學業。

但我總不安心，重託我的妻舅張冠雄兄：「如果家父驛馬星動，請你務必爲他和天翼設法買飛機票，或去臺灣，或飛香港。不惜金錢，務請幫忙！」二十日後，五月二十二日，戰事逼近滬西，我上海屋頂落彈，張兄乃購得兩張機票，苦勸我父飛港。他在臺灣安度晚年，於四十五年逝世。

我妻張素君，小我四歲，原籍紹興，但在上海生長。爲人溫、良、恭、儉、讓。溫是性情溫和，良是存心善良，恭是對人恭敬，儉是持家節儉，讓是處世謙讓，這是孔子勉人的遺敎，也是我國婦女的傳統美德，本不希罕。

我妻中學畢業，與我結婚，本應升學，但不久有孕，我勸她根本不必讀大學，她後來接連生育，共得三子一女，九年後又生一子。對於幼小的兒女，她譬作「腳鐐手銬」，走的是鐐，抱的是銬，困得她不能動彈，當然不能升學，迄今猶引爲憾事。可是我常勸她：「作爲一個賢母良妻，相夫敎子，中學畢業也就够了，也就對得住國家和祖宗了。」

一個溫良恭儉讓的女性，個性和作風，自必較弱，我妻正是這樣。但有如西洋一句俗諺：「女子弱者也，而爲母則強」。茲舉一事，以代說明。

民國二十六年，上海「八一三」抗戰時期，我擔任上海市抗敵後援會的秘書長，秉承常務委員會綜攬後援會工作，在前六年的「九一八」事變後，上海各界組織上海市抗日救國會，我也是該會的秘書長；日本軍閥因而對我相當仇視。我軍撤出上海後，我去南京，繼退武漢，我的家眷必須離開上海，以免受害。

於是我妻帶了四個小孩，回到故鄉，先住城中，後遷鄉下。在日軍進犯紹興以前，他們又逃回上海。二十八年，中央黨部派我往香港開辦國民日報，我囑我妻帶小孩去港團聚。一年多後，我辭職回渝，他們又回上海。我妻則把小孩安頓在外婆家中，隻身回港，夫妻二人經廣東、廣西、貴州和四川到達重慶。但她住了一年，因想念小孩，隻身飛港轉回上海。爲敵所知，她不敢久留，生下第五小兒後，就帶五孩經過江蘇、安徽、河南、陝西和四川，投奔重慶。抗戰勝利後，因買不到飛機票，搭乘第一艘輪船，冒了江中觸發戰時所佈水雷的危險，回到上海。八年之中，十次遷移，席不暇煖。感謝我的岳父母和妻舅，三次伴送。照她現在一人不敢往返市區，前後宛若兩人。可見人有潛力，能够勉強爲之而有成。

第五節　兩則插曲　抗日抗敵

上文提到我在上海兩次擔任抗日後援組織的秘書長，主持抵制日貨和勞軍救難等工作。那在我也是一件大事，所以我要在此附帶補敘。

民國二十年九月十八日，日本軍閥進攻瀋陽北大營，侵我東北，上海民情憤慨。我與上海市黨部重要負責人吳開先先生商議如何發揚民氣，組織民力，作政府的後盾。初步商定，抵制日本貨。我們分訪上海各界領袖，商界的錢新之、杜月笙和王曉籟諸先生，學界的劉湛恩和章友三諸先生。詢謀僉同。

在籌備會議，有人建議組織上海市反日救國會，我主張把「反日」改爲「抗日」。照「杜月笙傳」所記，我慷慨陳詞：「我以爲本會的名稱，應該改爲『上海市抗日救國會』，因爲抗日更積極，更能發揮我們的力量。」其實我的理由尚不只此。我的重要意思是我們並不反對日本，我們是抵抗日本的侵略。如果日本撤退軍隊，還我河山，我們仍將與其爲友。於是名稱就照此修改。我被推爲該會秘書長。

對日經濟絕交和抵制日貨運動，在黃浦灘上雷厲風行，各地檢查所和保管所都紛紛成立。天后宮橋檢查所由郵務工會的于松喬先生負責，他和一位名叫劉心權的熱血青年，以射人射馬、擒賊擒王之勢，先到合昌祥綢布莊抄出兩大箱日本棉布，按照抗日救國會的規定，載送到保管所暫行封存。後來該店老闆陳松源先生，親到該保管所去交涉，又被于扣留。我以爲扣貨應該，扣人不可，乃親到保管所去處理。我對于說：

「抗日救國會不過是一個民衆團體，我們可以從事愛國運動，但卻不是權力機關，我們沒有權力，把人家捉來關起來。所以你扣押陳松源的事在法律上是說不過去的。請你馬上把陳松源放出來，我們再商議解決辦法。」

于松喬坐在地上，擋住了羈押著陳松源的那扇房門，聲色不動，心平氣和地說：「陶先生，你地位高，口才好，學問一等。我于松喬無論講地位，講口才，講學問，統統服貼你。不過今天的這件事情，不管我錯我對，我已經下定了決心，天王老子的話我也不聽。陳松源帶了保鑣，開手槍來搶所裏的東西，我非關他不可。假使有人想來拖開我」，他伸手指一指左側的鋼筋水泥牆壁：「我立刻就撞牆頭自殺！」

後來還是陸京士先生報告了杜月笙先生，由杜出面相勸。于是杜的門生，乃把陳釋出。第二天，上海市場上的日貨都不見了。那倒並非檢查所將它們沒收，而是經售的商家，私忖自家的「牌頭」不會比陳松源更硬，抗日救國會的人既然如此鐵面無情，認眞執行，爲免貨色充公，多半退回日本廠方，一小部份則暗中藏到倉庫去。

但是日本軍閥卻因我國東北的不抵抗，食指大動，六年之後又有蘆溝橋「七七」事變，八月十三日戰火更燃到上海。

上海市各界又組織上海市抗敵後援會，從事於對軍需的供應，對傷兵的救護，對難民的救濟，對款項的籌募。由杜月笙、錢新之、潘公展和王曉籟諸先生分任主任委員。其中以杜月笙出力特多。秘書長又由我擔任。「杜月笙傳」寫：「三天以後舉行成立大會，到了各界代表幾百人，當場選出一百二十一位委員，再由委員互選常務委員三十五名。黃炎培夢寐以求的秘書長未能到手。說來也湊巧，一二八事變時的抗日救國會老秘書長陶百川，剛好學成歸國，如今又膺斯選，正好原璧歸『陶』。」

民國七十一年九月，我在美國應加州大學學生團體之邀，參加反對日本竄改侵華歷史的示威大會，我痛定思痛，發表演說，主張恢復國恥紀念，並把「九一八」或「七七」訂爲國定紀念日，永誌弗忘。

我現身說法，回憶痛史：我對日本的野心及其軍人的野蠻，有深切的感受和了解。因爲民國二十年「九一八」事變後，日本就在上海發動「一二八」事變，我在上海慰勞軍隊，救護傷殘，對於日軍燒殺姦淫的慘事耳聞目見，令人髮指。「七七」抗戰後，八月十三日，戰火燒到上海，上海各界組織了抗敵後援會，我第二次擔任秘書長，對於日軍的殘暴，感受更深。抗戰勝利後，我國本可「以怨報怨」，索還血債，但政府寬大爲懷，「以德報怨」，不獨遣送日軍安全返國，而且放棄了一切賠償。

我在結論中提出：現在日本看到君子可欺，竟想竄改歷史，妄圖抹煞侵略罪行。如果抗議無效，我建議政府恢復「九一八」國恥紀念或「七七」抗戰紀念，全國舉行紀念儀式，講述日本的野心和野蠻以及全國軍民的犧牲和奮鬪，以期後世子孫不忘國恥，毋忘在莒。

第六節　五子登科　教養之道

我們夫妻生有四子一女。長子天翼，臺灣大學文學士，文學碩士，支加哥大學哲學博士，主修歷史。現在任敎於夏威夷大學。赴美留學前，曾在中央研究院史語所任副研究員。

次子天宇，本讀文科，留美改讀應用物理。那是一個很大的改變，我家都很欽佩他的決心和毅力。他連續讀得美國坦普大學的應用物理學學士和碩士，又入賓雪凡尼亞大學攻讀博士學位。後任IBM工程師，積資積功，現任該公司高級工程師和經理，負責檢驗工作，並從事 analog 電路設計和新式檢驗機研究。

三子天放，臺灣大學電機系學士，美國賓雪凡尼亞大學碩士，曾任RCA電腦部門工程師。後復入哈佛大學改攻應用物理，獲得該校碩士和博士學位。先後任敎於加州大學和美國海軍研究院，並兼數家太空公司和美國空軍部顧問。他敎的是積體電子、微形電腦和電光系統。他在電腦方面有發展，組織了一家電腦公司，擔任總經理，製造高性能保密電腦。

女兒天文，排行第四，最爲我妻所疼愛，她也最有愛心，在美國求學時期，每週必寫一封家信。她是哈佛大學醫科博士，專攻病理和生化。兄妹同讀哈佛，這與我曾讀哈佛頗有因緣，而我未得該校學位，至此也算獲得了一些精神補償。

她畢業後留校任敎和從事研究，後隨夫婿赴瑞士定居十年，曾回臺灣大學擔任客座敎授。現在任敎於美國史旦福大學醫學院，致力於癌症和 autoimmunity 的研究。

小兒子天林，畢業於中國文化學院都市計劃系。這與他少年時期喜歡繪畫、運動和音樂的心向頗有關連。畢業後以高考優等資格分發交通部服務。

數年以後，承交通部一位美籍顧問亞洲理工學院敎務長的推薦，他請假兩年，讀得該校系統科學碩士。回部繼續任職。數年後又往紐約大學攻讀運輸規劃博士學位，後因奉調赴沙烏地阿剌伯擔任該國交通顧問，又升團長，以致不再回校繼續攻讀。他現任臺北中和資訊管理顧問公司總經理。

我家有一位女婿和三房媳婦。女婿是美國麻省理工學院博士，一媳是碩士，兩媳是學士。八個孫兒女，一人已大學畢業，三人正在大學肄業，其餘四人尚在中學。

多年來常有人問我們夫妻教子之道，尤其是民國五十三年天文畢業哈佛消息經美國外電傳到臺北時，臺北各報都有刊登。中央社的黃肇珩女士、中央日報的賀照禮先生和警察廣播電臺的周幼康先生等都到我家問我教子成材的方法。

我說：「子女的成功不能全恃父母的教養和家庭的環境。這些當然很重要，但僅佔他們成功要素的百分之三十，子女本身的智慧、志趣和努力，佔百分之四十，師友的幫助和學校的環境可佔百分之二十，命運和機會也有關係，但僅佔百分之十。」

關於家庭教育，我說不外「言教」和「身教」，後者尤爲重要，這猶如古人所謂：「以身教者從，以言教者訟。」

他們也問：何以現在留美青年多數都有成就？

我說：這是形勢使然，有點像古人所謂：「時勢造英雄」。例如我家子女在美留學，每人每年所需都是美國學校的獎學金，而獲得獎學金的先決條件，乃是功課要好，那就需要特別用功。

我指出，美國的高速公路，坦坦蕩蕩，每小時准開七十哩。在這上面行駛的汽車，都得開足馬力，維持速度，否則後面的車子就會「嘟嘟」的催你快駛，於是你就不能不快開。中國留學生的情形，也是如此。

我說，我也曾在哈佛讀書，可是沒有讀得博士學位。因爲我不靠獎學金維持生活，而且國內有很好的職位在等著我，也沒有讀博士學位的必要。但是我的子女便不同了，他們已是「破釜沉舟」，必須「紮硬寨打死仗」，方能生存下去，於是便非特別用功不可。

雖然如此，國家及其政治的好或不好，對一個人的命運影響還是最大。我兄弟三人，同一父母所生，同在一樣的家庭環境中長大，可是二弟自己被折磨而死，子女驚駭成疾，迄今精神失常，三弟則孤苦伶仃，我們兄弟現在尚不敢通信。天佑我民！使三民主義能夠普遍實現，讓大家能過自由安全的生活！

《附錄一》 我與蔡元培先生

敍過了與我文化背景有關的山川人物後，我尚須略述我最仰慕的一位鄉賢蔡孑民（元培）先生，因爲他對我的求學處世和爲人有很大的影響。

古往今來，紹興名人實在多，像陸放翁、陶成章、秋瑾、魯迅，甚至周恩來，都有或多或少的紹與人特性而爲我所欣賞，但以蔡先生爲最了不起，因而最爲我所仰止。

依照孫常煒先生所撰「小傳」，蔡先生在青年時代，服膺宋儒理學，所以律己很嚴，眞是做到孔子所說的「非禮勿視，非禮勿聽，非禮勿言，非禮勿動」的地步。生活是平實的，自奉是儉約的。

蔡先生和易近人，一副仁者長者的藹然態度。對於朋友是推心置腹，講究道義；對於學生是誨人不倦，有求必應；對於下屬和工友，沒有絲毫官僚口吻。別人如有長處，他會公開讚揚，所謂樂取於人以爲善。別人如有高見，他更欣然接受，做到「擇善而聽，從諫如流」。與他相交，眞是如被春風，如沐化雨。

可是蔡先生不肯與世浮沈。他在二十四歲擔任上虞縣志總纂，因所定條例不能獲得各分纂的贊同而辭職了；在三十二歲，見到戊戌政變失敗，不屑與淸廷官僚共事而請假離京了；他擔任中西學堂校長，因提倡新學與舊敎員意見不合而辭職了；在三十五歲，任敎上海南洋公學，也因當局無理開除學生，調解無效而辭職了；在民國元年夏天袁世凱排擠國民黨，他又與國民黨閣員同進退而辭去敎育部長了。五四運動發生後，他既保釋了被捕學生，又以鳥獸不可與同羣而離開北京大學；民國十二年，奉直軍閥爭奪政權，他因看不入眼，辭職出國；民國十六年，中國共產黨陰謀消滅國民黨，他與各中央監察委員提議清黨。

在國民政府時代，他不願做監察院院長，而僅任中央研究院院長，但爲了衞護人權和鼓吹自由，與政府處得並不愉快，但他還是愛護政府，至死不渝。

中庸記載孔子論「強」，說：

子路問「強」。子曰：「南方之強與？北方之強與？抑而強與？寬柔以敎，不報無道，南方之強也；君子居之。衽金革，死而不悔，北方之強也；而強者居之。故君子和而不流，強哉矯！中立而不倚，強哉矯！國有道，不變塞焉，強哉矯！國無道，至死不變，強哉矯！」

蔡先生沒有北方之強的氣質。他是「寬柔以敎，不報無道」、「和而不流」、「中立而不倚」、「國有道，不變塞焉」，「國無道，至死不變」的那種「君子之強」。

蔡先生那種君子之強，也可見之於學業。他十七歲就中秀才，二十三歲中舉人，二十四歲中進士，二十六歲補翰林院庶吉士，兩年後補編修。

他猶以爲未足，一九〇七年，四十一歲，自費赴德留學，在萊比錫大學進修文學、哲學和心理學。四年後，辛亥革命成功，先生應孫大總統中山先生之召，回國出任第一任教育總長。不久內閣總辭，他又赴德，復入萊比錫大學繼續研究工作。民國二年宋教仁被刺，他回國一次，旋即赴法學習法文，以著書自給。

民國二十六年，日本軍閥侵略上海，蔡先生移居香港，三年後病歿，享年七十四歲。

我與蔡先生是因民國十七年上海大東書局請他校訂我所寫的初中黨義教本而相識，在我可謂「相見恨晚」。他那時早已名滿天下，位居顯要，但他還是肯爲一個同鄉晚輩的教科書擔任校訂，並且一句一句地校閱和修改，長達六冊之多。那種誨人不倦的精神，眞是十分了不起。我雖**欲學而未能也。**

《附錄二》 陸放翁的紹興人氣質

我所以喜愛陸放翁（游），第一，也許因爲他是我的小同鄉，他的那些關於山陰會稽的吟咏，足以喚回我的鄉思，因而特別感到親切。

第二，宋朝強敵壓境國破民困的處境，引起我的同感。我對他發自愛國情懷的感傷激勵的那些作品特別感到興趣。例如：

人材衰靡方當慮，士氣崢嶸未可非。

萬事不如公論久，諸賢莫與衆心違！

這幾句詩，我在監察院糾正案文中曾經一再引用，希望政府能受感動。

再如他的「夏日雜題」：

憔悴衡門一禿翁，回頭無事不成空。
可憐萬里平戎志，盡付蕭蕭暮雨中。
衰疾沈緜短鬢疏，淒涼圯上一編書。
中原久陷身垂老，付與囊中飽蠹魚。

又如「雜感」：

山人那信宦途艱，強著朝衣趁曉班。
豪氣不除狂態作，始知只合死空山。

又如他的絕筆：

死去原知萬事空，但悲不見九州同。
王師北定中原日，家祭毋忘告乃翁！

陸放翁是個多產作家。我曾根據曾國藩編的十八家詩鈔做了一個統計，結果在十八位大詩人中放翁位列前三名，而他的七律和七絕且都是第一名。

第二章 求學歷程 斬棘披荊

第一節 私塾時期 國學基礎

我生長在窮鄉僻壤，它雖然也是在「山陰道上」，風景秀麗，但八十年前風氣閉塞，民生艱難，五里內沒有一所新式學堂。所以我早年的敎育，有七年之久是在私塾中完成。直到十五歲方在父親所服務的江蘇省灌雲縣接受小學敎育。

在長達七年的私塾階段中，我讀的都是古書。先是百家姓，書中排列著四個字一句的姓，例如第一句是「趙錢孫李」，既無意義，也無趣味。幸而接著讀三字經和千家詩，二者都是很好的啓蒙讀本，我得益頗多。

以後就讀大學、中庸、論語和孟子，都須背誦。當時雖感艱苦，但迄今還能記得很多。而且我受益的，不獨文字而已，還有許多立身處世的道理。

五經部份我在私塾中祇讀了詩經和春秋左氏傳。詩經雖然包含風雅頌，我沒有很深的感受，但左傳確是既有益，也有趣。有益，是因以人爲鑑，可知得失，以古爲鑑，可知興替；有趣是因那些故事和文章——故事是那麼生動，文章是那麼精鍊。

私塾本來也應敎歷史，我也「點讀」了鋼鑑易知錄的一小部份，那是我父親遠道寄來要我瀏覽的，限於時間，半途而輟。

我也讀了幼學瓊林，它又叫幼學故事瓊林，那是一本小型的「類書」，包含天文、地理、親族、人事、文事等數十類的典故和成語。它導引我後來去看高級的三通——通典、通志和文獻通考。

在許多古書中，我早年最喜歡古文觀止。它選集了許多擲地有聲的文章，不獨文字各有所長，而且也充滿著做人做事和治國平天下的道理。唐詩三百首，加上千家詩，則可稱爲古詩「觀止」。但因限於時間和精力，私塾的老夫子祇爲我選敎了一小部份，其餘多是我後來所自修的。

子書我選讀了韓非子。我故鄉盛產紹與師爺，我父親那時也在保定和奉天一帶遊幕。那位私塾老夫子，似乎也富有刑名思想，所以要我也讀一些法家的書。這與我後在大學選讀法科並無多大牽連，但我現在所以篤信法治，或者與此不無關係。

鄉下沒有圖書館，私人藏書也很少，那時我所學習的祇是上述寥寥十數種而已，但總算也包括了「經史子集」。

現在學校的功課多，生活忙，學生當然不可能再讀古書。但古書確有很多寶藏，不可不選讀一些。我建議同學們多多利用暑假，選讀幾本古書，包括四書。現在坊間有多種「今註今譯」的版本，陳立夫先生且寫了一本「四書道貫」，讀來就很容易。至於現已就業的朋友，只要有心看書，不愁沒有時間，而且比較容易無師自通，不致像我在私塾那樣的困惑。

但我所讀的上述古書，當代青年固不必盡讀，即使四書，我以爲也不必讀艱深的原本，我建議改讀陳立夫先生的四書道貫。它是四書全部內容的分類重編，例如以仁爲綱，它把四書中所有關於仁的文字全部編在一起，加註加釋，並酌附陳先生的意見。

另一個入手方法，就是先看一二部古書通論，例如章太炎先生的國學概論，胡適之先生的中國哲學史大綱以及蕭公權先生的中國政治思想，然後把自己所喜愛的學說及其原著，取來閱覽，先略讀，如眞喜愛，然後精讀。

第二節　小學時期　博覽小說

民國六年，我十五歲。前一年，母親帶了兩個弟弟，廣川和愚川，遷往江蘇省父親服務的灌雲縣，而把我送往舅家寄住。第二年祖母逝世，父親回家治喪，帶我同去灌雲。那是我生命史上最重要的一頁。因爲我從窮鄉僻壤遷往城市，從鄉間書塾改受新式學校教育。但因家境淸寒，以後學校的歷程是荆棘滿途，而我竟能披荆斬棘讀畢中學，兩讀大學，而且留學美國，在政治和法律上也稍有貢獻。那是奇蹟，也是人事；那與機遇不無關係，但畢竟是淚和汗的結晶。

那時以我的知識來論，國文程度足以進中學，英文和算術則從未學過，應從小學一年級讀起。但我二弟已讀畢一年級，父親乃商准該校汪校長讓我試讀二年級，與二弟同班，後來終靠國文、歷史、地理的成績，一同畢業。那時有同班的一位傑出同學，擔任班長，他是現任立法委員汪寶暄先生。

我在灌雲第一高小爲時兩年，課業方面可說乏善足陳，因爲學校所敎的國文、歷史和地理，我在書塾時已經讀過。我的書塾老師董承奎先生既無舊功名，也沒有進過新學堂，可是他的敎學方法卻新舊混合，既敎古文，也用商務印書館新學堂的一部份敎科書敎給學生。他又敎學生作文，改得很高明，不是一般書塾那樣「述而不作」。後來我做上海市立敬業中學校長時，聘他擔任初中國文敎員，居然比美於師範出身的那些老師，足見事在人爲。

至於算術，我幸而勉強及格，但英文則每考都在六十分以下。原因之一，還是因爲不够用心和用力。因爲那時父親不想讓我升學，而想把我留在縣衙門跟他「學幕」，做「紹興師爺」，因而用不到英算。那樣的安排，幾乎誤了我的終身。最後還是因爲母親的反對，他方改變方針，讓我和二弟同去蘇州讀中學。

從我這個例子，我們不難想像現在小學把學生過早分爲升學班和放牛班，貿然決定他們的前程，未免「誤人子弟」。

我最初預料不能升學，於是在國文上下功夫。首先是看林琴南用古文所譯的西洋小說，看了幾十種，都是縣長辦公廳所購藏的。熟能生巧，不獨我的作文能力乃大進，而且眼界也大開，思路也大展，甚至觀念也起了大變。

按林譯小說，包括冒險的，俠義的，言情的，社會的，五花八門，無奇不有，引人入勝，感人很深。後來我在上海、漢口、重慶和香港等地陸續蒐集了一百五十餘種。在任大東書局總經理時，我曾商之於商務印書館王雲五先生擬把它們重印發行，乃因時局紛擾，不獨未果，而且那些書都陷落在上海了。

現在我回想，如果父親眞的把我留在他身邊學幕，我日後也會自動地走出衙門，尋覓新路，有如班超在做書吏時候的投筆從戎。

寫到這裏，我要提醒「放牛班」的，甚至已在放牛的青少年，祇要你們有志於學，你們一定能成班超和陶百川，而且較爲容易，因爲你們所處的時代和環境已經大好於前了。

母親主張我升學的理由很簡單，但很正大：一是「愛無差等」，她對父親說：「如果祇叫廣川升學，將來百川會怨我們的」；二是她厭惡官場的腐敗，常以兩句紹興俗諺：「做官做府一陣煙，種田種地萬萬年」，勸父親還鄉做醫生，所以她也要我們兄弟投考蘇州一所工業職業學校，好學一技之長。但我因英文太差，沒有考上，再考一所教會中學，二人都考取了，而我的英文課卻被退到它的附屬小學三年級去補習，半年後方准回到中學一年級就讀。

從鄉村到都市，雖然灌雲僻處江北，人民那麼苦，文化那麼低，但我還是大開眼界和心境，首先要歸功於我家客堂正中掛著一副對聯：

事能知足心常愜

人到無求品自高

我不獨迄今牢記，而且常以此自勉，它對我以後做人做事，影響很大，我受益最多，可是在實踐的過程中，常須動心忍性，方能貫徹。因爲像我以後那樣的貧窮，求財求職，都不能免，後來參與政治，當然更須求達求名，可是我幾乎都能自儆自制，總算做到「萬事不求人」。甚至在報名競選監察委員的前夕，鑒於競選必須求人，我徬徨了一天一夜，第二天報名就將截止，但我還沒有下定決心。老友徐學禹先生爲我著急，在最後五分鐘，代我報了名。我這人眞是迂不可及，愚得可笑。

但我從不後悔，因爲我很能知足，而「知足常樂」（老子），有如上引聯語：「事能知足心常愜」。所以必須知足方能常樂，而後方能無求，而後方能有高風亮節的品格。

那時我的縣長叔公，有兩位親戚，與我們兄弟二人同班畢業。他請他另一位至戚蘇州人鍾吉人先生帶他們去蘇州考中學，父親乃請他帶我們兄弟同去。母親在臨別時把五塊大洋塞在我的衣袋中，叮嚀著：「你父親是淸官，沒有積蓄，這次打發你們出外上學，家中已是羅掘俱空，所以沒有錢給你們零用，他將來會寄一點去。我更沒有錢，這五元以及給鄰居和女工借去的另外五元，是我三年來僅有的積蓄，你帶在身邊以應急需」。那天母親舊病復發，氣喘得幾乎不能發聲。我兄弟二人就在那種悲切中上路。

第三節　中學時期　勤求新知

我在蘇州肄業的萃英中學，是美國長老會所辦，校長是美國人白本立先生，敎務長是蔣文達先生，都以敎育爲專業。而且全校學生僅八十餘人，平均每班僅二十餘人，敎師管理方便，學生與敎師的接觸機會也很多。這在我是一個極重要的學習階段，尤其在英文方面培養了濃厚的興趣和深厚的基礎，對我後來影響很大。

初進萃英，我的英文被降到高等小學三年級，半年後方回到中學一年級。該校高小三年級的英文程度本已相當於一般中學的一年級，幸而敎師屈羅伯師母循循善誘，但每天要學生祇記十個生字，所以我容易交卷，而且每次都考一百分。

美國人學英文，注重熟讀，不重文法，有似我國所謂「熟能生巧」，而不必知其所以然。我則重視文法——文字的法則，因而能够舉一反三，觸類旁通。但我卻鑽進了牛角尖，累得幾乎病倒。

原來學校也有一門文法課，課本是美國出版而由商務印書館改編的紐生文法，那是好書，但嫌簡略，我乃借到了納氏文法，力求專精。我又向商務買了云謂詞（動詞）規範和云謂詞通銓，兩書專講動詞用法。商務出版的英文週刊和英文雜誌，是學英文的補充讀物，我請本班訂閱各一份，每期選讀並精讀，這樣一年半下來，我的英文寫作能力大進。

本班怎麼能爲我訂閱刊物呢？那是因爲我發起由全班同學每人每學期各出一元，選購學校圖書室所沒有的新書，多半是介紹新思潮的讀物。每學期買數十册，輪流傳閱。我個人有心得時，間或邀集同學報告和討論。

我的新知識和新思潮的另一活水源頭，是上海通信圖書館。它印有書目，任人通信借書，不要保證，而且負擔郵資。我幾乎每週都借閱一本。飲水思源，後來我到上海就業，曾去道謝，並繼續借閱。可惜我竟不知是何方善人在雪中送炭。

「一二八」事變中，上海東方圖書館被日本炮燬，我向它建議在復興後兼辦通信圖書部，爲外埠讀者服務。兩年前聽說監察委員陳翰珍先生正在籌辦圖書館，我也以此爲言，蒙他贊許，我樂觀其成，並將幫他實現。

我的中學階段，是在五四運動之後的四年，民國八年到十二年，風氣漸開，人心思變，即使在教會學校，思想的大門也堵塞不起來，而我是那個引水叩門的人。

同其他的中學一樣，我們有學生會，有壁報。我不長於組織和活動，但在壁報上卻是一個健者。我開始學寫政論，第一篇是反對考試，但就爲敎務長所禁止。我心有不甘，於是以行動去表現。我從二年級開始，一直考第一名，那時我就消極抵制，不再在宗敎等課程的考試求高分，我的名次也就直落到第十幾名。但同學仍認我是好學生，繼續享有盛名，仍做班長和班代表，而那繼我名列第一的同學，有時是我二弟，有時是謝姓同學，都不因名次提高而爲人所特別重視。於是高名次的價值和價格也就貶抑下去，不再爲人所用全力去爭取。這就是我入地獄的理論，而爲實踐所驗證了。

但我因此埋下禍根。在我中學四年級的上學期快終了時，同班的謝氏兄弟和姪兒三人，聽說蘇州發生傳染病，有一學校已經提前放假，以免感染，於是希望也立即放假。很多怕考試或急著想回家過年的同學，紛紛附和，在班會中決議向學校要求提前免試放學，如不獲准，立即罷課，並推我向校長談判。我那時母親已死，父親閒居在族叔家中，我已無家可歸，已向學校當局商准在寒假中借住一間職員臥室，兄弟三人準備在校過年，自更不怕考試，實在不願背那個十字架。可是我生來就很肯負責，有時且奮不顧身，既做班長，自應代表同學向學校力爭。後來居然爭到了目的。但學校卻因此拒絕我在校居留。在我們兄弟三人回到紹興老家後不久，我接到白校長一封很感人的親筆信而被開除學籍了。

白校長在信中首先向我道賀我三年半中突飛猛進的學業和敦厚樸實的靈修。他說：「我們都曾努力勸你受洗，屈師母而且表示將來要帶你去美國留學。可是這一切都被那晚你在禮堂中鼓動學潮的話所冲掉了。」

白校長說：爲了維持學校的安寧和紀律，他已宣佈開除二人的學籍。謝天謝地，幸好沒有我二弟。另一人是謝禮徵同學，他是首先發難的人。

那是對我很大的打擊，但在意料之中，所以我並不後悔。祇是突如其來，我已走投無路了。還是二弟有辦法，他在寒假未過就趕回蘇州。他的計劃是接洽一所中學，請它准我們一起插班，半年畢業。那個希望當然不大。可是天無絕人之路，他竟接洽好了博文中學。不獨我可轉入四年級下學期，而且也准了謝氏叔姪三人，還有憤而自動退學的五人，以及班次較低而爲表示同情一起轉學的其他數人原班轉學。這也許是該校所以在四年級接受開除生的原因，因爲一起來了十幾個學生，自爲該校帶去一些好運。

一位許金源同學也是那時從萃英轉學去的，一天下午邀我同去青年會聽惲代英的演講。聽衆僅七人，但惲先生還是汗流濕衣，講了一小時，且很動人。我們對他發表在「中國青年」的文章，本來讀得很多，心儀已久。散會後，我們上去與他談話，並請他吃晚飯，由我作東。我正好賺得一點稿費，可以支應。飯後同回宿舍再談，當晚他就留宿校中，次晨回滬。那次長談，對我們的政治見解和抱負有很大的啓發，許同學和我都在第二年（民國十三年）參加了國民黨。

在我動身去博文中學時，父親爲我籌款八十元，以充半年的學膳宿費。他再三叮嚀：「你此去必須專心課業，不許再管外務。畢業後找一份工作，力求自給。我培植你中學畢業，財力已盡，不能再寄錢給你了。」他取出一件皮袍，要我帶在身邊：「這是我很少穿的皮衣，質料不差，如有急需，可以把它當賣應急。」但它後來還是原璧歸趙。

父親自母親死後，早已無意仕進，退隱在鄉間行醫，但業務很差，偶有收入，儘先用以接濟他三兄和五弟的寡嫂和孤兒，使他們免於凍餓，所以我不知何時方能返鄉，更不知父親能否再去探望我們兄弟三人。

一個學期很快就要過去，我和二弟還是前途茫茫，不知所歸。難得曾在萃英同房同桌的薛正岳同學，特去看我，送我二十元，鼓勵我去考大學。他說：「如有需要，我可借錢相助。」那對我是一線光明，但它瞬即熄滅，因爲我把那幾張鈔票放在衣袋中前去理髮而被扒手偷走了。

畢業前幾天，一位也從萃英轉學的趙璧同學，正與他在上海各大學肄業的二十幾位武進同鄉準備返鄉開辦暑期學校，爲桑梓服務。他見我窮無所歸，介紹我去暑期學校教書，暫時有一個安身之所。該校專重英文和數學，而我對英文正好頗有心得，所以一說便成，而且後來敎得很好。

我敎的都是中學二年級的學生，多數在常州女子師範和女子職業學校肄業，準備將來到上海升學或就業，對英文特別重視。她們曾請我在下午爲她們作課外補習。其中因有常州著名的兩位校花，程夢蓮小姐和周珍小姐，每天兩次到校上課，引動大批男生去窺看。「紅袖添香」，連我這位「老師」，也成爲新聞人物。

消息傳到女子職業學校，它的校長託吳上千先生來徵求我下學期去教英文，我自然樂於接受。但武進縣立第一高小校長高挹峯先生鑒於該校所在地的戚墅堰有很多商人在上海經商，希望他們在校子弟能學好英文，將來在十里洋場較易謀生，所以正在多方物色一位英文教員，聽說我教得很好，乃請暑校同事承季厚先生邀我任教。我請他們與吳上千先生接洽，獲得吳先生的諒解，最後乃接受第一高小的聘書，渡過了生平最嚴重的一個「昭關」。

我怎樣教英文以致能得大家的重視呢？還不是得力於文法而以文法解剖和解釋複雜的語句，使讀者因此能夠舉一反三。

隨手舉一個動詞 write 為例：它的形式有

wrote　　to be writing

to have written　　to have been writing

to have being written　　had written

它們各有特殊的意義和用法，看去眼花撩亂，但一經說明，原很簡單，這就是文法之功。國人學英文，多從文法入手，我如此，王雲五和胡適之兩先生也有這種記錄。胡先生在「四十自述」中說：「我在中國公學兩年，受姚康侯和王雲五兩先生的影響很大。他們都是注重文法上的分析，所以我那時候不大能說英國語，卻喜歡分析文法的結構，尤其喜歡拿中國文法來做比較。現在做了英文教師，我更不能不把字字句句的文法弄得清楚，所以這一年之中，我雖沒有多讀英國文學書，卻在文法方面得著很高的練習」。

至我二弟，他很能辦事，我和一部份從萃英退出的同學所以能夠轉學於博文，都經他一人奔走接洽，所以博文的徐校長（問禮）對他特別熟悉和欽佩，聘他留校任教，也教英文。英文對我家的幫助實在太大了。

暑期學校結束後，我以一個月時間繼續借住在女校。我向第一高小借來下學期要教的英文教本，先加準備，特別是讀音，我常請教當地教會的一位美籍修女爲我正音。我發現有些字音過去是讀錯了。

從這經驗，我想到一定有很多中文的字或辭被我讀錯、寫錯或用錯。在學時有老師糾正，今後爲人師表，沒有人再來指教，祇有靠自己發現和自動改正了。於是我想到看字典，而把一本學生字典全部看完，發現常犯的許多錯誤，立刻記下來，以免遺忘和再犯。正如胡適之先生的一首詩：

多賣幾分田，少花幾個錢，
千萬買部好字典。它跟你到天邊。
祇要你常常請教它，包管你少丟幾次臉。

但仍須以袁子才的詩作補充，方能受益無窮。那是這樣的：

讀書不手記，一過無分毫；

得句忽然忘，逐之如追盜。

第四節　大學時期　文法兼修

我在常州一高教了一年，向同事陳先生學了一點日文和八段錦，時光如矢，乏善足陳。因爲無家可歸，暑假開始，帶著小弟寄住學校。突然接到承季厚先生來信，說他在上海「盤」下一所中學，問我可否去教英文。但他說，那是一所「弄堂學校」，學生不多，收入有限，所以束脩未必有一高那樣的多（一月二十八元）。上海這個地方已足引人入勝，我當然立卽覆信接受，並請他寫信給高校長，一來爲我辭職，二來推薦我二弟繼任。兩者都荷高校長批准。這是我命運的又一轉機。

上海那所中學叫做養性學校，是由小學升級，中學尚祇辦一年級和二年級，連小學三班在內，學生僅五、六十人。原來承校長接盤以後，銳意革新，原有敎員不安於位，帶了學生投奔他校。學校經濟困難，兩個月後，承校長已無法維持，先是減薪，後是欠薪，學期屆滿，就爲債主逼走。他們之中有一沈君出面維持，他用校舍加辦英文補習夜校，請我兼敎日校夜校的英文，月薪是日校五元，夜校十元，但我卻靠了那微薄的生活費，在上海站定了腳跟。

在我初到養性時，一個奇蹟突然發生，我的一位族叔春暄先生去看我，說，他在杭州法政專門學校讀完二年級，在上海謀得一個職務，決定轉學東吳法科讀夜校，也繳了學費。不料職務發生波折，他不能留在上海，祇好回杭州再讀法政。

不料他異想天開，提出一個善後辦法，說：「百川，我知道你有志向學，而且英文很好。東吳是教會學校，我英文太差，本來怕讀不下去，你可否用我名義進東吳？我所繳的學雜費，就不必請退，而且也未必退得來，你將來有錢還我好了。」

那個突如其來的奇蹟，當然是一個好機會，因爲東吳自高身價，必須讀畢大學二年級方准入學，而族叔正好够那資格。但是冒名頂替，豈我可爲！

事爲陳校長所知。他有一位同鄉孫曉樓先生在東吳肄業，他陪我去請教他。孫先生爲人精明幹練而熱心，他爲我向學校當局疏通，准我旁聽，如果學期成績優良，並可考慮准我正式入學。

那時養性借住着一位錢女士，她因父母反對她與已經有妻有子的愛人呂先生結婚而離家出走。呂先生是南方大學註册主任，每天放學都去養性看她。他建議我轉學南大，而且可以高插大學三年級。

他的構想的確很好。他說：「你既是東吳法科的學生，而因讀畢大學二年級的學生方能進東吳，你已有讀南大三年級的資格。將來你如想轉學南大，我準能幫這個忙。」

半年後，呂先生果然幫我辦妥了轉學南方大學的手續。我就辭去養性日校的教職，但仍教夜校，以其每月十元的薪水維持生活。至於小弟，則本隨二弟求學於常州一高。我向南大所繳的學費也是二弟供給的。

在養性和南大，還有兩件大事：一是我認識了張素君小姐，四年後我們結爲夫婦，另一件是我加入了中國國民黨，迄今仍是它的忠實幹部。

南大暑假開始，我就退了校外宿舍，搬回養性借住。人事已非，該校已由另一同事周君接辦。承他歡迎我回去借住，而且告訴我有一學生范雲章的父母正在找我，想把范生託我給他補習國英算。他說，不僅在暑假，下學期也想請我帶他去南大租屋同住，繼續補習。他說：「范雲章是個獨生子，他家很想要他考海關。他們很佩服你的誠實和負責，你又有學問，教得也很好，所以願把兒子拜託你管教。」

後來他們提出的辦法，是南大校外宿舍的房租和膳費，都由范府負擔，月薪十元，預付半年。范生與我同住，我在課後教他讀書。

我們那樣合作到我畢業爲止。後來范生果眞考進了海關。

說也眞巧，那年暑假，我幫南大四年級的李姓同學寫了一篇畢業論文，代價是二十五元。以後又爲另一同學寫過一篇。「可恨年年壓金線，爲他人作嫁衣裳」，但在經濟上，它對我不僅是小補，而是大有幫助。

南大校長已從江元虎先生易爲胡仁源先生。江因提倡社會主義，爲中國國民黨和中國共產黨聯合圍剿，不安於校，重回美國教書。淸黨後回國講學，住在寺院，寂寞寡歡。後在汪僞政權擔任「考試院院長」，抗戰勝利後下獄於南京，我憫其遭遇，時往探視和接濟。

南大的敎務長是夏晉麟博士，留英學政治。我那時主修政治，輔修英文，正好他兼敎政治和英文，我選他的課特別多。他是我生平最欽佩的老師。

他在敎大三下學期英文時，選用英國文學家彭生的論集「大學窗外」(From a College Window)，中有一篇談「正義公道」(Justice)，夏先生以它爲題，要我們各寫一文。我對那個文題感到特別興趣，寫了一萬七、八千字，超過我替他人代寫的畢業論文。夏先生看了大喜，特別接我到他府上拜見夏師母，盛讚該文「不獨文字酣暢，而且意境高超」。

那時他與唐腴廬先生，後者也在南大執敎，並任上海英文大陸報主筆，常在該報發表鼓吹國民革命的文章。我曾把夏先生的一篇大作譯爲中文，他看了大加讚賞，要我又譯了幾篇。因此，他在我畢業時便請唐先生介紹我到大陸報工作，蒐集中文報刊中的資料譯成英文，以供採登或參考。

一件驚天動地的大事突然發生。那年四月十二日，國民政府宣佈淸黨，我的一個老同學許金源也被槍斃，我幾乎遭池魚之殃。

他在一星期前方從杭州來滬，借住於我的臥室。他說他是江蘇省黨部的委員，就將去鎭江視事，他極希望我與他同去。他說：「黨和政府正在起用新靑年，參加革命陣營，你替外國人做事，毫無意義。我們可以聘你做省黨部的秘書，你趕緊去辦辭職手續，一二日內我們同行。」

四月十一日下午回寓，我看見他留下一張字條，說往車站，試搭兵車去鎮江，到後就會寫信給我，叫我速作去鎮江的準備。

後來據說他次日就在省黨部被捕，以反革命罪名被殺，而他尚在之江大學讀書，年僅二十一歲。亂世生命不值錢，我很難過。

三、四年後，他的老母尚從蘇州趕到上海找我，要求我帶她去向政府當局索回她的兒子。我曾把唐人詩句：「可憐無定河邊骨，猶是春閨夢裏人」，套寫爲「可憐亂葬堆中骨，猶是慈帷夢裏人」，寄給她的女兒。

我這點菩薩心腸，不僅是出於惻隱之心，也是基於政治之道。回憶民國六十八年美麗島案審判前，我主張把它交法院而不交軍法機關審理。在政府決定把一部份人仍交軍法審判後，我主張從輕量刑，對施明德也不判死刑。一位女弟子後來對我抱怨：「陶老師，你年紀愈大，心腸也愈來愈慈悲了，對那種人何必仁慈！他們如果成功，國家將會變成什麼樣子！」我說：「我慈悲爲懷，不是爲他們的幸福，而正是爲國家的前途。政治犯在犯罪動機和個人惡性方面與強盜土匪究竟大不相同。令尊大人和我在青年時期都獻身革命，但他和我都不是壞人，如果那時也因革命而被殺，豈非喪天害理！而且對國家和人民又有何益！」

我在許金源走後，由上海特別市黨部宣傳部部長陳德徵先生介紹，充任該部助理幹事。以後一帆風順，升爲幹事、總幹事、科長和秘書，後更當選爲候補委員和委員，最後兼任常務委員。

那時已是民國二十五年了。

市黨部初期的委員和職員，很多來自「地下」，革命未成，何以家爲！本來很少人受過大學敎育。革命生活稍稍安定後，他們想到要深造，於是與上海一些私立大學接洽，讓他們免試入學，而且插入較高年級。以國民黨及其市黨部的顯赫，有些大學接納了他們。我也加入行列，因我已在南大畢業，乃得在上海法科大學插入大三。

我的目的，與他們的逈不相同，我是因爲第一，想學法律，第二，想去留美。我在東吳法科獲悉，美國有些大學的法科對於已有法學士和另一個學士學位的法科學生，准於一年內修畢學分和通過考試而授予法律博士（J.S.D）的學位。

「有志者事竟成」，我後來果眞以雙料學士留學美國，但是同時「我志未酬」，我進了哈佛大學，它不許一年讀博士，但我連碩士也沒有讀成。這有幾種原因，容當另敍。

黨務工作深入民間，非常繁雜，尤其因爲「革命尙未成功，同志仍須努力」，黨工人員有做不完的工作，所以頗難按時到校上課。我曾以此請求學校當局諒解，幸好褚慧僧（輔成）校長和沈衡山（鈞儒）敎務長另有一套辦學方針；他們創辦法科大學，旨在培養領袖人才，而領袖人才所當具備的條件，不拘於書本子上的學問，而也需辦事能力和經驗以及人際關係。褚、沈兩位都曾在政海上起伏旋轉，對我們那批新興革命青年寄以厚望，一般敎授對我們也很客氣，所以我們頗覺自由自在。

但我對功課仍毫不忽視，每有餘暇，還是抱著書本惡補。一般學生補習法律，都是先看概論，再看專論，我則先看條文註釋，在把一部法典全部條文註釋看過後，方看專論，於是無需於看概論了。下過那番苦功，我每學期都考得不差。

這點心得，也促使我日後想把大東書局辦成法學書籍的總滙，並給劉振強先生的三民書局相當大的影響，它因而出版了一些法學書籍，奠定出版事業的基礎。

我所受的法學教育，產生了另一果實——我因此做了淞滬警備司令部軍法處處長。後者又成爲我保護法治人權的秧苗，發生意想不到的效益。如果天假以年，我還想掛牌做律師，把我的法律訓練作更充分的利用。

提到做律師，那是我準備好的退路，我以爲任何投身政治的人，都應有一退路，庶幾不致戀棧。但我曾三次想做律師而未成。

第一次是在重慶辭去中央日報社長以後，但因接辦大東書局而未做成。

第二次是抗戰勝利回上海，陳霆銳律師邀我合作，那是發財的機會，但爲親友所勸阻。

第三次是在我請辭監察委員時，我以爲一定會做成了，但終爲嚴總統和蔣院長的厚意所感動而做了國策顧問。

年來我常想到，我如眞的做了律師，我將以大部份收入捐作政論基金，鼓舞政論寫作，發揚言論自由，督促政治進步。

第五節　留學時期　捨專取博

北伐完成後，中央黨部選派了一批青年黨員留學歐美，其中多半是黨務幹部，一切費用都由黨部負擔。我從民國十三年入黨以後一直爲黨工作，但在那個獎學措施實行之初，我正忙於照顧家庭，不能遠離，到了民國二十一年我方決定申請，但已太遲。可是「畫餅充饑」，它在我精神上仍有鼓舞作用和成功希望。否則在政治上和經濟上都沒有什麼奧援和辦法的窮青年，怎麼敢想去美國留學呢！後來還是蒙陳立夫先生轉請蔣委員長特予資助，我方能成行。

在一個偶然的機會中，我認識了哈佛大學教授何爾康和梅光廸兩位博士，因而改變我讀密歇根大學或紐約大學以雙料學士追求法律博士的原始計劃，而改讀哈佛。

那時哈佛已是美國也可說是全世界一等一的最高學府，很難獲准入學。我想我能被它接受，大約是由於兩種情形：一是我有兩個學士學位，而且學業成績都很好，二是因我正任上海市立敬業中學校長、上海市黨部委員、上海市臨時參議會參議員，和上海晨報總主筆。哈佛大學一向樂於培植各界的領袖人物，它可能認爲我符合它的要求。

那時我的英文姓名一直是萃英中學啓蒙老師屈師母用蘇州口音給我拼成的 Dao Pao Chuan，哈佛校友錄中迄今還登著這個老姓名，而非後來改正的 Tao Pai Chuan。民國四十七年，我由美國國務院邀請訪美，美國大使館在校友錄中查對不到我的姓名，經我說明，方始恍然大悟。現特附註，以資更正。

還有一個插曲。在我向敎育部申請留學許可證書時，該部主管司長因爲南方大學始終沒有立案，而上海法科大學雖已立案，但那已在我畢業之後，因而拒發證書。多年後我方從王世杰先生口中知道該部總務司司長雷震先生曾向他（王部長）據理力爭。雷認爲留學總是好事，哈佛學籍尤爲難能可貴，國家培育人才，對那惠而不費之事，何以還須害怕！我那時尚未認識王、雷二公，也未以此託人說項，但是雷震就有那樣的熱心腸。

一個重要問題曾經在我出國前一直困擾著我，那就是我應否讀博士或碩士學位，但在哈佛選課時我就決定不讀學位了。現在回想那個決定尚稱明智。因爲：

第一、在哈佛攻讀碩士，需要二年方能讀完所需學分，而且必須通過兩種外國文（中文不在其內）的筆試，我怕無此能力，博士自必更難。

第二、那年我已三十一歲，老父在堂，子女成行，我妻雖很勇敢，慨任艱巨，然我總覺於心不安，難以一心向學。

第三、我本來想以敎大學爲職業，所以必須留學以求較高的學識和學位，但即使讀得碩士，恐仍難勝任愉快。而在我赴美前夕，我已決定仍做文化和黨政工作，在學問上所需要的是廣博而非專精，所以不如不讀學位，而隨心所欲地選修合於自己個性和業務需要的學科。

第四、反之，「讀萬卷書不如行萬里路」，我如果縮短原定兩年的求學期間爲一年，而把剩餘的時間和經費用之於到歐洲去考察，特別考察蘇維埃共產主義和希特勒納粹主義的實驗，則所得的見聞和經驗可能不下於讀學位。

但我所以不讀學位，只是我個人特殊條件下的特殊結果。如果我那時退回五年，而又有較好的家庭環境，我極可能追求學位。因爲卽使僅以學問而論，讀學位可以促使苦讀和專精。

信不信由你，民國五十三年，我在支加哥大學宿舍與大兒天翼同住一個暑假，頗想再過學生生活，並讀博士學位，乃與該校法學院接洽，請它承認我在哈佛大學讀得的學分，已荷同意，但終因未荷監察院准我辭職而未償所願。

我近來看到我國在美帶職進修的有些公教人員，因爲不必讀學位，便在學校繳費掛名，而在外打工賺錢，不做學問。如果政府規定他們必須讀學位，他們便須勤讀和苦修，則學問便在其中了。所以我要奉勸留學生不要學我的模式，而應取法乎上，追求學位和專精。

我既不讀學位，於是政治學和美國政府、各國憲法、國際法、勞工法、歐洲各國政府和政治以及美國外交政策，我都選修。我爲「訪蘇探眞」作好準備，也選修了蘇聯政府和政治。

那時希特勒已在執政，歐洲戰雲瀰漫，美國孤立氣氛因而格外濃厚，中立運動乃風起雲湧，國會趕著制訂中立法。鑒於美國對日本侵略我國的消極和冷漠，我很重視美國的外交和中立政策，曾寫一篇「美國中立政策的回顧和前瞻」，登在國內中央月刊，但已遺失。仁人君子如有保存，敬請惠贈，當致薄酬。

那時美國羅斯福總統正在競選連任，民主黨在費城舉行全國代表大會，我請正在我國駐美大使館工作的謝仁釗先生爲我接洽參觀機會，他夫婦陪我前去。我順便在華府參觀了民主共和兩黨的中央黨部及其地方組織，後來我在英國、蘇聯、德國和義大利遊歷時都參觀了黨部及其運作情形。我發現英美政黨可大可久，蘇聯共產黨已是根深蒂固，不致傾覆，而德意志的納粹黨則雖聲勢浩大，但必不能持久。那時國內卻極仰慕德意志的政黨模式，而欲捧心效顰，我很不以爲然。

第六節　就業時期　學重六餘

古人有所謂「學重三餘」。所謂三餘，是「冬者，歲之餘；夜者，日之餘；陰雨者，時之餘也。」所謂「學重三餘」，是說：不獨日間要學，夜間也要學。反之，如果像一個懶惰學生那樣：「春日遲遲正好眠，夏天不是讀書天，秋又凄凉冬又冷，收拾書包過幾年」，那就沒有時候可以讀書，自更談不到「學重三餘」了。

但我讀書，卻另有，並另重「新的三餘」。它們是星期日是一週之餘，寒假暑假是一學年之餘，請假考察或研究是在職工作之餘。我生平利用我這三餘，再加古人所重的三餘，合爲六餘，我在學問方面的收穫，遠多於在校肄業的正規所得。

星期日或一些國定紀念日，我雖不辦公，但看書和寫稿的時間卻花得更多而且更辛苦。至於在青年求學時期的寒假和暑假，我常集中精力和時間看一系列的書，例如我用一個暑期看英文文法書，坊間所有的那些納氏文法、蘇氏文法以及云謂詞規範、云謂詞通銓和介系詞研究等都經蒐齊閱讀。我也用一個暑假專看唐詩和宋詞，所以迄今尚有許多名句，我還記憶猶新。

來臺以後，我曾去美國七次、歐洲一次。去美第一次是應美國政府的邀請，前往訪問美國國會和遊歷各地，我一共花了五個月，見聞特多。因爲我的兒女多半在大學敎書，我乃有機會先後在哈佛大學等校的圖書館看書和寫作。客居多暇，這些更是我讀書求知的好機會。我深信：「活到老，學到老，學不了。」現在我已八二高齡了，但每天還須讀書半天。

我順便聲明：我向監察院請假出國，短期支薪，六個月後則不再支，而後者乃是我向該院自動表示和開例的，以後大家就照此辦理。但立法委員則不論時間多長，只須請假就可支領半薪，國大代表且可支領全薪。

我所出版的二十幾種書，特別是比較監察制度，必須出國考察和訪問方能寫成。而且「讀萬卷書不如行萬里路」，這不僅在見聞和智識方面可以印證，對一個人的氣質和精神也能發生很好的鼓舞和影響。但有多少人能有我這樣走得開和放得下的機會呢！

第七節 不可思議 爲者常成

孔子敎人做學問的方法和順序，是「博學之，審問之，愼思之，明辨之，篤行之」；「人一能之己百之，人十能之己千之」。我常以此自勉、自律和自踐，並寫「不可思議的思議」一文加以申論。

我指出世間事有許多是「不可思議」的，但思之議之以後，有的也居然思議出一些結果來，當然也有思議而終無所得的。

年來國際局勢逆轉，我國爲應變馭變，必須思議出更好更多的辦法，以改善現狀，打通出路。

我是一個笨拙的人，但對有些不可思議的事物，也常勞心焦慮以思以議，而居然發現很有一些意外的收穫。例如：我在民國五十八年政府辦理中央民意代表增補選後六個月就倡議再選一次，人數要多，金馬地區和海外僑胞也應包括在內。當時反應不好，只有紐約時報特別重視，拍發專電予以報導和鼓吹，而現在則已成爲「國人皆曰」了。

「不可思議」的思議，不是「懶人與米缸」故事的主人翁那樣躺在床上海闊天空地幻想，而是有根有據的考慮。而且這些根據，也不能僅靠智慧所能產生，還需要多看、多聞和多想以得之。以我而論，我每天看的資料就很多，其中報紙就有幾種，刊物每天平均也有三種，書籍每天至少一種。有的精讀，有的略讀。總計閱讀時間平均在四小時以上。

至於多聞，我的成績卻不很好，因爲我對人和社會的接觸面並不很廣。幸而在監察委員任內，我深入民間，而且又有常去國外的機會，所以見聞頗多。

我每天的見聞，有的立刻發生「思議」的作用，從而得到新意思，有的則在腦海中儲藏起來，而機會一來，也會像開水沖茶葉那樣發生茶的色香味。

但這仍須靠「多想」方能收功。上引孔子所說：學、問、思、辨，博學重在多看，審問可以多聞，但尚須愼思和明辨，那就是多想。

我每天想得很多。請不要見笑，公共汽車對我的想有很大幫助。除假日外，我在八十歲前，每天大約有六、七十分鐘的時間坐在公車中順便想問題。

我眞羨慕有些人「生而知之」或「學而知之」，而我則須「困而知之」，則須「人一能之己百之」（孔子）。所以我常要想到曾文正公的聯語並以之自勵：「以困勉之功，志大人之學」。

可是我也有勝過他人的長處，第一是我所受的敎育和訓練培養了我能自由的想和大膽的做，而這尤重於多看、多聞和多想。

我讀過私塾，當時就很喜歡孟子，後來方始體會到那是因爲它的自由奔放。在中學、在大學和在美國的研究院，我讀的都是私立學校，而私校的學術自由氣氛比較濃厚，學生的個性也較易發展。

入世以後，我的第一個職業是做新聞記者，以後斷斷續續地做了十七、八年，同時兼任民意代表。新聞記者是名副其實的「自由」職業，而民意代表的任務又是處士「橫議」。反之，假使我受的是八股教育以及隨之俱來的在思想方面形成的纏小腳主義，或是升學主義，以及勢所必至的惡性補習；同時，假使我做的是「等因奉此」的官樣文章，或是必須唯唯諾諾以侍候上司，則我對問題就不能和不敢多想了。

但我們不應因此抹煞或貶抑理論和信仰對思議所能發生的主導或啓發作用。正確的理論或信仰可以幫助我們思議「不可思議」的事物。例如有了法治的理論或信仰，我會立卽發現警察官署拘留人民兩個星期的權力違反憲法和人權。

所以要有思議不可思議的能力，我們必須武裝我們的頭腦和精神；以知識武裝頭腦，以道德武裝精神。這可以孔子所說的「三達德」（智仁勇）來表達。上文說的多看、多聞和多想乃是智的範圍，而仁和勇則是所需的道德。因爲如果沒有勇的精神，對於不可思議的事物不獨不敢做，而且也不敢想；而如果沒有仁的精神，則對許多事物根本熟視無睹，或無動於衷，自更不願費神去想或費力去做了。

《附錄》我與夏晉麟先生

——摘譯他兩年前給我一信

百川兄：

二月十九日來函敬悉，十分感謝。欣聞總統先生敦聘您榮任國策顧問一職，我深感榮耀和歡欣。在我十年講授生涯中，在各院校的受業者何止千人。由於你有完美的人格和學識，你是我所最鍾愛的學生。當你和嫂夫人到紐約探望令郎時，我們得再度相遇而重溫舊誼。我深感欣慰的是雖跨越了半個世紀，你依然熟記並以我爲良師益友。

（百川註：中有六段暢論時事，略未迻譯）。

年復一年，老友一一離我而去，但你仍執筆寫作。你希望在我身後能寫些有關我的生平事蹟，這裡有一些素材。

關於你關懷我的健康，我深感謝。我妻今年八十二歲，我八十六歲。我是年齡僅次於顧維鈞博士的中國外交官。我妻和我仍然能够行動，並自理家務。我們不知還可以維持多久，但是我們已相當滿足。雖然在物質生活方面並不太充裕，但我們以擁有歡樂的回憶而感到富裕。

十年的敎書生涯是我最富足的階段，在這段日子裡，我寫了不少書籍文章，並積極參與宗敎組織。我曾在倫敦、日內瓦和華盛頓從事外交生涯，後又成爲立法委員。在大戰期間，我擔任駐英特派員，而後調赴美國。自珍珠港事件至世界大戰結束期間，我在海外建立了最具規模的宣傳網路。我並參加了鄧巴頓橡樹會議和舊金山會議，目睹聯合國的誕生。出乎意料之外，我成爲那個世界性組織的大使。有一段時間我代理安全理事會的中國代表，也因此成爲中國在世界最高聯合場所的發言人。我極感謝政府給予我如此殊榮。

如同你，我很幸運地擁有一個快樂的家庭和聰明伶俐的孩子。我親愛的妻子陪伴我渡過了六十個年頭。可惜我們唯一的兒子大衞於四十六歲時死於車禍，當時他已是一位有名的小兒科醫師，在藥理學界科學界和藥學界頗負盛名。他留下了一位相當有才能的妻子及四個孩子。我們的兒媳時學玄畢業於衞斯理大學，獲得化學碩士，管理學碩士以及西北大學的教育心理學博士學位。她現任教育測驗中心的副總裁。長孫小大衞竹文一九七五年獲得耶魯大學法學博士學位，在美國中央銀行工作三年之後，決定爲他的第二個職業而繼續進修。他將於一九八二年六月得到哈佛大學公共衞生碩士學位，並計劃在一九八三年攻得伊利諾大學藥學博士學位。裘底斯竹英一九七四年畢業於哈佛大學，並於一九七八年得到博士學位，現任國家心肺學會的高級研究員。麗莎竹芳一九八〇年畢業於哈佛大學。她曾在洛克菲勒紀念獎學金支持下花費了一年的時間在北平和台北從事研究工作，現在是一位紀錄影片的助理製作人。最小的孫子彼得竹武將於一九八二年畢業於哈佛大學。一些朋友談到夏大衞和他的四個孩子，每個人都得到哈佛大學的學位，認爲相當的不尋常。

我妻和我可能不能預見我們的四個孫子在如此高度競爭的社會裡會有何種命運，但無論如何，我深信憑著他們的學識、人格、聰慧和勤勉，他們將會很有成就。

敬　祝

闔府安康

弟　夏　晉　麟　一九八二年四月十日

第三章　理論環境　引導革命

第一節　有心無意　皆成因素

我於民國十三年冬在上海由張企留同志介紹參加革命黨——中國國民黨。張是我蘇州萃英中學的同學，高我兩班，與我沒有多大交情，對我也毫無理論影響或工作關係。我的投身革命早有其他因素，大別之，一爲理論，二爲環境。

以言理論，我首當歸功於孟子。我在書塾中讀到他的「民爲貴，社稷次之，君爲輕」以及「賊仁者謂之賊，賊義者謂之殘，殘賊之人謂之一夫。聞誅一夫紂矣，未聞弒君也」，我覺得他比孔子更可欽佩。他也崇拜湯武革命和堯舜禪讓，因爲它們在方法上都有民主的意味。

梁啓超先生的文章，對我思想的啓發和前進，當然也有推挽之力。可是他的文章，感性大於理性，理論優於方法，他自己又承認破壞大於建設，而且他不組織會社，不招聚徒衆，所以他對我的革命事業沒有直接關係。有之，乃是孫中山先生。

因爲孫先生的三民主義、建國方略（孫文學說、實業計劃和民權初步）、建國大綱、與中會宣言和中國國民黨第一次全國代表大會宣言，不獨發揚了革命建國的理論，而且提供了切實可行的方法，前者動人心絃，後者引人入勝。而他又有正大堂皇的組織和優秀卓越的人才及其領導，所以吸引了很多像我那樣的青年投入中國國民黨的革命陣營。

可是那還有待於環境的推動。我是浙江紹興人，但與常州人似乎特別有緣。先是中學畢業那年暑假，我隨同學趙璧到常州去教暑期學校，接著就在常州第一高等小學任教。半年後由承季厚先生請到上海養性學校教書，遇到朱佛公和奚學周二位中國國民黨的活動分子，帶我參加反軍閥運動的文敎宣傳工作，從而認識了鈕永建、葉楚傖和邵力子先生，並加入國民黨。而趙、承、朱和奚四位都是常州人士，如果我不去常州和上海，而一直留在蘇州，我的經歷，恐怕不是現在這樣了。

但是蘇州與我的關係也很重要。因爲民國十六年我在英文大陸報任職，知道從前蘇州萃英中學的老師陳德徵先生正任民國日報的總編輯，我乃與他開始往還。在那年淸黨後，他出任上海特別市黨部的宣傳部長，問我願否去黨部工作，那樣我就進了市黨部。

那時我已有三年黨齡，但都在求學時期。我雖追隨朱奚二先生在環龍路四十四號國民黨上海執行部走動，也參加一些反軍閥和帝國主義的活動，但我抱著「救國不忘讀書」的精神，因而乃能把書讀好。

陳部長卻不知我有什麼學問。在萃英時他教數學，而它正是我最弱的一環，所以他對我沒有多大印象。他派我的職務是最低級的助理幹事，而第一件工作是查看那些牆上可以漆寫大字標語。那幾天正下大雨，但我還是撐著雨傘，在連續五天內走遍全市，繪製了幾張地圖。陳部長因而大加獎勉。

孔子有言：「不患人之不己知」。不久我就升任幹事和總幹事。「桃李不言，下自成蹊」，豈不然哉！

那年八月，中國國民黨發生內訌，南京漢口兩個中央互相攻訐，幾致發動干戈。蔣總司令為求團結，通電下野，訪問日本。南京設立特別委員會，改組國民政府，上海市黨部也停止活動。宣傳部主任秘書張廷灝先生改就上海特別市社會局第三科科長，主管勞工行政。他邀我去該局工作，先陪我看局長潘公展先生。他雖是市黨部常務委員，但我祇是宣傳部一個幹事，堂高簾遠，潘局長並不識我。

但我對他卻早已久仰。我講了一個故事：「我在大學選修了一門哲學，老師用羅素的『哲學問題』作教本，它不獨理論深奧，而且文字艱深，我讀得很苦。一星期後，我突然覺得似曾相識。原來我早在東方雜誌看到你連載的那篇羅素哲學，你指明是取材於他的哲學問題。那時商務印書館已把它編入東方文庫，我買來與原著對看，果然豁然開朗。羅素原著舉例很多，但都是外國事物，不易了解，而你把它都換成中國事物，讀著就有親切之感。」我那番話，對潘局長也有親切之感。

潘先生本是上海商報的資深編輯，以寫「每週大事述評」聞名於時。他與陳布雷先生爲商報所寫的社論，乃是上海新聞界的「雙絕」，爲知識界所必讀。

那年我在上海民國日報協助陳德徵先生編「覺悟」，小有文名，惺惺相惜，與潘先生談得相當投機。

我在社會局的第一件工作是草擬上海市勞工行政的單行規則，潘先生給我很多指導，請看附錄。

第二節　指導學運　幾乎送命

民國十七年，蔣總司令復職，上海市黨部恢復工作，我辭去社會局的職務，回任市黨部宣傳部指導科科長，因而與文化界出版界和敎育界接觸頗多。後來學潮迭起，我乃奉派擔任學生運動的指導任務。

中國那時是在軍政時期，國民黨以黨治國，以黨訓政，所以市黨部是民衆運動和民衆訓練的主管機關。「九一八」事變後，中國共產黨、各黨各派以及國民黨內的反對派，策動學生反對日本，連帶反對國民政府，上海首當其衝。

上海黨政機關的應付部署，是由我以市黨部代表名義輔導各校學生團體並出席學生聯合會的代表大會，指導監督。這是第一線。

第二線是各校學生團體中的國民黨黨團，由潘公展先生擔任幕後總指揮。

第三線是特務系統，負責情報和行動。那時公安局長雖是陳希曾先生，但幕後主持，另有其人。

張岳軍（羣）先生是市長，他雖不是上海人士，但他乃是「一國之人」，我們對他都很尊敬。

其中我的處境最困難，因我站在明處，目標暴露，易受攻擊。尤其因我資歷尚淺，關係不够，好像廟門上所畫的門神，門開時雖立在廟內，但門一關卻被關出廟外。所以在一次大風潮中，我險遭殺身之禍。因我在事前既未參與政府方面的密謀，而且根本不知其事，毫無防範。

那是「九一八」之後不久，上海學聯突然召開大會，聽取北平學界派來一位代表的報告。會場情緒激昂，反政府的學生提議向國民政府集體請願，我代表黨政機關發言阻止，幸未成立決議。

我在散會後回市黨部處理公文，時已下午六點，工友爲我買麵一碗，我尚未喫完，突見門外駛來卡車多輛，並聞「打倒國民黨」的呼叫聲。我情知不妙，急囑工友去開後門。我從二樓下去，樓梯上已有五、六人上來，其中一人問我：「電話何在？」我急答：「樓上走廊」。

我下樓跑未十步，就見有人追來，我走出後門，隨手將門關上，他們撞在門上，退後開門，不免遲誤了幾秒鐘，但仍繼續追來，不久卻忽然停止。我乃跑往附近一個警察派出所暫避。

問了巡官，方知有幾千學生聽說北平派來那個學生代表向學聯大會演講後在途中突被便衣人員刼走，他們正向市政府示威，要求交出那個代表。張市長在市府大門外被學生圍住，事情鬧得很大。我打電話到吳、潘二委員公館，他們都沒有回去。

後來我方知他們正在他處商議營救市長的辦法。直到特工人員把那個代表從黃浦江一隻船上釋回後，學生方始散去。時已午夜。

我在派出所逗留十餘分鐘，就請他們為我僱一計程車逕往大東旅館暫避。在與父親通話中，我方知不久前，市政府俞鴻鈞秘書長帶著十餘個學生到我家中要帶我去市政府問話，追查代表下落。學生們並到我家各房搜查，防我避匿。我問父親：「市政府是否先有電話給我？」答：「沒有！」「有無他人打電話來？」「也沒有！」父親說時頗為憤慨。

過了幾天，一個學生告訴我：「那天他們認為那個北平學生是被市黨部綁走的，所以先去搗毀市黨部。他們想不到你在市黨部，否則你的命那時就完了。你們一個工友，不肯說出你的住址，不是就被打得半死麼！」

我問：「他們何以追了一陣就不追了？」

他說：「聽追你的人報告，你摸出手槍要拒捕，所以他們不敢窮追了。」

原來那天我穿的是棉袍和棉褲。跑得太快，褲帶鬆脫，我把右手伸過棉袍去拉棉褲，他們誤以爲我在向褲袋掏手槍，因而駭住了。

我因此得到啓示：「武裝和平」。手槍雖會破壞和平，但也能維持和平。

後來我請市黨部向軍政部買了一把小手槍，可以藏在褲袋裏，隨身攜帶以自衞。它壯大我的膽子，也助長我的勇氣，使我能多做一些爲人辯冤白謗而不怕招怨結仇的義舉。

回到原題，在張市長被包圍的那個晚上，那些學生要求市政府通緝公安局長陳希曾和我兩人，因爲他們認爲我們是綁架那個學生的「罪犯」。市政府不勝威脅，眞的立刻頒發通緝令。次日學聯會就把它登報懸賞捉拿我們兩人。市政府知道弄假成眞，才又下令撤消前令。但張市長不久辭職，我想那與學潮不無關連。

就在那一天，市黨部組織部長吳開先先生，勸我離滬暫避，我與素君乃有杭州之行，十日方回。吳先生並轉達蔣總司令對我的關切。

一年多後，我做了軍法處長，那次學潮的一個小領袖復旦大學學生周××，因爲政府的姑息，居然已成爲一個小政客。他「以小人之心度君子腹」，怕我報復，請了兩位大亨介紹，向我道歉。但他惡性日深，十餘年後終以叛亂罪在廣州被捕處死。

第三節　贈槍買槍　帶槍繳槍

現在我要略述我贈槍買槍的故事，不獨可資談助，而且也有一些道理可供參考。槍之爲用大矣哉！姑且不提「槍桿子出政權」，就我來說，我在那次學潮中居然以槍的虛聲嚇退敵人。後來我做軍法處長，家中突然來了一位「白相人」，他是上海市商會的常務理事，來頭大，很放肆。

他開門見山：「陶處長，我來報告你一個壞消息。你們看守所關的李××是被人陷害的，你們如果辦他罪，他的弟兄們會帶三把斧頭來看你。」

我也警告他：「我辦案毋枉毋縱，不受威脅，也不講人情。請你告訴你的朋友：如要亂來，三把斧頭是不够的。我車中有三支手槍，司令部還有機關槍和大炮。三把斧頭就想造反麼！」

我從而對幾位軍法官的安危很感關切，他們無槍無車，無拳無勇，難免會受到流氓和殺手的威脅，我於是與他們共商自衞之道，我的辦法之一，是請司令部發給自衞手槍。但其中一位陳老軍法官，是高登艇處長（後與我同任監察委員）之前的軍法處長，他卻認爲沒有必要。他說，主要的避禍方法是不貪贓，不枉法，以生道殺人，絕不寃枉好人。

我未始沒有那種了解。我每星期總有兩次親到看守所去探視在押人犯，常與他們交談。我認爲在有罪判決確定前，他們都應被認爲是無罪的，至多祇是有嫌疑而已。

軍法處當然也得殺人，但是用的是「生道」，所謂「生道殺人」。這是我父親所教的，就是在經辦重大刑案時，一定須注意被告的生路，看看能否保住他的生命，必須覺得求生不能和非殺不可時，方判他死刑。本著這種「生道」去做，就會隨時顧到對方有利的證據和理由。他們就會覺得是被刑或被殺於法而非於我。這樣我和他們就都無遺憾了。

題外的話寫得太多，敬請原諒。言歸正傳。

民國二十九年，我在香港辦報，任務是反對日本及其漢奸，口誅筆伐，不遺餘力，因此深爲他們所恨。久已不用的那支手槍，又得隨身佩帶。

後來聽說陶希聖先生在杜月笙先生派人掩護下從上海逃到香港，發表高陶宣言。我特去拜望。他一人獨居，我很關心他的安全，問他有無自衞武器。他說備有一刀。我想那有何用。回家與素君商量，決定將那支隨我九年的手槍親送給他。後來他在重慶告訴我，他在日軍佔領香港後，離開九龍寓所，不得不把那支手槍拋棄在糞池了。

自此以後，直到民國五十三年，我有二十餘年沒有手槍，但常感有這必要。

某次受到嚴重威脅時，我曾就商於調查局，可否借我一槍以自衞。那時我正住在永和鎭竹林路河邊，巷道曲折，行人稀少，很不安全。但該局所借給我的，乃是一支鋼筆型氣槍和一根藏有短刀的手杖。

五十三年，我有美國之行，坐了貨船前去，船上貼有管制槍械辦法的佈告，說必須將帶入武器封呈治安機關申請許可。我見獵心喜，決定在美購買一支短槍。

美國迄未管制武器，所以長槍短槍家家都有，很多商店公開出售。我向洛杉磯一家槍店試購一支西班牙製的精巧白朗寧，店主問我：「是否美國公民?」我答：「不是」。「有無永久居留權?」「也沒有。」店主要求看我的護照，發現我是國會議員，要我第二天再去接洽。

第二天我再去時，他說，他曾問過國務院友人，現在決定把槍賣給我。但因我是外國人沒有帶槍的權利，他提出一個辦法，由他把槍包裝起來送給我回臺所乘貨船的船長，由他（船長）在船離開美國領海後把槍還給我。絕妙好計！眞虧他想得出來。但三天後他竟把槍送到我家，我就直接帶回臺灣。

在基隆上岸時，我把槍交給海關，關員叫我日後向警務處去領取。但等了許久沒有回音。直到我寫信給警備總部，說明我有備槍的身分和必要，我方獲准把槍取回並領得槍照。

現在我已八十二歲了，雖然「老驥伏櫪，志在千里」，但已與世無爭，與人無仇，已經沒有要槍作件的必要了，我準備把它繳給政府。

《附錄》我與潘公展先生

潘公展先生是我的益友，也可說是我的「良師」，因為我與他共事的次數很多，時間也相當的長，而且多是他做首長，我做僚屬，從而受教或聆訓的機會就很多，而對他的學識經驗道德和行誼的體驗和了解，也頗深刻。但本文限於篇幅，不能充分發揚他的潛德幽光，殊覺愧對故人。

公展先生從聖約翰大學畢業後，就在上海教書。民國九年協助湯節之先生籌備商報，次年與陳布雷先生同主該報筆政。十六年四月淸黨後，他和我同時開始服務於中國國民黨上海市黨部，他任常務委員，我做助理幹事，因為職位差距過大，二人並不相識。

那年八月，國民政府發生內訌，蔣總司令下野，黨部工作停頓，我經同事張廷灝先生的介紹，由公展先生派任他所主持的農工商局的辦事員。

二十一年「一二八」中日戰事結束後，公展先生痛感新聞事業與救國大業的密切關係，在滬創辦上海晨報，他任社長，我做總主筆。

二十三年公展先生擔任上海市教育局長時，協助市長吳鐵城先生辦理上海市五十萬文盲的識字教育，擔任推行委員會的副主任委員，我做總幹事。

抗戰前夕，我從美國回滬，我們二人同時當選上海市黨部的常務委員。

勝利後，我要爲桑梓服務，辭去國民參政會的參政員，回滬競選上海市參議員，我們二人同時當選，他做議長，我做議員。

民國五十三年我第三次去紐約，準備退休，公展先生時任紐約華美日報社長，即向董事長陳立夫先生提名我任主筆兼譯員又兼編輯，這是我與他共事的最後一次。

從上面這篇流水賬，可知公展先生大部份的時間和精力都花在上海。但在抗戰時期，他也曾任湖南省政府秘書長和中央宣傳部副部長。

公展先生的大學基礎固然很好，後來書生從政，做官不忘讀書，所以博覽羣籍，學貫中西。回憶我讀大學時，選了一門「羅素哲學」，讀得很頭痛。幸而發現公展先生爲東方雜誌所譯述的羅素著作，已經印成專書，我就買來參考。該書寫得深入淺出，明白暢曉，而且把羅素書中的例證，都改用中國事例，使人有親切之感。我因而能夠豁然貫通。十六年冬我第一次見他時，便從羅素哲學談起。

我爲農工商局所做的第一件事，是起草勞資爭議處理法上海特別市施行細則。他刪了很多，改得很好。關於他的法律知識和立法技術，我雖學習法律，但深愧不及他的淵博和高明。

公展先生所主持的農工商局和社會局，顧名思義，乃是要以三民主義的社會政策和社會行政去發展生產，扶助農工，調和階級利益，促進大同之治，「使老有所終，壯有所用，幼有所長，鰥寡孤獨廢疾者皆有所養，男有分，女有歸」，我那時在農工商局的職務是助理勞工行政，公展先生的指導方針，是「站在發展實業的立場輔助勞工，站在輔助勞工的立場發展實業」。兼籌並顧，不偏不激，我們秉這方針去組織和教育工界和商界，以及處理勞資糾紛，所以勞資雙方多能相安無事，通力合作。而公展先生「痌瘝在抱」的精神，更使我們特別獲得工人的信任。

三十八年五月，上海陷落，公展先生經臺赴港，後來英國承認中共，他又經加拿大轉到美國。他爲官清正，臨財不苟，在美國的一家生活，最初全賴他投稿和編報的收入。

去年春天我去看他，他病在床上不能行動，快將一年。那年適逢他八秩大慶，薛光前先生等想發起籌送現金作爲壽禮，我說公展先生不會同意或接受。果然潘夫人和他公子維新兄都力持不可。我們也就不敢進行了。

公展先生的著作很多，但百分之九十都已散失，尚剩一點，去年由我編輯成書，名曰：「潘公展先生言論選集」，以紀念他的嵩壽。

公展先生自己尚編有詩集，潘夫人也有詩集待印。所以我最初建議編爲「潘公展先生伉儷詩文選集」，但未荷潘夫人接受。後又想編爲「潘公展先生詩文選集」，但公展先生說他的詩詞向不發表，尚待改定。現在他奉召修文，不能修改他自己的詩詞了。而我和他人天永隔，不能再見，回首前塵，不禁泣下。

（六四、七、七海外客寓）

第四章　我長軍法　人權秧苗

第一節　漸入蔗境　無心出岫

民國二十二年，我三十歲，國家雖遭日本帝國主義的侵略，先有兩年前的「九一八」事變，後來又有「一二八」戰事，國難嚴重，禍患逼人，可是我個人的環境卻苦盡甘來，漸入蔗境。因爲：

——母親雖已早逝，那是我最慘痛的遭遇，幸而父親卻正健在，而且幫我主持兄弟三人共同生活的大家庭。

——娶妻張素君，「溫良恭儉讓」，其中一、五兩種「德性」（溫和讓）尤爲重要而難能，再加張府特有的「百忍」遺訓，所以一家處得很好。

——子女四人都很健康活潑。可惜那時還沒有所謂「家庭計劃」和「兩個孩子恰恰好」，做母親的那時困於她常說的「腳鐐」（小孩纏在腳邊），「手銬」（小孩有的尚須手抱），不免辛苦一點，可是「好子不嫌多」，我們對此從不後悔。

——我已讀得兩個學位，眞是「磨穿鐵硯」好不容易，而且因有哈佛大學名敎授何爾康先生的指點和協助，正在向該校申請入學許可。

——我在上海特別市黨部從助理幹事做起，七年中一路升爲幹事、總幹事、科長、秘書和候補委員，那時正任委員，不久前兼任市立敬業中學校長，同時幫助潘公展先生新辦的上海晨報，做它的總主筆。那樣焚膏繼晷，朝乾夕惕，工作負擔雖很重，可是年富力強，不以爲苦。

但在那年九月，一個做夢也想不到的職務卻突然找上門來，要我去做。它就是本章所寫的淞滬警備司令部軍法處處長。

先是上海特別市政府秘書長俞鴻鈞先生代表市長也就是新兼淞滬警備司令吳鐵城先生前去我家，爲吳兼司令代邀我去擔任該司令部的軍法處長。

我雖畢業於上海法科大學法律系，而且領有律師證書，可是幾年來做的都是文敎工作，既不想做律師和法官，也不想做公務員，至於軍法處長，自更非我所願。俞先生要我加以考慮，約定三日後再談。

於是我請敎我的老父親。他曾任好多年的「刑名師爺」，它的性質有與軍法處長相似之處。他說：「『公門之中好修行』，事在人爲，以你的地位和名望，當能得到長官和同僚的尊重，可以放手辦事，做出一些成績，爲軍法揚眉吐氣」。

那時我的好友和市黨部兩位老同事吳開先先生和潘公展先生，都被蔣委員長南昌行營調去擔任臨時秘書，不在上海，我不能徵詢他們的意見，但另一位同事吳醒亞先生，不久前經蔣委員長薦任市政府社會局長，後又當選爲市黨部常務委員，負有協調上海黨政軍各機關做好防共防諜的特別使命，與軍法處的工作有密切關係，我當然應該知道他的想法，所以前去拜訪。

醒亞先生湖北人，曾任該省民政廳長兼代省政府主席，老謀深算，權重勢大，連吳市長都得讓他三分。他身邊有兩位得力幕僚，後在臺灣都成爲我的同事和好友，他們就是吳大宇先生和黃寶實先生。

那天醒亞先生告訴我：「過去警備司令部與他所領導的工作不能善爲配合。這次改組由吳市長兼任司令，他請你擔任軍法處長，可以說是黨政軍三位一體，配合很好。你不可推辭。這事曾經大家斟酌過，認爲你是最好的人選。你不要害怕，我會全力支持你。」

承吳市長美意，他准我辭去敬業中學校長職務，並派我二弟廣川繼任。我也擺脫了上海晨報總主筆，但仍任市黨部職務。

軍法處長是上校階級，戎裝佩劍。月俸二百八十元，有一輛轎車和一名司機。那時軍法處管轄左列各罪：

一、軍人犯罪；

二、犯危害民國緊急治罪法之罪；（有類於現在的叛亂罪，包括漢奸和共產黨在內）

三、犯取締烈性毒品（紅丸嗎啡）條例之罪；

四、綁匪和強盜。

第二節　速辦速結　毋枉毋縱

我到軍法處的第三天，偵緝隊解送一名吸食烈性毒品（紅丸嗎啡）的嫌疑犯。依照我新訂的偵訊程序，當天就由一位值日軍法官訊問。疑犯訴說，他只吸鴉片，未吸烈性毒品。那時鴉片公賣，吸者無罪，而吸毒則須處重刑。他說，他爲仇人誣控，懇請軍法處明鏡高懸，爲他伸寃。經交醫師檢查小便，並無烈性毒品的反應。承辦軍法官第二日就請示怎樣處理。我恐我們的檢驗手續不够嚴密，在原簽上加簽移送地方法院查處。

簽呈送呈司令後，代他批辦的C參謀長叫我前去商量。他主張既已送來，就由軍法處審辦。但第二天他卻改變原意，吩咐把他交保釋放。這是命令，而且也合我意，我當然遵辦。

又過兩天，隨我同去軍法處的一位蔣書記官，告訴我說，外間傳言，司令部有人收了那位疑犯五千元賄賂，所以能够迅速地大事化小，小事化無。他說，案到那天就有人向他運動，要求交保，允送三千元作酬。他不接受，他們大約改向他人行賄了。

於是我立刻寫了一個「速辦速結，毋枉毋縱」的通告，寄給每一在押疑犯的家屬，並在他們接見家屬時一一分送。

我指出，我們是書生從政，不獨清廉自持，而且痌瘝在抱，一切都會依法辦理，決不縱容有罪的人，但也絕不寃枉好人。而且速辦速結，不會無故拖延，加重疑犯及其家屬的痛苦。

我並說，疑犯對案情如有直接向我訴說的必要，在我每星期巡視看守所的時候，可以與我面談，不必託人轉達，自更不得託人關說或行賄。

因此，我想到現在司法當局也在倡導「速審速結，毋枉毋縱」，這與我當年辦案的守則，完全相同，眞是巧合，大約就是因爲「人同此心，心同此理」。但我又想到我在悼念吳鐵城先生逝世時寫過一篇「從小事中看吳先生」，登在民國四十年十一月二十二日中央日報，提到「速辦速結，毋枉毋縱」字樣，後來也收印在吳先生的回憶錄中作爲附錄。我想現在司法界人士可能看到和欣賞我的構想而採用，所以我不勝榮幸和欣慰。

那個通告，收效很大。過了不久，一位好友請杜月笙先生和我吃飯。我與杜先生本已相識，但無深交，那天他有事相商，所以請人出面相邀。那是爲了嚴春堂涉嫌製造烈性毒品一個大案。嚴是上海法租界大亨之一，是大名鼎鼎的藝華影片公司的老闆，三天前警備司令部奉了蔣委員長南昌行營之命，把他逮捕，拘留在軍法處看守所。

杜先生開門見山地老實相告：「嚴老闆被捕後，他的老婆帶著一串鑰匙和一包圖章，跪在我的面前不肯起來，請我救命。」她說，她們一家的全部財產，都在幾個銀行保管箱中，只要嚴老闆能放出來，她不怕傾家蕩產。

杜老闆對她說：「你們看到軍法處的通告麼？陶處長會速辦速結，毋枉毋縱。春堂如有罪，金山銀山也救不了他；如果無罪，陶處長自會放人，不會要你一分一釐。你把鑰匙和圖章都帶回去，我這裏沒有什麼花費。」

杜先生要求我不要把該案「速辦速結」。他說，嚴家「朝中有人」，南昌行營就會把嚴春堂提審和平反。

我說，司令部已向南昌行營請示如何發落，一切偵審尚未開始。

杜又說，嚴春堂腳釘重鐐，三天三夜沒有吃飯和睡眠，身體不能支持。「陶處長，你做做好事，把他開鐐。你們是怕他偷跑。這點請你放心，我願做擔保。」

我說，「這事我可幫忙，但須報告吳司令。」他說，他已託過鐵老了。

數日後，南昌行營飭將嚴春堂解送行營訊辦。不久聽說他被釋回滬。那不是有點像「大王好見，小鬼難當」麼！

前任留下一個殺人疑案，兩位老法官束手無策，要求我派一位新法官接辦，我乃派徐法官擔任。

疑犯陳某是浦東紗廠一個警衛，人稱「十號」，被控殺死一位相距不遠的商人。後者斷氣前對刑警說是十號殺他。於是就把十號拘送軍法處訊辦。一年下來，旣無證人，也無證物，但苦主堅持他是凶手。理由是他曾想娶苦主的女兒爲媳而爲死者所拒，從此兩家結怨，不相往來，他認爲陳犯是殺人洩忿。

徐法官要效施公案中的私行察訪。我乃徵得市黨部民衆訓練委員會的同意，派他爲臨時職員，代表該會到浦東紗廠指導工會會務，以期深入民間，探聽議論。果然有人告訴他，該廠一個張姓工人，編爲十號，有人也叫他十號，不無嫌疑。因爲他在案發後辭工回安徽老家，一去不返。

我乃請司令部函請該地法院傳訊該工人，調查幾點：一、現就何業？二、有無妻室？三、境況如何？四、是否想再來上海找工作？五、在鄉名譽可好？六、有無竊盜前科？

函中並說，如有嫌疑，請把他押解歸案。不久他就被解送到軍法處。覆函指出：一、無業二、無妻，三、境況不好，四、不想回滬，五、名聲不好，六、遊手好閒，曾經行竊。

徐法官本來建議把他發交偵緝隊偵查，我恐他被刑訊，而「三木之下，何求不得」，要防寃枉好人。但我指示：不妨嚇他一嚇。

於是就在他解到的當晚九點，由徐法官在大禮堂佈置法庭，並向偵緝隊調來偵探四人，隨帶繩索、皮鞭和木棍等陳列兩旁，擺出用刑的架式。但他仍拒不承認殺人，也不承認曾偸苦主家中一個皮夾和內藏幾十元鈔票。

半年後，案情仍無進展，徐法官送上一個判決書，認爲疑凶行竊失風，殺人滅口，但從輕判他無期徒刑。

可是我仍有疑問，因爲張某雖非好人，且有許多事實足以證明，包括他的竊盜前科，素行不良，突然無故辭工，可見是畏罪遠遁，但究竟尚乏直接的證人證物和口供，所以我未便核准。不久我就辭職，後來聽說他被判無期徒刑。

第三節　政治教化　勝於監禁

那年十一月，一個震動全上海和衝擊軍法處的大逮捕案終於發生了。被逮捕者都是大學生，爲數多達九十餘人，並有一位敎勞動法的李劍華敎授。這大約就是吳司令所以堅邀我做軍法處長的背景，以便審理那個棘手大案。

因爲吳先生雖貴爲市長，兼執兵符，可是一些敏感而尖銳的政治事件，向由市黨部在幕後處理，尤其在「九一八」和「一二八」兩次國難，中共和國民黨內部的反對派，以上海爲主要戰場，對政府展開攻擊。街頭示威，包圍請願，聲勢很大，不是軍警所能對付。市黨部乃奉命「以組織對組織」、「以宣傳對宣傳」，發動反擊，主要對象是大學中的反對分子。

上海市黨部向由吳開先先生領導，他有「上海黨皇帝」之稱。潘公展先生以社會局長兼任市黨部常務委員，後來兼任教育局長兼辦上海晨報，在政界的聲勢較大於吳，但很少親理黨務，所以市黨部仍是吳開公一人獨大，他爲人大方，善與人處，所以不是一人獨霸。後來加入了吳醒亞先生，他以社會局長而兼黨部常務委員，與潘吳成爲鼎足而三。可是他只管學運，不問一般黨務。

針對上海政治形勢，市黨部認爲學運一環最爲危急，醒亞先生乃奉命挑起大樑，獨任艱鉅，在各大學發展組織，廣徵社員，與反對勢力展開鬪爭。最後乃有那次的大逮捕。

九十幾個「反動分子」一夜之間在各大學被拘捕，隨卽送到軍法處偵辦。因爲我是黨內的「自己人」，吳司令和吳局長聽任我依法處理，很少干涉。假使換了一個外客，他的麻煩，也是兩吳的顧慮，可就大了。吳司令眞是一位高手，我這著閒棋算是下對了。

但我卻大苦特苦。第二天一早，很多家長和校長多跑去看我。我分頭接見他們，首先告訴他們：那些人逮捕後，就送到軍法處，沒有送往特務機關或刑警隊或偵緝隊偵訊，以後也不會發下去調查。他們知道軍法處不會用刑，開始放心。

我告訴他們，他們的子弟和學生都在司令部大禮堂打地舖睡眠，他們可送被褥和衣服。還有，最好送些書籍，因爲案情複雜，人數衆多，不是幾天所能了結。我當然又發給他們「速辦速結，毋枉毋縱」的通告。

在軍法處我召開了一次軍法官會談，指示偵訊重點，並分配工作。案情最嚴重的，我都分給審法官訊辦。他是吳醒亞先生的老部下，是他介紹給吳司令的，稱得上是「公正廉明」。

犯罪的證據，都由各機關送去。極大多數是平日批評學校和政府的言論，也有領導示威遊行或張貼「反動」標語，最嚴重的是參加共黨的「外圍組織」，例如讀書會。後來事實證明，他們之中確有共產黨員，但那時卻沒有搜到證據。他們之中也有人被同學挾嫌誣告，公報私仇。「善未易明，理未易察」，我很感棘手。但是有些情節很明顯的無辜的人，例如後來在我政府擔任要職的一位青年才俊，很早就獲得釋放。而一位勞動法教授卻涉嫌很重，可能判處五年以上有期徒刑，但奉軍政部命令解送首都憲兵司令部交賀（耀祖）司令管束。

我們處理那種政治性案子的方針之一，是參考疑犯的家庭背景，如果他有很正常的家庭或父兄確有管教的能力，他們能代政府負起管束保護的責任，而這種效果一定會大於監獄的監禁，則我願意准他保釋，交與家長負責管教。這類疑犯及其結案方法，爲數最多。其中有的後被學校停學或開除學籍，以示懲儆並資預防。

那時政府在各省開辦了反省院，江蘇省的一所由前市黨部委員劉雲先生主持，辦得很好，我請准了吳司令，商請同仁儘量把有罪的學生判送江蘇省反省院管訓。

我知道共產黨把判死刑的「同黨」尊爲烈士，把判監禁的同黨視爲忠實同志，釋放後加以照顧和優待，但對反省院出去的人則疑爲變節分子或「國特」，而棄置不顧，非有反證，不再讓他歸隊。因此，我們爲什麼要把他們關進監獄而替共產黨爲淵驅魚呢！

尤其那時獄政腐敗，待遇惡劣，敎誨無效，罪惡叢生，聽說共產黨和幫會在獄中竟有秘密組織，吸收黨徒。所以我更不願把青年送入監獄，以免好人變壞，壞者更壞。而且旣做共產黨，豈是幾年有期徒刑所能把他們嚇倒，反而會使他們對政府和社會增強仇恨和反抗，監獄於是乃成爲革命的搖籃。

我爲了解反省院的運作情形和效果，特地到蘇州去參觀江蘇省反省院並與劉主任交換意見。它有點像學校編制，但因限於經費，設備和師資都不够標準，然已遠勝於監獄。我商准劉主任收容淞滬警備司令部送請代管的「政治犯」，由司令部補助經費。

那批依法可處有期徒刑的學生政治犯以及後來判罪較輕的危害民國的反革命分子都送反省院管訓。

我在上文強調反省院制度的功能，現在把該條例附載於後。該法現已失效，但可供參考。

第一條　司法行政部爲感化本條例第五條各款所列人犯，得於各省設反省院。

第二條　反省院置院長一人，薦任，綜理全院事務。

第三條　反省院置總務主任一人，辦理文書總務會計等事項，管理主任一人，專司管理事項，訓育主任一人，訓育員若干人，專司訓育事項。

前項訓育主任及訓育員由院長呈請司法行政部轉呈中央執行委員會委派，主任管理員由院長呈請司法行政部委派。

第四條 反省院得置助理員，其額數由司法行政部定之，但至多不得過十人。

第五條 反省期間以六個月爲一期，屆時經評判委員會審查通過得予以釋放，但反省總期間不得逾三年。

（註：印刷不清，容有筆誤。）

第六條 評判委員會由院長、管理主任、訓育主任、省黨部代表一人、高等法院推事一人及檢察官一人組織之。

《附錄》我與吳鐵城先生

——從小事中看吳先生

吳先生雖在官場多年，但他毫無官僚習氣。他很有擔當，勇於負責。在上海保安處截獲大批嗎啡後，司令部的參謀長知照我：「保安處今天就要把嗎啡案中的罪犯二十一名移解過來，中央的命令，是要把他們一律槍斃。你去準備一下，最好今晚就執行。」但經我和幾位軍法官審訊結果，只有三名應處死刑。原來保安處張大其辭，逕向中央報告，所以中央才來這個命令。但參謀長卻說：「二十一名中只槍斃三名，我們不好交代，應該多殺幾個。」於是我們同去看吳先生。吳先生說：「中央的命令是說：『一律移解淞滬警備司令部軍法處依法槍決』。這『依法』二字很有意思，依法如不該槍斃，我們不好冤枉人。我看還是把案情詳報中央聽候發落。」軍人以服從爲天職，把上級命令像這樣的頂回去，這在軍旅中是很少看到的。電發後三天，中央覆示：尚有一人應一併槍決。於是一共只殺了四人。幸靠吳先生的精細，在夾縫中找到了「依法」二字，也靠他勇於負責，把上峰的命令頂了上去，這才在槍口下保留了十七條性命。

第五章　共產修正　訪蘇探眞

第一節　軍事共產　倒行逆施

在我參加中國國民黨時，它的所謂「三大政策」——聯俄、容共和農工政策，開始大力宣揚，所以青年對於蘇聯和共產主義多有相當熱忱的憧憬，即使在清黨以後，它還有吸引青年的力量。其故安在？

這一問題，那時在國內已列爲禁忌，我無法研究，但一到美國，我就在哈佛大學選修了一門「蘇聯的政府和政治」，以期探求它的眞相。後來我又讀了英國費邊社的理論大師韋伯夫婦的巨著：「蘇維埃共產主義：一種新文明？」我便決定親到蘇聯看看它的實際成敗。因爲他倆認爲：「蘇維埃共產主義乃是一種新文明。但是關於那個新文明將怎樣擴播？何時擴播？播於何處？怎樣修改？以及是否通過暴力革命？抑或和平滲透？甚或自動模仿？」他倆說：「這些問題，我們現在不能答覆。」

現在我把在蘇聯實地看了兩星期的了解和感受略述於此。至於我那時的初步結論是：無論你喜歡或不喜歡，它已成爲世界文化的模式之一。但較馬克斯的想像，它（蘇維埃共產主義）已經大加修正，而且在經濟政策上還須繼續修正——修成我國的三民主義或西方世界的民主社會主義。

話說一九一七年二月革命後，克倫斯基政府推翻了帝俄，建立了共和，可是共產黨認爲不够徹底。

四月三日，列寧偸渡回國，發佈了四月綱領，主張：

一、從資產階級民主革命轉向社會主義革命；

二、沒收地主的土地，實行土地國有；

三、由工人代表蘇維埃監督社會生產和生產品的分配；

四、建立工農蘇維埃共和國；

五、對德國結束戰爭，實行和平；

六、組織第三國際。

十月革命勝利後，列寧更變本加厲，實行所謂軍事共產主義，那是馬克斯主義的大規模實驗，包括下列特色：

第一、馬克斯主義認爲「社會主義革命，不能在一個個別的國家內勝利」，所以必須發動世界革命；祇能在一切和大多數文明國家內同時實行社會革命的時候，這種革命才能得到勝利。因此，蘇聯就在一九一九年三月，發起召集各國共產黨第一次世界代表大會，並由大會議決建立第三國際，以謀世界革命的發展。

第二、馬克斯主義認爲最理想的社會，是「各盡所能，各取所需」，工資制度應當廢除，商業行爲可以取消，各人隨他的志願，取他所需的東西，做他認爲適當的工作，而工作也不復被認爲一種苦痛，而反變成一種愉快。這眞是理想的社會。所以蘇聯成立以後，就向著這個目標，很快地去做，希望經過軍事共產主義「飛躍」到馬克斯的新社會。於是眞的廢除金錢，廢除工資，（一九二〇年僅有百分之七的工資以金錢支付），由國家發給各種食物券、乘車券、領物券，所有主要的必需品，如麵包和其他食物、房屋和水電、衣服和日常用品，都可憑券領取，不取分文，乘車、看戲，也都免費。

第三、馬克斯主義認爲一切生產手段和生產資料應該完全公有。十月革命以後，蘇聯政府本已將銀行、土地、房屋、重工業、礦產、國外貿易、交通工具等收歸國有，在一九一八到一九二〇年中間，蘇聯根據生產手段和生產資料完全公有的教義，更推行極端政策。於是國內貿易也由政府獨佔，不獨禁止商店的買賣行爲，並且禁止農人在集市中出售他們的剩餘的穀物。各鄉村設立「貧民委員會」，負責檢查農人的糧食，如發現有剩餘時，即派所謂「食物十字軍」前去查抄，銀行中的儲蓄存款，全被沒收，囊括而去。所謂「生產手段」和「生產資料」，被解釋的範圍很廣，所以曾有一時，手錶也在充公之列。

第四、馬克斯主義認爲工人才是無產階級革命的唯一主力，農人是擺盪著的羣衆，他們可以向左和無產階級聯盟，也可以向右和資產階級聯盟，而中農尤其如此。所以一般馬克斯主義者，不獨不信靠農人的力量，而且仇視農人，犧牲農人。十月革命雖靠農人的合作而迅速成功，然蘇聯在軍事共產主義時代，對於農人的政策，和現在大不相同。工人徵發隊的騷擾，格別烏（密探機關）的迫害，穀物和牲畜的無情的徵發，使貧農的生活也受到打擊。政府爲使城市的工業化，不惜以剝削農村經濟爲方法。「堅固的依靠貧農，鞏固和中農的聯盟」，這個比較折衷的新政策，遲到一九二六年布黨第十五次代表大會後才開始實現。

第二節　實驗失敗　政策修正

實行軍事共產主義的結果，蘇聯的社會革命不獨沒有進展，而且幾乎全盤失敗。原來由於上述第一種政策——世界革命，蘇聯樹敵很多，在國際間益感孤立。到了德國革命失敗後，蘇聯方悔悟世界革命的錯誤，而致力於所謂「一國社會主義」的建設。

由於上述第二種政策——「各盡所能，各取所需」的經濟政策，不出孫中山先生的預料：「然今日一般國民道德之程度，未能達於極端，盡其所能，而取所需者，其所需又爲過量之需

矣。狡猾誠實之不同，其勤惰苦樂亦因之而不同，其與眞正之社會主義反相牴觸」。（民國元年對中國社會黨演說詞）

由於上述第三種政策——生產手段和生產資料的公有，不獨社會不安，民怨沸騰，而且生產反較戰前減少，幾有整個崩潰的危險。聯共（布）黨史簡明教程，也承認：「一九二三年的農業生產總額，祇等於戰前的一半。……工業的情形更壞，是處在崩潰的情況中。一九二〇年大工業的產量，比戰前差不多要減少七倍。……一九二一年生鐵產量只有十一萬六千三百噸，等於戰前生產量的百分之三。……麵包、油類、衣服、火柴、鹽、火油、肥皂，這些必需品，國內都異常缺乏。」

由於上述第四個政策——剝削農民，農村完全破產，農人因政府無情的徵發糧食，大家不願多種田，甚至連種子也不讓其存留，牲畜都在被徵發前殺死吃盡，很多地方發生暴動。聯共(布)黨史簡明教程寫道：「整個軍事共產主義的制度，正如列寧所說，與農民利益衝突起來了」；「在饑餓和疲勞的基礎上，一部份工人也表現了不滿」。

於是列寧乃採取斷然措施，放棄軍事共產主義，改行新經濟政策。這是對馬克斯主義的修正，也是馬克斯主義的失敗。後來有人叫蘇聯是修正主義者，並罵黑魯雪夫修正了共產主義或馬克斯主義，但事實是列寧才是修正主義的始祖。而「窮則變，變則通」，修正又有什麼不對呢！

新經濟政策所以別於軍事共產主義，（也可說是別於馬克斯主義），第一是農人政策，廢除糧食徵發辦法，而代以糧食稅。農人納稅的數目，在一九二一年春耕前就公佈出來，並確定了交稅日期。所以剩餘的糧食，農人可以自由出賣，並且自由競爭。

新經濟政策的第二個特點，是生產工具和生產資料私有制度的復活。依據一九二一年八月十二日的法令：㈠政府以國有工業租給私人或團體，於一定限期內經營之；㈡租受者得僱用工人，但須依照勞動法規予以保護；㈢租受者的出品，在法令範圍內得自由處分成販賣；㈣除法庭判決外，政府對於租受者不得收回其事業或變更其特許的條件。有一部份國有工業，甚至租給外國人。

新經濟政策的第三個特點，是從「各盡所能，各取所需」，轉變爲「各盡所能，各取所值」。於是工資制度重新恢復起來，而且從時間制改爲件工制，金錢的流通，隨著恢復，貨幣制度也較前健全。商業自然也允許私人經營，市場重新活潑起來。而「各取所需」的政策，也從此絕跡。一九二一年七月九日，恢復火車的價目，八月一日，恢復郵電的價目，九月十五日恢復水電浴池和劇場的價目，吃飯和租屋，自然也得照常付錢。總之，從那時起，直到現在，沒有錢就不能享受上述那些利益了，於是人們乃不得不努力做工。

新經濟政策的第四個特點，是睦鄰外交的抬頭。新經濟政策，不獨在國內和資本主義份子妥協，而在國外也和資本主義國家表示妥協的姿態，後者可以叫做「外交上的新經濟政策」。因爲由於這種外交上的轉變，蘇聯得到資本主義國家的諒解，逐漸解除資本主義國家的包圍，而在好幾次的國際動亂中坐收漁人之利。這豈不是最「經濟」的新政策！

這個外交上的「新經濟政策」的第一次成功，是一九二一年三月的英蘇商約。一九二二年，蘇聯並被邀出席熱那亞會議，利用協約國與德國的爭辯，坐獲自身的利益。一九二四年，法意兩國也承認蘇聯。同年又和中國締結中俄協定。自是以後，蘇聯在國際間運用互不侵犯協定這個和平的武器，並於一九三四年加入國際聯盟，它的國際環境於是日見改善。

新經濟政策施行後，整個產業社會，就立刻活躍起來。到了一九二四年，國內共有商店四六〇、八〇三所，和戰前的九三五、〇〇〇相比較，恢復了一半。這些商店中，國營的共計一一、九一五所，屬於合作社的二六、六七八所，屬於私人的四二〇、三六六所。以商店的業務而論，零售商多屬於私人，而批發商則國家佔優勢，後者約佔全部百分之五十五。

新經濟政策的實行，雖產生了一種叫做「新經濟政策人」者，作爲資產階級復活的象徵，然因政府自始保持著國民經濟中的一切「指揮陣地」——大工業、銀行、運輸、土地、國外貿易，同時因爲工農聯合陣線的堅固和國民生活的向上，政府的統治力量也強大起來。由於政府具備這些政治和經濟的優勢，它一面「節制私人資本」，同時「發達國家資本」，所以新經濟政策不獨沒有妨礙或操縱國計民生，有如歐美一般資本主義，反而把蘇聯從貧困和騷擾中拯拔了出來。

雖然如此，在列寧看來，新經濟政策祇是一種「戰略的退卻」，所以等到局勢比較穩定時，列寧就開始反攻。聯共（布）黨史簡明教程，關於軍事共產主義和新經濟政策的異同，有很忠實的說明：「軍事共產主義，是企圖用衝鋒，用正面攻擊，去奪取城市和鄉村資本主義份子的堡壘。在這個進攻中，黨走得很遠，有脫離自己根據地的危險。現在列寧提出稍微退後一點，（改行新經濟政策——百川註）暫時後退以接近自己的後方，把衝鋒改成比較長期的對這堡壘的包圍，以便積聚力量，開始新的進攻」。列寧的目的，仍在徹底消滅私人資本，而它後來果眞被消滅了。

第三節　是共產教　而非政黨

在蘇聯努力準備下一次戰爭之中，蘇聯當局為他們自己劃出兩重艱難的工作：一個對內，一個對外。第一個工作是要使人民拼命工作十年或十五年而報酬並不近在眼前。第二個是團結共產黨支配下的傀儡國家成為一個同心協力的集團，同時盡力使民主國家衰弱和分裂。

這二件工作的主要工具，自然是共產黨。以共產黨作為治人工具，其效率堪稱空前。它是為數不多擁有特權的統治階級。它是一種文官制度，其效率遠勝於他國。它是一個參謀團，紀律嚴峻而覆以神秘。它是一種民意測驗，用四百萬對耳朶紀錄民意，有似「一架發電機」。尤其重要者，它是一種歃血為盟式的組織，足以激勵赴湯蹈火的忠義。然而它不是一個政黨。

「黨」這個字在蘇聯人用來，意思與平常的定義絕不相同——正如他之用「民主」二字，意思與世界各國有別。

蘇維埃政權很像中古西班牙政府，而黨則像古代的宗敎，將其獻身的人員安置於多數的（雖非全部）公務機關。祇有它能供給眞正的信仰，而其宗敎裁判卽是秘密警察，對於搜索一切異敎徒也殘酷無情。它自命其使命爲救度一切人類，視國外的容忍異敎徒爲罪孽深重。它的傳敎士冒被囚，艱苦以至殺身之危，傳「福音」至黑暗之地。而在敎人信敎時，常以劍爲得力的工具。

蘇聯人始終珍重的聖像依然存在，只不過略有更動——現在是列寧做了聖父，史達林做了聖子，馬克斯做了聖靈，他們的像片差不多家家供奉。今日的蘇聯藝術家差不多只限於頌揚這些神聖人物和此一信仰的聖者與殉道之士；他們的藝術慣例，嚴格規定一如中古時代敎會對藝術家所定者一樣。

神聖遺物保存於莫斯科紅場的列寧博物院，各大城市博物院中則陳列著這種遺物的複製品。在瞻仰之前，信仰者脫下帽子，肅靜致敬的注視列寧的寫字桌，他做學生時的報告卡，他在逃避克倫斯基警察時所戴的假髮。最神聖的遺物當然是列寧遺體，放在黑大理石墳墓中供人瞻仰。每天有信徒排成長長隊伍，魚貫而過遺容，面部的表情是神移心奪而莊重端嚴。敎義問答保存不替，唯稍加變動而已。我在幼稚園裏親聽得敎師問道：「你的幸福童年是誰人之賜？」四歲的小孩應聲而答：「史達林同志之賜，萬歲！」以一種最道地的宗敎傳統，共產黨要有敎育專營權，要有淸敎式的道德律。治理人民的行爲舉止，規定得無微不至，從結婚到書籍。「敎長」在每一公共集會之中，幾無不以頌讚領袖爲開會詞，這在精神上無異於祈禱。

如有一年輕人有志於爲黨員，他就得拋棄塵世的生活，獻身於韋勃夫婦所謂的「領袖之天命」。他棄置一切其他信仰，基督敎自亦在內，而「腐敗的自由主義」與「極右的邪行」，亦視爲異敎。在工作與書本中學習研究了好久之後，他的姓名由老黨員三人加以提拔，如成績及格以及對於馬克斯主義聖經的學識能在考驗中及格，他最後就宣誓入這個「宗敎」。

從此以後，他的生命就屬於克里姆林。他也許不經事先通知而奉命前往維也納或北極圈，奉命去中國指揮游擊隊，去沃太華竊取原子秘密。他對於自己不能作道德上的判斷，因爲一切正義現已在於一物——無疑問的服從組織。他已無私人生活可言，因其行爲文書與思想均在不斷的檢察之下。他覺得秘密警察虎視眈眈，似在目前，這個感覺遠比普通蘇聯公民爲甚。他也許因酗酒傷風敗俗貪嬾或於黨的方針略有不符而被剝去「牧師」的衣服。如其過失嚴重，也許判入苦役營或處死。

第四節　力量泉源　禍害温床

這樣一種紀律森嚴的組織，顯然是偉大力量的因素。這組織能够迅速而秘密的移動，如一支訓練有素的軍隊，不必爲辯論而浪費時間，不致陷入妥協之中，它能吸引最有才能與最有雄心的人物，因它是爬上權勢的唯一梯子，由此而獲得隨權勢俱來的特權和特惠。而且共黨的內部行政卓越非常，有能之人擢升極快，無用之徒則棄之如敝屣。

共產黨並不僞裝民主，也不眞懂得民主是什麼意思。共產黨視「無黨無派大衆」若一羣嬾洋洋木頭木腦的熊一般的動物，幾百年的農奴制度使他們變得痲木不仁，必須由黨的牧人驅着吆喝着他們走向完美的社會。普通人民不能決定何者於他們有益，因爲他們只要吃飽著暖睡大覺而不管別的。他們決不能高瞻遠矚，他們祇許做五年計劃所需的那種胼手胝足的苦工，無窮無盡的自我犧牲。

所以有關公衆的政策，必須由國中英俊去執掌，他們就是經過特別訓練長於辦理公務的共產黨。共產黨也准許人民選舉，因選舉是固有裝飾之一，但照共產黨員所見，卻無須有一人以上的候選者去使人民痲煩；實際上容許第二黨競選這個觀念，使共產黨員會驚若洪水猛獸。總而言之，共產黨一定不錯，萬無一失，別種黨派一定錯誤，容許他們去傳佈他們的異教邪說，只有百弊，而無一利。

這些見解看來頗獲大多數蘇聯人的贊許或至少得他們的默認。他們從古以來沒有民主的自治政府的口味，他們不知道這是什麼東西，他們也並不特別需要。憑他們過去的一切經驗，統治是統治專家的事務，不論其爲可汗、爲沙皇、爲委員長。幾百年來，這批統治者都很嚴酷、專橫、無能。現在的統治者雖也嚴酷，但較不專橫，而有才能。差不多個個蘇聯人對此顯而易見的改進，表示感荷。

況且現政府之親近人民，爲過去任何政府所不及。每一地方共產黨的領袖，與人民保持接觸，好像一個教區牧師。如果他希望前程遠大，他必以萬分熱忱照顧人民。他出席人民的結婚禮與鄉村的舞會——大概必須說幾句關於領袖的好聽話——而留心有誰急需一點額外的燒火柴，有誰要一張旅行證去望望姑母。

尤其重要者，他滿腔同情地傾聽人民怨聲——或者說至少傾聽人民對於實行五年計劃的方法的不滿。（沒有人傻得去抱怨五年計劃本身。）如果言之成理，他就設法改革，如有必要就報告上級。在指摘之聲高而且多得十足時，當地的行政人員或政策的施行就會有某種更改，因爲黨很知道民衆的忍耐程度。

這種措施的結果之一，是地方上小政客的舉止，總是笑容滿面，大聲招呼，熱烈握手，牢記人名。有一次，我同一個地方官員參觀一所幼稚園，他摸摸每個小孩的頭，略作演說，演說了幾分鐘，他把自己的名字就提了幾次，而且次次加重語氣。你以爲他是念念不忘於下次選舉；大概是如此。他的選舉人的確確只能選舉黨所提名的唯一候選人，但是對於確實不孚衆望的官員，黨是往往不予二次提名的。

在實際上，民衆的不滿有時候故意被導向反對某些倒霉的機關，以免整個的黨受到攻擊。就事實論，黨與政府當然像盧布票之不可分開的二片，但表面上卻把二者截然分而爲兩。凡有錯誤必歸咎於「官僚」與「官署之蠢」；如有功績則必歸於黨領袖們。

使蘇聯政治組織大爲有力的一個特性——嚴厲的紀律與嚴密的中央控制，同時也產生相當嚴重的弱點。

最顯而易見的弱點，就是差不多每一個下級官吏都不願意擔負責任。一個錯誤的懲戒嚴厲得很，使聰明的人不肯自作重要的主張。如他判斷有誤——無論怎樣的出於無心——其錯誤不僅視爲判斷不當，大有被控爲暗害與叛國的刑事犯之可能。

結果他就在每一公文上，戰戰兢兢的要有許多人會同簽字，對上司與當地當局步步弄個明白，造成一面詳盡無遺的書面紀錄的盾牌，以備不虞，結果就是無窮無盡的會議，繁文褥節與拖延。

甚至卽使有的蘇聯官吏十分有傻勁，爲了使事情迅速辦好，膽敢自作主張，他也不能被容許善盡責任。因在每一組織之中，負責當局分而爲三——在名義上的主持者之外，還有黨與秘密警察。例如一個醫院主持人在沒有跟醫院共產黨細胞書記的下屬們商量之前，決不敢作任何重要的主張。這樣的共產黨組織遍佈於每一工廠、官署、集體農場的僱員中，其主要的職責就在查出主持人員的拙劣措施或「暗害」。主持人與黨員們同在秘密警察的猜疑監視之下，其爪牙遍逭於一切重要組織的內部。這些警察密探帶着所有保險箱與案卷櫃的鑰匙，來客與電話也莫不受其注意。

所有這種分担責任與猜忌的根本理由，當然是由於那種瀰漫四處的恐懼——蘇維埃教階制度的主要特徵。只要克里姆林宮中人覺得爲國內國外的無數危險所威脅，他們就不能完全信賴任何屬員。

另一個理由是在黨的歷史上。共產黨是當作一個地下陰謀而創立的，爲其生存，必須與帝俄警察的間諜和劊子手作生死鬪爭。其倖能存在，全仗發展本身的反間諜與秘密制度，以殘酷無情的懲罰爲後盾。結果，即使執政之後，亦無法擺脫這個繭子。年輕時候在陰謀中過日子的人物——老是諦聽着樓梯上的腳步聲，始終神經緊張——很難完全擺脫舊習慣。所以即使在今日，即使在蘇聯境內，黨的措施仍以一種半陰謀的基礎爲據。沒有人自由自在的談黨的事情，內部行動也從不見於報載。黨員本人很少知道他們這個小圈圈以外的情形，他們的一言一行絕對不能隨便，好像他們仍是地下工作人員的一部份。

這種嚴酷陰謀的傳統，產生了一些有趣的結果，其中之一是熱心巴結。蘇聯政府常常發現生產數字極多僞造。原因所在，當然一部分由於渴望優厚獎金的普通人情，但更重要的原因，是由於絕不放鬆的力逼工廠經理要有愈來愈好的生產成績。當經理因缺乏原料、熟練工人或設備而不能照章生產時，就無法不僞造數字以彌縫。他當然知道一經揭穿或將引起麻煩，但他確知如生產不能「按照計劃」，麻煩也一定不免。

但與蘇聯政治機關中的另外二個眞正嚴重的弱點比較起來，上述種種還是小毛病。這二者是

㈠決策的過份集中化，和㈡官吏思想之盲目的呆板。

在作重大的決策——如使整個民族從和平一轉而作戰——獨裁制確很迅速。但是這些大決策卻可說正是不應迅速決定的，極應經過長時間的徹底的公衆討論之後始可決定。因爲一有失誤，其結果或可致命，而致命的不僅獨裁者一人。

在另一方面，高度集中化的政府，對於小事情的決定，絕對不能迅速從事。這是確鑿無疑的事，雖然不大爲人所知道。上文所說的芝麻荳豆官之不願意擔負責任，就是說許多瑣碎的日常問題——無論是舖二十哩道路或是僱用一個額外書記——都堆積在高級當局的辦公桌上，叫他迅速辦理是自然做不到的。

而這類小事如不迅速決定和當場決定，整個政府的機關就要停頓下來。舉例而言，當一個蘇聯購料人員發覺某種牌子的機器工具在美國一時不能購得時，他就不能立刻變更合同購買另一種效用相同的機器工具；他只得恭候莫斯科當局的批示，一等等上幾個星期，讓蘇聯工廠停工以待。一個蘇聯領事館甚至非電報請示不能發一張護照；我的護照簽證，就等了兩個月才由蘇聯國營旅行社替我辦到。這種瑣屑而拖延無窮的累積結果，就是辦事遲滯，無形中浪費人力，影響所及，也許是蘇聯能與西方國家競爭的大業永受阻礙。

更根本的蘇聯弊病，是凡經馬克斯主義薰陶的人所必患的心力上的呆板。經過嚴格訓練的共產黨員，思想總是墨守成法，他們以爲那些成法施於萬事而皆準，足以解決一切疑難。如與事實不合，他們不想修改成法，因一修改，將成異端，於是他們只得抹煞事實。

第五節　工會功能　臘腸機器

如果你要把共產黨員的恩威並施的手段看個明明白白，那麼最好的地方是工廠。因爲克里姆林的最緊要計劃是工業的迅速發展，黨部就派了才具不凡之人去設計，使每一工廠的工人肯竭智盡能，鞠躬盡瘁。最有效的辦法是包工制或件工制。凡在技術上無困難之處，這個制度無不實行，所以目前蘇聯工人的所得不是一定的月薪，而是照他所生產的鞋子、坦克零件或布疋的數量來計酬。

這種辦法自然有刺激和利誘的作用。方式不一，普通是規定一個「標準」，即擬定每日生產的最低數量。如生產不到標準遠甚，那麼這個工人一定挨餓，大有解僱之危。反之如生產高於標準，那麼每一額外生產就有獎金可得。在許多工廠中，獎金隨生產之增加而增加——超過標準的第一個十件獎一盧布，第二個十件二盧布，餘可類推。在新的五年計劃之下，這種獎金制度還要擴充，於是眞正勤勉而聰明的工人，其收入比之懶惰同志可多到十倍至十二倍。在蘇聯之外，工會中人總是反對件工制度，因之英美許多工業已廢除這種制度。資本主義國家中反對件工制最烈者，又無過於共產黨員。不過他們總說這並不是他們的自相矛盾。他們說件工制在資本主義國家是件惡行，因爲搶人錢財的資本家以此剝削工人，但在蘇聯卻是善舉，因爲所有工業爲工人所有，所以每一增產就是工人的好處。但是蘇聯工人階級也不易明白這個道理。

件工制還有一種害處，這在各國與蘇聯同然，很容易鼓勵工人犧牲質以求量的增加。例如蘇聯所砌的磚牆，差不多都有毛病。磚頭砌得其快無比，而不顧砌得如何，所以總是不平，有些接筍之處不塗水泥，有些則凸出多餘的一大塊。

件工制之外，還有一些用以鞭策蘇聯工人的賞罰之道。其中最爲人樂道的，當然是安全：他不必擔心失業，因爲工作受傷而殘廢，他本人與家屬都有國家來照顧。況且他如能成績出衆，還可去高加索山脈或克里米亞海濱的休養所過一個假期。如他不改行換業，那麼去奢侈品商店購物就有打折扣的資格。而一種異常的生產勤奮，也許可得二張戲票。最後是出類拔萃的工人受到報章雜誌的讚譽，所謂「史太哈諾夫」工人，就是一種類於英雄的榮譽。他們是生產特多的工人。

至於罰則，多得不可勝數。我在一家工廠佈告版上看見一幅圖畫，頂端是一架飛機，其下是一輛汽車，一頭牛，一個人，一隻烏龜和田螺，上面寫着很多姓名。我問引導參觀的人是什麼意義。他說：寫在機身上的姓名是生產最多的工人，寫在田螺上的是生產量不够標準的懶人。

在另一家工廠裏，生產够標準的工人和不够標準的工人，分在兩處領工資。不够標準工人領錢的地方，掛着「懶惰工人領錢」的牌子。

在另一方面，蘇聯工人休想靠工會得到好處。說蘇聯罷工是法所不許，這是不確的。法律並無明文禁止罷工。但罷工的結果，是依「擾亂治安」或「反革命」驅入集中營。

蘇聯的工會完全成了國家的一部分，故其所司職務，有許多在中國是政府機關的事——較重要的如社會局，職業介紹處，以及實行安全與衞生條例的各局。從紀律觀點而論，這種安排有許多便利之處。例如一個工人一有「不合作」表現，他在收取社會保險費或工人補貼時就會遭到許多困難。又他如成了某一工廠不良分子，他在別處就得不到同樣好的職業，因爲他在廠行爲的紀錄，會經過聯合工會而如影隨形的跟蹤而往。

蘇聯工會的目的所在，恰與歐美工會的相反。蘇聯工會不在力爭工資之增加，而在刺激、教育、忠告會員們增加生產。其主要責任不是代表工人與政府交涉，而是幫助政府解決勞動問題。他們只不過是克里姆林的千手之一。他們的人員在黨部指導之下選出，他們的第一責任是貫徹黨部的意志。

但我們不能說工會對於普通蘇聯工人一無好處。大多數工會人員是有志之士，不但努力奉公鼓勵生產，且爲會員們謀福利。他們聽工人訴苦，如洗滌室汚穢，菜燒得不好之類，然後叫經理部加以注意。有時候甚至設法罷免衆矢之的的經理部當局。他們也垂聽較大的不滿之聲，向黨部提出警告。

大概工會最重要的職務，是當作一部碩大無朋的臟腸機器，把生野不文明的農民，改裝爲摩登都市社會的分子。爲了這個目的，他們在幾乎無廠不有的俱樂部裏從事「文化的教育的活動」。

新從鄉下出來的農民就在這裏改裝。他在工會指導之下學習許多事情——跳舞的樣子、列寧主義學說、象棋、個人衞生。他也許在星期六晚上應邀去俱樂部樂隊中奏樂，或搖搖影戲機。他可去聽工程演講，俾增加知識以備得較好職業，或在俱樂部圖書室讀政治書刊。如有大志，他可以開始作共產黨的學徒。還有必不可免的事，是他聽了不知多少次演講，說為了五年計劃的如期完成，各人工作得辛苦一點。一個典型的標語是：「今日比昨日要更加努力工作，明日的成就要比今日多。」

第六節　農村情況　瑜瑕互見

蘇聯的農民，比工人多有一點獨立性。原因之一，是無論警察或黨，對於萬千散處各地的農村，無法像對付城市密集居民那樣嚴加控制。另一原因，是政府對於農民有點不大放心，覺得姑息縱容不失為權宜之計。

因為農民憤恨之後足以實行消滅抵抗，危險甚於共產黨所能遭遇到的任何內亂。罷工很易解決，不滿的官吏可以肅清，但農民如決心不產食物以供城市人民，克里姆林當局就無辦法。自從革命以來農民已有二次大反抗——一九二〇年與一九三三年，而每次都使共產政權手足無措。一九三三年那次大亂，他們起而反抗史達林的強制實行集體農場計劃，至少宰了半數牲口。

農民在物質上也較佳於昔日，他們的房子，與三百年前無大差異，一家五、六人住在一個房間的木屋中，塗以黏土，內外粉刷。地基塡得高至三尺，以禦寒冷，屋頂是厚厚的草葺。（有些新房子改爲鍍鋅鐵、瓦、或地瀝青蓋板，比較不易着火，但不及草葺暖和。）小小窗戶有二重，用點破布或棉花團塞進邊縫以禦冷風。在冬風最厲的北面，普通不開窗戶。牛柵或豬圈設在南牆靠近門戶。一家中心在實質上與象徵上就是一個大磚炕，燒菜取暖和睡覺都在其上。

房屋本身雖不勝於舊日，但家具之類確乎昔不如今。現在普通已有一床，供一家主人主婦睡覺，孩子與祖母還是睡在炕上或地板上。不經油漆的桌子，三腳凳子，杜做衣櫥，與革命以前無甚不同，實際上這些家具也許用了三四代。但一架縫衣機是重要的新添器具，這使女人們少費氣力以修補一家的舊衣服。

革命以來，農民在物質上的突飛猛進，乃是公共福利遠勝於昔。最矚目的改進是在醫療方面每三個或四個村莊，組織一個醫療區。普通一個醫療區爲八千至一萬居民服務。人員是一個內科醫生，總治內科各症，一個牙醫生，以及八九名助手，內有住院醫、產婆、藥劑師、看護。除醫院之外，每區平常還有一個施藥所，一二產科醫院。上代的俄國農婦生產，只有一個鄉下老太婆在場，她的唯一資格，不過牢記住古老的民間迷信而已。現在百分之七十九由產科醫生接生，其餘由經過訓練的產婆司其事。

除醫院外，鄉村社會中十九又另添二種新建設：學校與俱樂部。學校普通是簡樸的二至三室的建築，但至少孩子們已比他們的父母有較好的機會能上學讀書。俱樂部——往往以沙皇時代的地主與富農的住宅改充——是兼作成人補習教育、黨部宣傳和跳舞唱歌之用。

農民雖獲到好處，但這些好處卻絕不是蘇聯農業政策的第一目標。這政策與別的政策一樣，以恐懼戰爭而訂定者，其根本目的原爲——目前亦然——增強蘇維埃力量，以抵禦可能發生的外國侵略，至於有什麼實惠給予蘇聯農民還在其次。以這個目的而論，這個政策確相當（但絕非完全）成功。

當布爾塞維克於一九三〇年着手將該國農業改造爲一新的集體型式時，顯然存有二大目標：一爲政治的，一爲經濟的。二者又各有二部分。政治目的是先行掃除數約五百萬比較富有與獨立不羈的所謂富農，他們是暗中與共產主義作對的痛瘡，繼之以強迫其餘農民納入一個有組織的模型，俾克里姆林當局更易於控制。經濟目的是增加農產，同時使幾百萬人民離開田地改充急劇發展的工業工人。

有這種目的，集體農場制始有意義可言。這是流血耗財的事情，但是唯一無二的辦法，使政治能够立卽達到這些目的。而這些目的必須立卽達到，以積貯糧食和建立工業以備第二次世界大戰，而共產黨是一心以爲戰爭將至的。

政治目的如願以償，富農在僅僅五年之內一舉肅淸。他們的土地，多半改組爲國有農場。國有農場與集體農場不同。國有農場，有如國有工廠，農民只領工資，不能參加農產品的分配。而集體農場的農民，則按照每人的工作日數分配農產品。

第七節　控制手段　農機密探

共產黨有一控制農民的手段，比較不為大家所知，這個手段就是農耕機車站。每一區至少有一個，普通有五十至一百輛曳引車，以及犂與收穫機。其任務為耕耘收穫全郡集體農場的農作物。研究蘇聯農業的外國人士，十九誤認為其任務就是耕種和收割，而忽略了政治上功用——這至少有着同等的重要。

舊式農業制度的危險（從共產黨的見解看來），是給予個人主義的農民以完全的獨立不羈。他自耕自收，自產糧食，有餘則以之出售。如果市價不合或不能以此交易買到充足的日用品而決定囤積不糶，政府就束手無策，城市就鬧飢荒。只有農民自己知道他有多少餘糧，他的隱藏積穀的本領又極高強，沙皇的部長也好，革命初期的托洛斯基也好，都覺得即使派了武裝搜索隊出去，要想向幾百萬秘密囤積者強收穀物，簡直絕難辦到。共產黨員明知農民一天有力量囤糧不賣，就一天拿着一把利刃擱在政府的咽喉。

農耕機車站就收去了這把利刃。它徹底知道每畝田地收穫多少，因為所有田地都由機車站收割打穀。尤妙的是它當場收租若干，以作代價，轉交給國家穀倉。（機車站收費高低不一，按照穀類與每畝產量而定。差不多都照百分比計算，據說有的高到總收穫的百分之二十五。）每一集體農場必須將餘穀的若干以官定低價售與政府，數量相當可觀。事實上這種出售等於田租，而且不能規避，因爲機車站有詳明的記錄。

卽在今日，胸懷不平的農民還有辦法減少糧食運至城市，方法是或者故意疏忽耕耘，或者夜裏用手收割，就此藏開。不過這種暗損容易覺察。但政府還在小心翼翼的不十分惹怒農民，可是今日政府之聽命於農民，已遠不及農民仰賴機車站作主要農事之那麼需要。實際上政府緊緊掌握住機車站一天，有力量的農民革命就不能發生。因爲農民既已沒有自耕自耘所必需的牲口，政府只要餓他們一下便可敉平他們的革命了。

共產黨員決不放鬆機車站的控制，因爲每一站就是政治的堅強據點。指導員總是忠實黨員。他下面有三個副指導員，其中之一是訓練有素的政治人員，憑機車站的力量傳佈黨令於全村，負責注意民意的趨向。（另外二個副指導員，一個是農業經濟學者，一個是機器工程師。）站上全部員工的選擇，也不忽略其政治上的矢忠矢誠，與其管理機器的能力一樣重視。他們大都是年輕人，鄉村上出類拔萃之人，曾在共產黨的青年組織中受過政治訓練。

政府自然不單靠機車站爲唯一的控制工具。每個集體農場無不受黨的直接支配。農場主席總是共產黨員——名義上由農場全體會員選舉，實際上卻由區政治首腦指定。每一提出農場大會的問題，無不先經黨細胞的考慮，只有百分之三或四的農場會員充數，他們爲求太平不敢辯論，因一手就要被疑爲異端。因此實際上黨細胞的提案，無不全場一致投票贊成。

爲求萬無一失，秘密警察總有一、二密探安置在每一農場，一方面注意農民，一方面留心黨員。

在經濟目標方面，蘇聯的農業政策不能算是大成功。農業生產品大有增加，每年有幾十萬人手省下來改充工業之用，然與歐美國家比較起來，蘇聯農業之無效率，還是使人搖頭，而集體農場還是留住了爲數驚人的人手，以致政府雖急於需要人手，也無法加以利用。

集體農場制度在技術上的便利之處，彰彰甚明。在革命之前，一般農民都只種小型田地——很少超過十五或二十畝——耕耘方法又老得毫無救藥。普通農夫大都不像美國農夫那樣的在田間生活，而是在離田不近的村莊。他的田地又不是渾然一片，而是四分五裂的一條一塊，散處於村莊的田畝。他又並不能完全主持他的耕地。每一家長隸屬於一個村莊組織，名爲『米爾』——一種鎮議會式的組織。俄國有史以來，各地大都有此。米爾的權力雖未明文規定，但極廣泛，對於經理村莊田地，唯他發號施令。例如規定開始耕耘與收穫的日期，規定今年種什麼，明年種什麼，時時變動農民的耕地，使每家人家得輪流種到肥沃之地。這種老規矩一直硬挺到一九三〇年。

那年開首的大革命，直截了當地把所有村莊田地合而爲一，改造之爲集體農場。這在蘇聯並不十分打破舊習。因爲米爾對於村莊田地，原施行著一種自治的權威，很容易把它變成一個村蘇維埃；眞正的意義在於技術上——耕耘渾然一片的集合田畝，一反以前的東一小片西一小塊。這使得一切耕作在適當時候保能一舉完工，因此得免於遲種晚收的耗損。（例如用手收割，要筋疲力盡辛苦多天，如收割時忽來一陣風暴，就要打落半數熟穀。）這使集體農民能利用受過訓練的農業經濟學者的貢獻，自顧自的農民就決難有此機會。尤其重要者，大規模的實行機器耕種，人力於以大省。

第八節　一畝私地　紓解民困

雖然如此，集體農場制度在創行時是波折的。富農當然反對，許多人宰殺他們的牲口。而政府驅逐富農之舉，本身卽予農業以打擊，因他們是最聰慧最有進取心的農民。就連窮苦的農民，也大批宰殺牛隻，蘇聯人的肉類配給爲之大減。

在事實上，農民們對於牲口共有從不曾完全甘服。因有米爾的傳統關係，田地共有尚算容易，而牲口共有則無前例可援。況且一個農夫與其牲口的關係，乃是個人之事。

在經過二、三年堅持不懈的實驗之後，共產黨終於退讓，給予每一農家一個自己的菜園，與集體田畝不相混，平常是一畝之地，與農民住屋近在咫尺。這是十十足足的私有財產。在園裏所種所養的菜蔬家畜，爲他一家所有，照普通賦稅納捐。以目前計，蘇聯幾乎百分之七十牲口是在私人所有制下，在這些菜園裏飼養大的。

恢復一點私有制度，大有助於使農民們改信蘇維埃農業政策，但也確乎是一切毛病的永久禍根。差不多各處地方的農民，都有一種不可救藥的毛病，就是對於自己的那個小小園地，不惜大用力氣耗費時間去照料，而對於集體田畝則不然。這在一個偶往觀光旅客也不難窺到，我無論走到什麼地方，那些私有的園子總是收拾得最整整齊齊，照料得最仔仔細細。

而且私有財產的天性，也去之不易。許多農民設法以集體田畝來擴大自己的所有。方法甚爲簡單，就是趁夜深人靜之際，偸偸把界標移動幾吋，日積月累，數亦可觀。甚至有些農場經理對私用公物——種子、工具、肥料——也是眼開眼閉。

最後，蘇聯農業沒有作到技術上的進步。不少農場經理有著一個良好農人所有的才幹，加上十分熱心於他們的服務。然而據政府本身的紀錄，蘇聯的每畝生產量並無可觀的增加。農業生產的總數，確大增，那是因爲耕地增加使然，以言每畝產量，仍不過十三蒲希耳左右，也就是不比一九一三年時增加多少。而且就連這個數字，也不能十分信以爲眞，因爲蘇聯官方的農業統計向以樂觀聞名。

產量之少的一部份原因，也許是地力耗竭。蘇聯土地已經大種特種了幾百年，蘇維埃政府還不能製造足够應用的人工肥料以恢復地力。再則以曳引車代替馬匹，又使天然肥料大爲減少。另一個部分原因是雨量稀少——在烏克蘭的最宜於耕種之區，也難得到十八吋以上。

蘇聯農業上壅塞的多餘人力，也使外人大吃一驚。俄國的田地，向來過於多用人手。普通集體農場有田約一千八百畝。所用人手，爲二百五十名壯健成人——那就是說一個農夫種田七畝。（在美國一人種七十畝至百畝或更多於此，也不是奇事。）在一個農場裏，我看四個人只管二十四頭馬而別無他事。在另一個農場裏，我看見二個女人一天到晚只照料十二頭牛。

人手既然如此之多，自然不會忙得要命。農民都有一種夙興夜寐的習慣，但是蘇聯集體農場的農民，卻眞個一天工作七小時。他的空閑工夫就用來做自己園地裏的工作，在鄉村俱樂部裏研究研究獸醫學或馬克斯理論，或者就老老實實的閒蕩。使農民多有閑暇，無論在什麼地方總是一件好事——不過在一個人手極爲缺乏的國家，而有這麼人力浪費，總有點異乎尋常的奢侈。

這在共產黨員心目之中，大概也認爲它是代價甚昂的奢侈，但他們沒有多少辦法。因爲「人不爲利，誰肯早起！」共產社會既廢除了私有制度，生產就沒有刺激力，農業增產自不可能了。

第九節　號稱平等　階級懸殊

蘇聯共產黨員最引以自豪的一點，就是建設成功了一個他們所謂『第一個無階級社會』，他們一刻也不讓你忘記這一點。就連火車也避免階級這個壞字眼，車票分爲設備不同的頭二三『類』(categories,而避免 class 一字)。頭類乘客坐的是二人或四人的車廂，鋪位是綠色軟墊。二類或『硬』車廂有九隻木製無坐墊的舖位，三面各置三隻，上下相疊。第三類的設備相同，就只舖位不能預定。在頭二三類車廂中男女不分，盥洗室彼此公用。

共產黨員說蘇聯沒有階級時，原是十分誠實，不過他的階級一字，其意義往往與別國所指的意義絕不相同。他的意思並不是指在所有俄國公民之中沒有貧富上下之分——因列寧明白說過，這種平等不是共產主義的目標之一。它的意思是指沒有一個私人控制土地機械或其他生產工具，使他足以『剝削』沒有這種財產之人。而卽使照此定義，無階級的蘇聯社會畢竟也不無問題，這點容待稍停再講。

階級的意思原指生活標準、教育程度或社會地位之不同。這種意義的階級區別，蘇聯確仍存在，甚至比別國還要厲害。（俄國並不諱言這個事實，倒是他國共產黨員時時否認。）而且階級特權復由蘇聯政府本身堂而皇之有意爲之的予以建立，作爲實行其政策的主要工具之一。在蘇聯生活的每一方面（從權力分配至戲票授受）就可看到這個特點，甚至有成爲世襲的趨勢，像他種社會形式中的統治階級所欲爲者一樣。

俄國有一個爲人所重的傳說，說一個主人使農奴一百廿分的爲他賣力工作，用的是二種工具——一塊糕點與一條鞭子。這個敎訓不曾爲人所忘。今是蘇聯統治者，就用着這種務求其不偏不倚的有賞有罰，來從苦惱的人民身上榨取至矣盡矣的努力。這是一個有效的方法——事實上大概是惟一的方法，所以能在幾個五年計劃所規定的短時期內，建立成功一個碩大無朋的戰爭工業。

蘇聯的獎賞，自然歸於特別有功於國家的人物。分配權操在黨魁手裏，他們對於自己的應得之獎，有時隨隨便便——恰如資本主義大公司經理常常發給自己過於優厚的紅利一樣，除這種人情之常的弱點以外，獎賞的分發係根據蘇聯的成績尺度，相當公平。第一是毫不猶豫的服從，其次是能力，其次是努力工作。

在許多種獎賞之中，恐怕要算金錢最不重要。各人收入當然有極大的不同。例如紅軍的中尉所得，比小兵要多到百倍，美軍的中尉與小兵之差，卻不過三與一之比。工廠經理，政府官吏，熟練工人們的薪水頗爲優厚，還有紅利獎金可得，有時更有津貼之類。甚至還有百萬鉅富，以最受讀者歡迎的作家居多數，生財之道是大量版稅。世界上恐怕只有在蘇聯國內，一個勞動階級的詩人可以年入萬金。因爲藝術家運用靈知的自由既被禁止，厚予報酬使作家不至擱筆，在蘇聯就尤爲必要。

不過進益優厚之引人動心，在蘇聯遠不及他國，因爲金錢能買的東西是如此之少。一個盧布只不過一片紙張罷了，有時候可以買點東西，但須附以種種文件；光靠盧布本身，常常一無用處。所以眞正引人動心的獎賞，是特別的配給權，特別的寓所、汽車，漂亮的辦公室，可以發號施令的地位之類。當然還有獎章。在蘇聯，差不多人人至少有獎章一枚，許多人有到六七枚。

眞正動人的報酬，幾乎全落到四種特權階級身上：(一) 上級官吏，(二) 軍官，(三) 專門人才——工程師、科學家、醫生、作家，(四) 所謂史太哈諾夫工人，就是生產成績好得異乎尋常的工人。

有錢的蘇聯人可在商業商店購買食物，那裏出售著奢侈品而不需配給證，不過大多數人民只是過屠門而大嚼，並不成交。所以如此，只要一看標價就可明白。活鯉魚養在通空氣的水槽裏的，一斤要賣到九十五盧布。由狩獵會帶到店舖裏來的鵪鶉，每隻售價七十五盧布，土釀白蘭地一瓶六十五盧布，巧克力糖五十盧布，石硬的大蒜香味的香腸一百公分四十盧布，只有三寸左右長的一塊。一小罐原為出口貨仍舊貼著英文包封紙的西伯利亞蟹肉，四十五盧布。而普通工人一星期賺不到一百盧布，這種店舖的生意清淡，自無足奇。

假如你是蘇聯普通人家的主婦，那麼你得一早出去上市，一則是免得去遲了店裏食物已經賣完，二則是免得上工過遲而扣工錢。蘇聯婦女當然十個有九個做工作，因為雖然房租醫藥所費無多，甚至不出一錢，但單靠丈夫一人收入平常總養不活一家。女人的工作不是資本主義各國的戶內文雅事務。她們很多從事於砌磚瓦、平路面、拌三合土。

你會發覺在蘇聯買東西比其他地方來得簡單，因為你的配給東西只能在一家登記你配給卡的店裏去買。況且你又明知你這家店舖的貨物與其餘各家是一色一樣。當然另有留給特權階級——軍官、科學家、教師、醫生、孕婦、重要官吏——的店舖，有較多物品可供選購。

衣服與食品一樣，蘇聯的階級區別也顯然可見。穿得最好的是秘密警察與紅軍，他們穿著剪裁合身的制服。雖然皮革缺乏，但他們都穿著上等的長皮鞋，很多穿著及踝的皮外套，每件足够做十多雙靴以供赤脚農民之需。

即在非軍人之間，革命初期的那種不修邊幅的傳統——那時候沒有一個忠實的布爾塞維克，夢想到打領結穿摺邊褲子出現於公共地方——亦已幾乎完全不見。統治階級不肯穿得與平民一樣，官員的通常服裝，已不是寬博的工人罩衫，而是樣子威風而緊身的黑色或灰色外套。就在集體農場，誰是黨方人員與經理人物，也一望而知，因爲服裝總比普通農民來得剪裁貼身，質料上等。只有舊傳統的一絲遺跡，是那種布製的工人帽，曾爲列寧重視，故仍流行不衰。

因爲屋荒的嚴重萬分，只有高級的官吏，才享受到一個中等西方人家視爲眞正適合的住宅。不過就連中級官吏，通常也設法得一個比工人農民的容身之地要寬敞舒服得多的住處。

就連普通娛樂，也是仔仔細細的居奇起來分配給應得之人。因此平常公民就不易買到較好戲院的票子；許多座位留給官吏、軍中英雄、貴賓、生產比賽中成績卓越的工人集團。歌劇院的前六排座位，總是留給上校以上的軍官與他們的夫人。

與物質享受一樣，社會地位的區別也顯見蘇維埃階級機構中的種種層次。俄國人多重尊卑——當然是幾百年帝俄封建主義的積習——大家十分注意本身的社會地位。對上肅然起敬，遇下就要他們也向自己表示敬意。這種態度表現於無數的小事情上——吃飯的坐位次序，即最隨便的野餐亦然；誰應該第一個進出門戶；要人小憩的飛機場、火車站上的特別休息室；交通警察敬禮的樣子；說話的腔調。我們每到一地，誰是上級黨員很容易辨別出來。說話最多的是他，坐在領頭汽車中的是他，安排一切的是他。他講幾句笑話，人人樂得哈哈大笑。

蘇聯境內雖處處可以見到身分權利之不同，但共產黨員仍自以爲生活在無階級社會之中。他們總以爲蘇聯並無控制生產工具的私人集團。不過一個非馬克思主義者對於此說總難苟同。

蘇聯共產黨造成了一個小小的，嚴編密結的，自認爲萬世一系的俊彥集團——照史達林的說法就是「一種特殊型式的人民」。它有着治人階級的一切標記。它的控制生產工具，又徹底得一如歷史上的一切統治階級。

唯他始能決定應該怎樣使用土地、工廠、勞力與原料；而在現代社會之中，沒有一個統治階級可以這樣的決定一切而可不顧別人的意志。蘇聯工會，在工廠事務上的發言權既不能罷工以要求增工資，又不能要求減少工作時間。有許多時候，他們甚至不能叫經理發放拖欠了幾個月的工錢。除了微不足道和最間接的表示之外，顧客也不能影響生產方針；一般而論，上面愛給他什麼，他就接受什麼。

共產黨員堅稱他們不把他們支配的土地與工廠去營私肥己，但這也不過是花言巧語而已。他們確乎享受着普通資本主義國家屬於田主、廠主的一切徵用特權與較高的生活標準。如能發見資本主義國家進益之流入經營者與投資者私囊，是否多於俄國之歸於官吏，眞相當可大白，但因俄國的統計十九密不外洩，無從作此比較。

蘇聯的獨裁，當然自稱不過是訓政而已，用其權力和資源以爲一切人民的長期利益打算。但一切統治階級均作此言。這也是封建貴族的主要藉口。查利二世辯護君權神聖就以此爲言，亞當斯密爲資本主義作偏袒的名論，也就是這一套。

第六章　青年參政　民主生根

第一節　命運之謎　之邁之說

民國二十七年春，我在陳立夫先生主持的敎育部擔任戰時敎育問題研究委員會駐會委員，奉派與一位陳參事視察東南高等敎育。路過南昌，天雨無聊，我信步走到一個算命舖子，進去看相。他說，我拋妻別子，很不得意，但一到秋天，就有貴人扶持，我會得到一個很好的差使，將來可享大名，而且老運很好。他說，老運是最難得的。我謝了他起身要走，他臨別贈言：「你眼神威而帶秀，乃是剛毅而厚道的腳色。苟富貴，毋相忘！」

從東南回到武漢，我不久就被聘爲國民參政會參政員，從地方升到中央，從一市之人升爲一國之人，相者之言，我認爲已經應驗了。

後來與教育部同事陳之邁先生談及此事，他說：「這事並不希奇，常言說的好，一個人的順逆窮通，要靠一命，二運，三風水，第四積德，五讀書。相者說你會發達，如果你不發達而去質問他，他就會抬出『第四積德，五讀書』的那套道理來解釋。那也說得通。」

我恍然大悟，加以補充：不獨積德和讀書與命運的好壞發生因果關係，（前兩者是因，後者是果），便連命運和風水對人也有一些主導作用。因爲命是父母授予的根源，是傳統和背景。一個人生在貧賤或富貴之家，對他後天的發展大有影響。這也可說是一種因果律。

至於運，是後天的機會，隨時會轉變，對人的影響當然也大。一個人的家世（命）即使很好，如果時運不濟或機會不好，他的成就便打折扣。相傳拿破崙在滑鐵盧所以戰敗，是因他那天腹痛，不能親自上陣指揮。

陳之邁先生笑問：「說得好，說得有理。但風水又是什麼呢？與人又有什麼關係呢？」

我也笑答：「風水先生看陽宅或陰宅，首先就注意風水，要避大風大水。人生在世，經不起幾次大風大浪的打擊，所以平安是福，安全第一。於是有了命運才德，還須講究風水，避風避水。反之，如果更有順風和順流，從而隨風轉舵或順水推舟，則成功便更容易了。」

返觀我的經歷，我的命和運都還不壞，時運尤好，祖宗積德尚厚，本人讀書很勤，但是不很注意風水，以致風波迭起，吃虧不小。所幸五者之中尙有四者加以撑持和抵擋，卒能逢凶化吉，遇難成祥。

我從參政員想到命相的故事和道理，乃是閒話，現在應歸正題。

我代表敎育部視察東南各省高等敎育回部後，國防最高委員會秘書長張岳軍（羣）先生見告，蔣委員長將約我談話。那是我第一次拜見蔣委員長。他對我頗有好感，談得頗久，但他沒有提到參政會，岳軍先生當然也沒有對我談起。後來參政員名單發表，我和一位青年銀行家王志莘先生分別代表上海市入選。以後歷屆改組，我都被選中。

直到勝利後回到上海，當選爲上海市臨時參議會參議員，我乃辭去參政員，由市參議會另選蔣建白先生接替。所以我沒有參加參政會第四屆第三次也是最後一次在南京舉行的大會。那時適在民國三十六年行憲前夕，它在政治上已經沒有重大意義，所以在參政會的發展歷程中，我幸而無役不從。

在參政員中，我自始就很活躍，幾次擔任中國國民黨設在參政會的黨團幹事，並幾次擔任參政會的駐會委員。這有幾個原因：

第一，我黨遴選黨員參政員的標準之一，是避免選任中央委員，而我不是中央委員，資歷雖淺，但在一般青年同志中地醜德齊，我容易脫穎而出。

第二，那時我在漢口主持一個私人刊物「血路周刊」，與楊家麟先生合編，銷路很廣，我常爲它寫政論。「立名最小是文章」，但我卻以此享了文名。

第三，我在不久前，方從美國讀書回來，頭腦很新，見解頗廣，而且讀得雖博而不專，卻無所不知，正好够得上一個政論家的學識條件，比較那時頗負盛名的教授和辦政論刊物起家的左傾政論家，我在某些問題上也許還比他們高明一點。

第四，代表中央黨部指導參政會黨團的資深同志，初期是葉楚傖先生，而由吳開先、洪蘭友二先生擔任助理，他們與上海向有淵源，對我相知有素，不免另眼相看，我因而容易出頭。

最後，請弗見笑，我得提到上節所述的「一命二運三風水，第四積德五讀書」了。現在我想把積德解釋爲種好因。這包含這樣的意義：有因必有果，無因便無果，有好因必有好果，有壞因便有壞果。可是有的時候，因果不可能如影隨形，但這裏種了好因，好果可能產生在他處，現在**種了好因，好果可能產生在將來。以我在參政會的際遇爲例，我的留學美國和辦好「血路」，種下了兩個好因，所以能够連任四屆。**

第二節　四屆重點　團結民主

國民參政會是應抗戰的需要而產生，而抗戰最大的需要是全民團結。因爲那時中國國民黨一黨專政，以政訓民，人民對國家沒有參與的權利和機會，而抗戰乃是全民的神聖大事，而且十分艱巨，不是一黨所能獨任，所以政府乃在抗戰第二年就設置國民參政會，以民主方式團結全國人民，集中全民意志，動員各方力量，以爭取對日抗戰的勝利。

第一屆國民參政會置參政員二百名，組織條例規定他們的產生方法如左：

（甲）由曾在各省市（指行政院直轄市而言）公私機關或團體服務三年以上，著有信望之人員中，遴選八十八名；

（乙）由曾在蒙古西藏地方公私機關或團體服務著有信望，或熟諳各該地方政治社會情形，信望久著之人員中，遴選六名（蒙古四名西藏二名）；

（丙）由曾在海外僑民居留地工作三年以上，著有信望，或熟諳僑民生活情形，信望久著之人員中，遴選六名；

（丁）由曾在各重要文化團體或經濟團體服務三年以上，著有信望，或努力國事，信望久著之人員中（包括各黨各派），遴選一百名。

參政會共有四屆，現把它的各屆人數（每次改組都有增加）列表如左：

參政會屆別	人數	會期	時間	地點
第一屆	二〇〇	第一次大會	二十七年七月六日至十五日	漢口
		第二次大會	二十七年七月二十八日至十一月六日	重慶
		第三次大會	二十八年二月十二日至二十一日	同右
		第四次大會	二十八年九月九日至十八日	同右
		第五次大會	二十九年四月一日至十日	同右

第二屆	二四〇	第一次大會	三十年三月一日至十日	重慶
		第二次大會	三十年十一月十七日至三十日	同右
第三屆	二四〇	第一次大會	三十一年十月二十二日至三十一日	同右
		第二次大會	三十二年九月十二日至二十七日	同右
		第三次大會	三十三年九月五日至十八日	同右
第四屆	二九〇	第一次大會	三十四年六月七日至二十日	同右
	三六二（還都南京後所增加）	第二次大會	三十五年三月二十日至四月二日	同右
		第三次大會	三十六年五月二十日至六月二日	南京

第三節　結交賢豪　突出雲老

我在參政會供職連續七年，獲益很多，首先是結識了當代著名之士。我出身上海，那是人文薈萃之地，在第一屆參政員中便有很多人來自上海，所以我被中央指定要與他們保持聯絡。此外，我更認識了各黨各派的領袖，但以第一屆參政員而論，現尚健在者只有李幼椿（璜）、陳啓天、鄧穎超、史良、許德衍等五人而已。名教授和名作家也認識了不少，但第一屆也只有梁實秋、杭立武、成舍我、晏陽初、錢用和、陶希聖、劉蘅靜、羅衡、齊世英等少數人而已。至於在臺灣的以後各屆參政員爲我所仰慕而結識者，尙有多人。

其次，我在參政會也領敎了許多政治道理和政治藝術，當然也看透了政治的無情和無信，使我以後知所就或知所避。

在被中央指定要我聯絡的黨外參政員，最可紀念的，首推王雲五先生。那時他是商務印書館總經理，自稱「生意人」，並以此自豪。他對政治雖有興趣和抱負，但先是軍閥弄政，後是一黨專政，他沒有參政的機會，即使做了參政員，那是各黨各派的交易場所，他最初仍不能展其抱負。民國三十年是一個轉捩點，而我則扮演了他和政府之間的「紅娘」。

原來那年三月，國民參政會舉行第二屆第一次大會，中共的參政員，因中共新四軍的變亂遭受重大損失，於心不甘，由毛澤東爲首，提出善後辦法，要求政府接受，否則拒絕出席。那是國共團結破裂的第一個信號，大家都很重視。國民黨的參政員黨團開會討論應付辦法時，決定接洽幾位參政員，在秘書長報告經過情形後，在會中發言要求中共參政員出席大會訴諸公論。黨團並通過請王曉籟和喜饒嘉措兩參政員代表發言。但我提議加推王雲五參政員，因他與政府素無淵源，立場超然，他的議論在先天上易爲一般參政員和社會所接受，乃是最好人選。於是黨團就推我與他接洽，幾經遊說，他終於同意發表意見。

他果然一鳴驚人。他說：

「本席在香港時，對於共產黨參政員拒絕出席參政會，已微有所聞，惟當時本席尙不置信，不料今日竟成事實。本席認爲此事至屬不幸，同時感覺應有一種處置辦法。本會參政員出席與否，除病假事假外，不應有其他理由，更不應提出條件。本席認爲：⑴共產黨參政員之來函，不應向外公開，以免造成惡例；⑵希望共產黨參政員重加考慮，仍能出席；⑶共產黨參政員如能出席，可儘量提出意見，以供討論；⑷共產黨參政員如出席後所提之案，同人應本諸良心，公允討論，應通過者，予以通過，不應通過者，予以否決；⑸政府向來寬大，假使共產黨參政員能出席，則提經本會通過之案件，希望政府盡量採納。」

王先生那一番話，贏得滿堂掌聲，尤爲蔣議長所欣賞。從此青雲得路，先做參政會的駐會委員，不久便任主席團的一員，以後所有參政會的活動，包括川康建設促進會，訪問英國和政治協商，他無不被推參加，並扮演重要角色。後來更擔任經濟部長、財政部長、考試院副院長和行政院副院長。

王雲五先生和我都是苦學有成，他比我更苦，但在學業和事功方面也比我更大。因爲有那苦學的背景，他和我都不約而同地關切青少年的自學自修及其出路，從而建議准許學生以同等學力應考插班或升入中學或大學。這個制度現在仍在實施，但作用遠不及戰時和戰後那樣的大了。

我這同等學力應試升學的構想萌動於我在教育部擔任戰時教育研究委員會駐會委員的時候，尤其是在視察東南高等教育時有那感受。因爲好多地方業已淪陷，沒有學校，有之也是奴化敎育，許多青年奔向大後方，中共在延安設立抗日大學，不拘學歷，照單全收。敎育部在陳立夫部長任內於是也變通辦理，承認同等學力可以插班和投考大學，並廣設國立中學，收容失學青年並供給膳宿。對此計劃，我也曾參與研討。但假使沒有陳部長的遠見和魄力，那種革命性的創舉，未必能普及和貫澈。

王雲五先生初到參政會也有同等學力的構想，他知道我在敎育部擔任戰時敎育問題的研究工作，向我徵求意見，我建議他向參政會提案，以幫助敎育部早日實施它的戰時敎育計劃。

我們兩人所以都有同等學力的構想，雖爲戰時特殊需要所引發，但未始不是因爲我們也同受正規學校資格的限制，從而推己及人，提出同等學力的補救方法。

日前紐約世界日報報導，中國大陸現正推行自修大學制度，名爲「高等敎育自學考試」制度。依照中共規定，凡是通過高等敎育自學考試獲得畢業證書者，學歷都可承認，在職人員由所在工作單位根據工作需要，調整他們的工作；待職人員則由省市自治區計劃和推挽，勞動部門根據需要擇優錄用。工資待遇，與普通高等學校畢業生相同。最近北平創刊一個「自修大學」雜誌，宗旨是：「輔導高等敎育自學考試，幫助系統學習專業知識」。各大都市已經舉行了自學考試，以後並將繼續舉行。

至於臺灣，我們已有所謂「空中大學」，學生經考試及格，也可以取得學位。本章所述的同等學力辦法，可以說是這些自學考試制度的先河。

公事之外，我私下對王雲五先生也有一些知己之感。

民國四十八年，我應美國國務院的邀請赴美訪問，承嘉新水泥公司張敏鈺董事長和翁明昌總經理赴機場相送。翁先生說，嘉新公司業務展開，頗有盈餘，擬本取於社會用於社會的精神，設置嘉新獎學金，請我主持。我深表欽佩，但說我與教育界關係不深，何不請胡適之先生擔任。他說與胡不熟，我允於由美回臺後代爲邀請。

等我回臺時，嘉新獎學金委員會業已成立，與中央日報合作，聘王雲五先生任董事長，我也忝任委員。後來嘉新賺錢更多，乃又捐出一千萬元，另組嘉新文化基金會，辦理更多獎助業務。在委員羅家倫先生逝世後，雲五先生提議請我繼任。

民國六十五年，我爲請辭監察委員，由美回國，雲五先生特別趕去參加九老會聚餐，拉我在一旁悄悄地說：「我爲嘉新基金會董事長問題，等你已經兩年了。今晚我本不能來吃飯，但爲嘉新基金會付託得人，我必須親自來邀請你任董事長。」我說：「雲老何出此言！嘉新在你領導之下，對社會有卓越的貢獻，當然非你領導不可。」

雲五先生說：「我年來身心日老，不勝繁劇，嘉新職務必須擺脫。這是實話，你知道我一向當仁不讓，如非萬不得已，我不會輕易辭職。請你不要相勸，你問毅成兄，我跟他仔細斟酌，認爲非你不可。」

我問何故。

他說：「嘉新基金會在臺灣創立最早，後來雖有許多後起之秀，但也有成爲逃稅的掩護。嘉新幸而尚未變質，但我走之後恐難保險。我認爲你公正廉明，最可信託，務必請你勉爲其難。」

聽他所言，我因而格外惶恐，不敢接受。

過了幾天，雲老召開董事會議，正式請辭，並薦我繼任。我當然堅辭，並懇切挽留。兩人僵持不下。一位董事提議增置副董事長，推我擔任，代表董事長總攬會務，將來正式繼任。雲五先生認爲不够乾脆。我乃不得不表示：「爲我而修改章程，增加副董事長，殊非我所願爲，但如果這樣能够留住雲老繼續做董事長，我也只好勉爲其難。」於是我就擔任副董事長的名義，但一切仍請詹秘書秉承雲老辦理。

雲老去世後，我乃繼任董事長，我推薦張敏鈺先生繼任副董事長。但因我與張副董事長想法不盡相同，而我又孤掌難鳴，所以做了不到一年，只得辭職。有負雲老付託，殊覺歉悵。

第四節　力排衆議　反對寡頭

我在上章詳敘王雲五先生在國民參政會的一次獅子吼，從而想到我也有過那樣的經歷。

民國二十八年九月，國民參政會第四次大會決議設置憲政期成會，由議長蔣委員長指定二十五人充任委員，主要任務是研討國民政府的五五憲草。第二年第五次大會討論該會提出的修正草案，簡稱「期成憲草」，又因它的特色——主張設置國民大會議政會，又稱「議政憲草」。

議政會是國民參政會憲政期成會的創見，要點如左：

一、國民大會閉會期間，設國民大會議政會。議政會議政員爲一百五十人至二百人，由國民大會互選之。

二、議政會議政員之選舉，不依地域分配，但每省最少應有二人，蒙古西藏及僑居國外之國民，最少應各有三人。

三、議政會議政員之任期爲三年，連選得連任。議政員不得兼任公務員。

四、議政會之職權如左：

(一)在國民大會閉會期間，議決戒嚴案、大赦案、宣戰案、媾和案、條約案；

(二)在國民大會閉會期間，複決立法院所議決之預算案，決算案；

(三)在國民大會閉會期間，得創制立法原則並複決立法院之法律案。凡經議政會複決通過之法律案，總統應依法公布之。

(四)在國民大會閉會期間，受理監察院依法向國民大會提出之彈劾案。

議政會對於監察院提出之總統副總統彈劾案，經出席議政員三分二之決議受理時，應卽召集臨時國民大會，爲罷免與否之決定。

監察院對行政、立法、司法、考試、監察各院院長副院長之彈劾案，經議政會出席議政員三分二之通過後，被彈劾之院長副院長卽應去職。

（五）議政會對行政院院長，副院長，各部部長，各委員會委員長提出不信任案；行政院院長副院長，各部部長，各委員會委員長經國民大會議政會通過不信任案時，卽應去職。

議政會對行政院院長副院長之不信任案，須經出席議政員三分二之通過，始得成立。

總統對於議政會對行政院院長或副院長通過之不信任案如不同意，應召集臨時國民大會爲最後之決定，如國民大會維持議政會之決議，則院長或副院長必須去職，如國民大會否決議政會之決議，則應另選議政會議政員，改組議政會。

（六）議政會對國家政策或行政措施，得向總統及各院院長部長及委員會委員長提出質詢，並聽取報告。

（七）接受人民請願，

（八）總統交議事項，

（九）國民大會委託之其他職權，

五、議政會設議長一人，副議長二人，由議政會議政員互選之，

六、議政會每六個月集會一次，但必要時，議長得召集臨時會，

這樣政權治權大小統吃的議政會的重大構想，我從未前聞，國民黨黨團也從未討論。我看了很不以爲然。黨團幹事洪蘭友先生適在會場，我乃前去問他意見，並說：「一個執政黨怎麼搞出

一個寡頭太上政府，以後中央政府在它牽掣之下怎樣能爲有效的運作！」

我指出：「這將不是五權憲法，而是一權憲法了。」

洪說：「這種構想，可能是仿效本黨的制度：以全國代表大會產生中央執行委員會（猶如國民大會），再由它產生常務委員會（猶如議政會），在中央委員會休會期間代行它的職權。」

我指出：「本黨是革命黨，權力可以那樣集中。但行憲的政府是要人民當家作主，雖然行的將仍是代議政治，但由二千多人的國民大會去行使全部政權，已怕專橫，如果改交十分之一的議政員來代行，則將形成尾大不掉，使國大無權，政府無能。請你卽刻代我報告中央，等一下討論本案時，我將發表反對意見。」

洪先生說：「這怎麼可以！你知道這是中央支持的憲草修正案。而且今天大會的主席是議長蔣委員長，你不要鬧得下不了臺。」

我不以然：「唯其因爲蔣委員長任主席，我不能錯過翻案的機會。但我會說得心平氣和，不把會場情勢弄得太緊張。」

洪先生隨卽報告了葉楚傖先生，他是參政會本黨黨團的指導人。得他許可，我乃報名發言。隨卽引起熱烈的討論。

對方以羅隆基參政員爲首，紛紛爲議政會辯護，而我則無人聲援，所以形成我「舌戰羣儒」的苦鬪，但我理直氣壯，並未示弱。

我首先指出，理想的民主政治是全民政治，它的含義，依照孫中山先生的民權主義，是全體人民掌握選舉、罷免、創制和複決等四種政權稱爲直接民權，以制衡議會和政府，而政府所行使的五種治權，乃是間接民權。但因中國幅員廣大，人口衆多，人民不能直接行使政權，只得選派代表代爲行使，五五憲草乃委託國民大會去辦。國民大會已經是代表制，然每縣代表至少尚有一人，總數可能在三千人以上，如果准國民大會設置議政會代表行使國大職權，那是代表的代表制，在人民言乃是間接又間接，顯然太不民主。

我又指出，我國的憲法是五權憲法，立法權是交給立法院行使。因爲它受行政權和司法權的制衡，於是不致獨裁專橫。如果讓僅有一、二百人的議政會享有那麼廣大的立法權、創制權和複決權，則那個憲法勢必變成議政會的一權憲法，而不是五權憲法，政府和人民還能受得了麼！

而且國民大會議政會的職權，竟大於它的母體（國民大會）。例如依照「期成憲草」，國民大會本身僅有下列職權：

一、選舉總統副總統，立法院院長副院長，監察院院長副院長，立法委員，監察委員，

二、罷免總統副總統，行政立法司法考試監察各院院長副院長，立法委員，監察委員，

三、創制法律，

四、複決法律，

五、修改憲法，

六、憲法賦予之其他職權。

國民大會不能議決戒嚴案、大赦案、宣戰案、媾和案、條約案，而它的議政會卻有權議決。又國民大會對行政首長沒有不信任權，而它的議政會卻可對行政院院長、副院長、各部部長、各委員會委員長，提出不信任案；行政院院長、副院長、各部部長、各委員會委員長，經議政會通過不信任案時，卽應去職。

我又辯稱：有人說，國民大會代表人數太多，而又分散各處，集會不易，所以不得不用代表的代表去代行職權。但我認爲現在交通方便，坐飛機最遠的地方也可朝發夕至，不必過慮。而且國民大會果有大事須處理，代表本人勢必趕到首都來開會，來親自行使職權，而不願放棄職責，讓他們的代表去代辦。所以這個議政會的構想，將來未必能爲制憲或行憲的國民大會所接受。

事隔四十餘年，我對那場大辯論，雖記憶猶新，但上引的話，還不是我的全部意見。我曾試找發言記錄，但迄無所得。

該案討論結束後，蔣議長提出處理辦法兩項，經大會無異議通過，如下：

議長交議：本會憲政期成會草擬「中華民國憲法草案修正案」及建議案：

決議：

一、本會憲政期成會草擬之中華民國憲法草案修正案暨其附帶建議以及反對設置國民大會議政會者之意見，併送政府。

前項反對意見，由秘書處徵詢發言人意見後予以整理。

二、參政員對於憲政期成會修正案其他部分持異議者，如有四十人以上之連署，並於五月十五日以前送本會秘書處，由秘書處移送政府。

第二天晚上，陳布雷先生電話約我去談香港情形，那時我在香港辦報，回渝開會。他告訴我：「方才我看到委員長，說你昨天在參政會發言反對議政會，舌戰羣儒，說得很好。他說可惜我沒有去聽，他要我請你對我再講一遍。」

後來政府研究結果，對議政會的構想不予採納。在政治協商會議中，本來倡議或支持該構想的各黨各派代表，也沒有重提舊事。

議政會那個怪胎便那樣流產了。

第五節　抗敵公約　得意之作

除反對議政會外，我在國民參政會的另一得意之作，就是建議政府採納國民抗敵公約及其宣誓。

民國二十八年一月，國民參政會第三次大會在重慶舉行。那時武漢已經淪陷，政府退到四川，國民精神雖很振奮，但因物質匱乏，生活艱苦，汪精衛在河內發表通電，主張中止抗戰，對日媾和。我深恐抗戰不能持久，乃向參政會提出：「**擬請建議政府領導民衆舉行『國民抗敵公約』宣誓運動以培養抗戰精神發揮抗戰力量案**」。

我說明提案旨趣：

精神和抗戰的關係，蔣議長在本屆大會開會詞中說得很透澈：「第一期抗戰是精神與物質並重，第二期抗戰中，精神的重要更要過於物質。要發揮抗戰的力量，不僅要振作精神，集中精神，而且要以精神爲主，物質爲用。必先提高全國國民堅強奮發的精神，然後方能克服困難，打敗敵人，完成抗戰的使命」。本案的旨趣，就是在設法集中民衆的精神於若干重要之點，而以宣誓的方式振作和堅定其精神，使能發生偉大而恒久的效力。

提案列舉辦法六項：

㈠由國民政府制定「國民抗戰公約」的約文誓詞和宣誓的辦法，通令全國一體舉行宣誓儀式。

㈡在舉行宣誓之前，應由政府發動民衆團體和學校等先作普遍深入的宣傳，務使家喻戶曉。

㈢宣誓日期由中央規定，全國一律在是日宣誓。

㈣舉行宣誓，以鄉鎮（聯保）或保爲單位，由鄉鎮長（聯保主任）或保長在規定日期召集戶長舉行宣誓大會，由戶長代表全家老幼宣誓，並在誓約上簽名畫押。此項誓約，由鄉鎮長送縣政府備查。

(五)誓詞和誓約全文，應由縣政府翻印，分發住戶貼於牆上。父誡其子，兄誡其弟，婦誡其夫，親戚朋友互相告誡，切實遵守。

(六)宣誓後如有背誓行爲，得由人民檢舉，呈請政府依法治罪。

試擬誓詞和誓約如下，以備政府採擇：「我們敬本良心，宣誓遵守『國民抗敵公約』，並絕對服從蔣委員長的領導，盡心竭力，報效國家。倘有背誓行爲，願受政府處分。×××謹誓。」

誓約如下：

(一)不違背三民主義，

(二)不違背政府法令，

(三)不違背國家民族的利益，

(四)不做漢奸和敵國的順民，

(五)不參加組織，

(六)不做敵軍和漢奸的官兵，

(七)不替敵人和漢奸帶路，

(八)不替敵人和漢奸探聽消息，

(九)不替敵人和漢奸做工，

(十)不用敵人和漢奸銀行的鈔票，

(土)不買敵人的貨物，

(土)不賣糧食和一切物品給敵人和漢奸。

大會決議：原案通過。誓詞內「並」字刪去，於「絕對」二字下加「維護國民政府」六字。國民參政會依照組織條例的規定，將該案送請國防最高委員會辦理。該會議於三月十二日從而訂頒國民公約和誓詞。公約十二條和誓詞完全採用我的提案和國民參政會的決議。

二十八年二月二十日，中國國民黨中央執行委員會第五次全體會議也通過國民抗敵公約暨宣誓實行公約辦法，函請國民政府飭屬遵照辦理，並定於三月一日開始，儘一個月完成。

後來國民政府訂頒「國民抗敵公約暨宣誓實行公約辦法」，把誓詞和公約略有修改，我以爲改得頗好，玆錄於左：

國民抗敵誓約：

我等各本良心，服從最高領袖　蔣委員長之領導，盡心盡力，報效國家，並代表全家發誓遵守抗敵公約，不做漢奸，如有違背，甘受政府最嚴厲的處罰與民衆的裁判。

抗敵公約：

一、不做敵國順民，

二、不參加僞組織，
三、不做敵軍官兵，
四、不爲敵人帶路，
五、不爲敵人偵探，
六、不爲敵人做工，
七、不用敵人紙幣，
八、不買敵人貨物。
九、不賣糧食及一切物品給敵人。

宣誓實行公約辦法規定：

在舉行宣誓之前，由各地黨部政府學校校長教員學生等先作擴大普遍之宣傳。

誓行公約以保甲爲單位，由聯保主任召集民衆大會，（由戶長出席）舉行宣誓儀式。

不參加者，處以一元之罰金。仍須勒令補行宣誓。

宣誓後，如有違背行爲，由人民檢舉，呈請政府依法治罪。

那年五月一日，全國各地舉行國民月會，蔣委員長也在陪都（重慶）參加宣誓，並致訓詞。要旨如下：一、以煥然一新的精神，作艱苦森嚴的戰爭，使國恥的五月節變爲雪恥的五月節。二、淪陷區的同胞，要在精神上抵抗敵人，打擊敵人，不與敵人合作。三、租界內的青年，在精神上要自立自強，在生活上要自愛自重，要負責，要知恥。四、精神總動員及國民公約，是我們抗戰最大武器；國民月會的組織，是我們抗戰民衆的精神堡壘，要徹底實行，始終無間。五、在共同目標下，團結努力，完成建國大業。

按：八年抗戰最後勝利的獲得，不能不歸因於民族大義的發揚和國民精神總動員的成功，而國民抗敵公約及其誓詞的貫徹，我認爲是關鍵之一。

第六節　勝利之門　民主民生

我在國民參政會的提案，也是一生念玆在玆的心事，都與民族民權民生有關的問題和辦法。國民抗敵公約是我的第一個提案，我的第二案是「**加速完成地方自治條件以利抗戰而奠民治之基礎案**」。

我指出理由：

實行地方自治、不獨爲人民之願望，亦政府所企求。考其所以迄今未能普遍實行者，胥由於其本身條件之尚未具備。故抗戰建國綱領第十三條第二項規定：「並加速完成地方自治條件，以鞏固抗戰中之政治社會基礎，並爲憲法實施之準備」。

關於地方自治之籌備，中央過去非不三令五申，並著地方政府限期完成，乃以政局蜩螗，人事紛更，殊鮮成效，而因下級自治人員不得其人，有時且未見其利，先蒙其害。

現在抗戰建國已到極嚴重的關頭，地方自治與抗戰建國所關甚鉅，不容長此因循，亟應根據抗戰建國綱領第十三條第二項，由中央規定地方自治基本條件，督令地方政府限期完成，其有玩忽功令者，由主管機關嚴行究辦。

實施辦法，我建議：

第一、地方自治之條件暫定如下：

甲、健全組織：已設保甲鄉鎮之處，縣政府應將保甲長鄉鎮長分期調訓，（在最近三年內曾經受訓者得免），其不稱職者，應依法卽予撤換。未設保甲鄉鎮之處，應卽依法設立。爲集思廣益起見，縣政府得延攬地方人士，設立地方自治推行委員會，協助縣政府推進自治。

乙、清查戶口：依法辦理戶口清查、戶籍登記及人事登記，尤應注意將選民調查登記，以便隨時辦理地方選舉。

丙、訓練民衆：暫以識字教育及公民訓練爲中心，並與壯丁訓練密切聯絡，務求掃除文盲、增進人民之政治智識、政治興趣及政治能力。

丁、修築道路：先將幹道修築完成，以次及於次要之道路。

戊、辦理警衞：普設警衞網，嚴究匪盜奸宄，務使民安其業。

己、測量土地：大規模測量土地，以便進一步改良土地及規定地價。

第二、由中央詳定上列地方自治條件之具體標準及實施方案。(爲適應目前急迫之需要，標準不可過高。)

第三、由中央按照各省情形，規定各該省完成地方自治條件之期限。再由各省政府按照各縣情形制定工作進度表，積極推行。

第四、由中央訂定地方政府籌備自治奬懲辦法，並由主管機關隨時派員視察督導，務使法令澈底施行。

參政會處理提案鄭重其事，爲我以前和以後各種會議所不及。以該案爲例，該會提出下列審查意見：

(1)原案標題修正爲：「請政府迅速執行本會第一次大會所通過關於實行地方自治之決議案並充實地方自治條件案」。

(2)理由中「督令地方政府限期完成」句下，增加「同時地方政府應於可能範圍內儘量推行地方自治」一句。

(3)辦法第一項原文、修正爲：「上列地方自治之條件，政府應從速加以充實」。

(4)辦法第一項甲款「健全組織」之說明，修正爲：「例如改善保甲制度，健全自治機關等。」

(5)辦法第一項乙、丙、丁、戊、己、各類標題之說明上，均增加「例如」二字。

(6)辦法第二項括弧內：「爲適應目前急迫之需要、標準不可過高」二句刪去。

(7)辦法第三項內：「規定各該省完成地方自治條件之期限」句內「完成」二字改爲「辦理充實」。

(8)餘照原文通過。

於是大會決議：照審查意見通過。

在參政會第二屆大會，我提出「請貫澈考試制度，改善考試辦法，以惠寒士而廣賢路案。」我提了十項辦法，切中時弊，現已先後實現，沒有贅述必要。

在第三屆大會，我提案，「請教育部通令中等以上學校不得任意取消戰區學生之貸金並不得以國家貸金發給富有子弟案」。

在第三屆大會，我又提：「籌募公債應特重富戶，現行辦法尚須強化案」。

在第四屆大會，我共提四案，案由如左：

一、「請政府改善敵僞產業處理辦法案」。

二、「請政府參照物價指數調整公教人員待遇案」。

三、「擬請政府設法補償人民因僞中儲券二百作一所受之損失案」。

四、「請政府利用在華日本科學技術人才以利建設案」。

這些提案，都與當時的國計民生頗有關係，但現已時過境遷，爲節篇幅，不錄原文。

第七節　國會名義　三頭背景

我寫本文時，國民大會第七次大會快將開幕，國大代表正就它的任務和功能紛紛研討。很多代表認爲國民大會既經司法院解釋是國會，則它應該每年開一次大會（現制是六年一次），以便行使創制權和複決權，並應置議長和副議長，作爲對外代表。

於是我從上節所述國民大會議政會問題連想到國大的國會身分，而擬就司法院大法官會議把它封爲國會的經過情形略加敍述。

民國四十三年，我和葉時修委員擔任監察院外交委員會召集人，聽說立法院正在籌備世界國會聯合會中國小組，我們認爲監察院與立法院分別掌理一般民主國家國會的職權，如果立法院是國會，監察院也應該是國會，所以兩院應該合組國會聯合會的中國小組。於是我們乃與立法院外交委員會的召集委員酈志奮和謝仁釗二委員接洽合組事宜。他們兩位，尤其是謝委員，胸襟坦蕩，認爲我們持之有理，但其他立法委員則大多認爲只有立法院是國會，而把監察院摒斥在外。

立法院的立場，得到中央黨部的支持。他們的理由無非是引　國父孫中山先生那句話：「立法機關就是國會」。那時我曾對那個論據詳加辯析。我指出：

國父的確說過：「立法機關就是國會」。是的，我們現在的立法院，的確相當於現代民主國家的國會。可是我們卻不能因為國父這一句話，就進一步推論監察院便不是國會，甚至說這乃是國父的意思。正好相反，這種推論是不對的。

打一個譬喻：上帝曾說亞當夏娃是人，而沒有說張三李四也是人，那麼我們能因上帝說了亞當夏娃是人，而就武斷說張三李四便不是人麼？很顯明的，只要張三李四具備人的條件，即使上帝祇說亞當夏娃是人，我們也當承認張三李四的人的身份，這正是上帝的意思。反之，因為上帝說了一句亞當夏娃是人，而就推論張三李四不是人，這卻曲解上帝的意思了。

同樣，只要監察院具備現代一般國會的條件，即使國父沒有說監察院是國會，即使他說了立法院是國會，我們也不能說監察院不是國會，只有立法院是國會。問題的關鍵，不在國父那句話，而在監察院是否具備國會的條件。假使監察院具備了國會的條件，而尚硬說它不是國會一分子，這與說張三李四不是人，豈非陷於曲解上帝意思的同樣錯誤？

然則監察院具備國會的條件，有如張三李四具備人的條件麼？是的。請看下列論據：

第一、國父說過：監察權中的彈劾權，是從國會中「拿出來獨立」的。彈劾權（包括糾舉權）乃是國會權。監察院現在依據憲法行使的審計權，也是國會權。而在制憲國民大會大起爭論而終於授與監察院的同意權，更是國會權。足見監察院所做的，都是國會的事情。監察院做著國會的事情而不承認它有國會的身份，這不獨不公道，而且也說不通。

監察院誠無立法權，它所行使的國會權是不完整的，可是立法院沒有彈劾權和審計權，它的國會權也是不完整的。行使部份國會權的立法院，可以視同國會，行使部份國會權的監察院，當然也應視為國會一份子。

第二、所謂「立法機關就是國會」這句話，僅見於國父「五權憲法」演講中，時間遠在民國十年七月，那時國父擬制中的五權憲法，還沒有「監察權」這個名稱；他把監察權叫做「彈劾權」，把監察人員叫做「監察官」。那時他主張立法人員應由人民選舉，而監察官連同監察院院長都「由總統得立法院之同意而委任之」。（民國十二年一月著「中國革命史」）可是這些名稱和主張，國父後來親自加以修正了，在民國十三年四月的「三民主義」演講中，他提出了「監察權」這個名稱；在民國十三年四月所著的建國大綱中，他確定立法院和監察院人員都由國民大會選舉和罷免。（建國大綱第二十四條參照）於是監察院的職權和地位，依據國父最後的改定，較大和較高於民國十年和十二年的早期構想。

我們現在要來判定監察院和立法院的地位和身份，就國父遺教來說，在發現兩種說法前後不同的時候，自當以後說為準，而照國父的最後主張，監察院與立法院，同為民意機關，同享國會一部份職權，我們自不應再引他民國十年的早期看法，硬說現在的監察院不能視為國會一份子。

以上所陳，僅就國父遺教立論，若就憲法來說，監察院可持的理由，自必更多，也舉兩例：

第一、監察院委員是由人民代表所選舉，任期較長於立法委員，年齡限制也較嚴於立法委員，凡此都是一般上院議員的特徵。其中間接選舉一節，絕對無損於其爲上院議員或國會議員的資格。美國上院議員在一九一二年前也是間接選舉，德、瑞等國迄今仍爲間接選舉，而英國上院議員且出於英皇封贈，然舉世都承認他們是國會議員。

第二、監察院誠無立法權，而行政院也不對監察院負責，然照世界趨勢，除聯邦國家外，一般上院立法權本在萎縮中。例如英國上院對金錢法案已無參與立法之權，對一般法案也僅得表示意見，最後決定權完全操在下院之手，內閣僅對下院負責。又如法國第四共和的上院，對法律案僅許建議，無權決定，內閣亦不對該院負責，甚至並不出席該院報告施政，然政治學者並不因此否認英法國會之爲兩院制。

可是立法院不爲這些堅強的理論所感動，單獨成立了國會聯合會中國小組，並向聯合會申請入會。葉委員和我乃徵得立法院謝鄒兩先生的同意，擺下筵席，由于院長(右任)具柬邀請立法院國會小組全體委員以爲聯歡和溝通，但他們拒不出席，而且事前也不通知一下，我們非常氣憤。

鑒於立法院有中央黨部的支持，復鑒於總統府不肯接受監察院的請求，由總統依照憲法第四十四條召集兩院院長會商解決該項爭執，又鑒於不提國會身份也罷，如果只有立法院可用國會名義，而把監察院貶抑和排斥，監委同人很不甘心，監察院乃援立法院之例，於民國四十五年十月八日，也成立國會聯合會中國小組，但同時決議與立法院的中國小組繼續協調並謀統一、一致對外。

那時國民大會看在眼中，怨在心中，一部份國大代表乃與我接洽組織聯合陣線，一面協助監察院抵抗立法院，同時使國民大會代表也能參加中國小組。進行方法，仍循監察院所採路線，共請總統依照憲法第四十四條召集立法院、監察院和國民大會代表會商解決。

國大代表後來推舉王雲五、于斌、張知本、莫德惠和陳啓天等「五老」往見蔣總統，請求總統予以支持，邀請有關方面協調解決。總統府鑒於情勢複雜，協調困難，不便插手，決定送請司法院解釋。總統府秘書長在致司法院函中敍述該案原委，說：

查民國四十三年底我立法院外交委員會與各國國會聯合會取得聯繫，並由四一五名立法委員組成國會聯合會中國國會小組向該聯合會申請入會。現監察院及國民大會代表對於以何機關爲吾國國會之代表機關分別咨電前來：一、監察院本年四月二十四日咨：「本院第四一六次會議監察委員陶百川等提：在國際關係需要國會之名義時，似應以立法監察兩院爲吾國國會之代表機關。最近因組織世界國會聯合會中華民國小組以便爭取吾國在世界國會聯合會代表問題，兩院步調未能一致，擬請總統依照憲法第四十四條之規定召集有關各院院長會商解決。當經決議通過。謹錄案咨請察照」等由。二、……究應以何機關相當於民主國家之國會，事關憲法疑義，應送請司法院大法官解釋。

大法官會議於四十六年五月三日作成釋字第七十六號解釋文如左：

我國憲法係依據孫中山先生之遺敎而制定，於國民大會外，並建立五院，與三權分立制

度，本難比擬。國民大會代表全國國民行使政權，立法院爲國家最高立法機關，監察院爲國家最高監察機關，均由人民直接間接選舉之代表或委員所組成，其所分別行使之職權，亦爲民主國家國會重要之職權。雖其職權行使之方式，如每年定期集會，多數開議，多數決議等，不盡與各民主國家相同，但就憲法上之地位及職權之性質而言，應認國民大會、立法院、監察院共同相當於民主國家之國會。

第七章 中央周刊 注血長肌

第一節 不向左右 而「向前進」

上海是帝國主義的殖民地，是冒險家的樂園，那裏有很富的人，也有很窮的人，一面是「朱門酒肉臭」，另一面是「路有凍死骨」。有志有識的青年 目擊身膺，難免左傾。以我這樣溫和平凡，如果不是早被國民黨吸收去，我可能也會成爲共產黨的同路人，而幸而國民黨也帶有幾分左的傾向，就像所謂「居中偏左」，所以還能留住和吸引一些熱血青年和知識分子。

本這心態，在上海特別市黨部宣傳部要辦一份刊物時，（我是主編，社長是部長陳德徵先生，總編輯是該部秘書張廷灝先生），我建議名爲「向前進」（周刊），意思是不左不右，向前進行。

我曾寫一文表明我們的旨趣，題目是「向前進的目標和途徑」，綱要如左：

——目的：中國的自由平等；

——入手辦法：喚起民衆及聯合世界上以平等待我的民族和國家共同奮鬪；

——指導原則：三民主義、建國方略和建國大綱；

——近程任務：召開國民大會和廢除不平等條約。

我又寫一文引申「國民革命歌」：「打倒列強！打倒列強！除軍閥！除軍閥！國民革命成功！國民革命成功！齊奮鬪！齊奮鬪！」對該旨趣加以補充。

可惜我後來因當選市黨部委員調到民衆訓練委員會服務而離開宣傳部。「向前進」周刊不久就停刊了。

從向前進，我聯想到前進應走的大路，於是我便自費辦了另一個周刊，名稱就叫「大路」。但因經費拮据，而我又準備留美，無人繼續經營，該刊不幸夭折。

但我在抗戰第二年退到漢口創辦又一周刊時，從「大路」這個刊名，想到爲它選擇另一條路，而因那年血戰正烈，我便爲它取名「血路」，並在封面題寫：「要我們流最後的血」，「讓子孫走光明的路」。

那時我從美國帶回一些新知識和新觀念，我把它們應用於「血路」，於是它有這樣的特色：

一、「重質重文，有益有趣」。重質是要言之有物，而不是抗戰八股。重文是要彬彬有禮，**避免唯我獨尊和輕薄尖酸。有益是裨益讀者和有利抗戰，而不是無病呻吟，無益於人或事。有趣**

是要流暢輕鬆，賞心悅目，而不是佶屈聱牙，笨拙呆板。

二、兩個專欄：一是「評論的評論」，二是「新聞背後的新聞」。前者是就他人評論之不合於抗戰利益的，加以評論，面對問題，而不迴避或退縮。後者（「新聞背後」）就是內幕新聞，把報上不見的時事加以報導或分析。我在美國發現了一些報刊，也結交了一些友人，我請他們把國內看不到的報刊上的漏網新聞剪寄給我擇優譯登。這個專欄，吸引了很多讀者。因爲那時資訊貧乏，傳播困難，很多消息不能見報，而「血路」正好補闕拾遺，應其所需，投其所好。我新創一個口號：「雜誌報紙化」。

我猜想後來中央宣傳部長王雪艇（世杰）先生所以邀我接辦中央周刊，這與我辦「血路」的手法和成績不無關係。那時與我共辦「血路」的楊家麟先生，也因而嶄露頭角。

第二節　內容第一　銷路爲先

民國三十年，我辭去辦了一年多的香港國民日報社社長，從香港回到戰時首都重慶。不久就奉中央宣傳部派任中央周刊社社長。

中央周刊是中國國民黨的「機關報」，那時已辦了二年多，本由劉炳藜先生任社長，內容和銷路都不能符合中央黨部的期望，於是王部長乃予以改組。

我請示王先生，他說首先應請國內第一流作家寫文章。他知道我任國民參政會參政員已兩年餘，同事中就有很多著名的作家會替我們寫稿，但他仍以為不够。他說他可介紹我去請武漢大學許多舊日同事寫稿。於是中央周刊乃能請到朱孟實（光潛）先生寫「談修養」以及周鯁生先生寫外交國際問題。

王部長是一位老教育學家，學不厭、教不倦，桃李滿天下。他待人接物的辭色看去似很嚴峻，但心腸很熱，待人很誠，與我的另外兩位老長官，那時正任中央黨部秘書長的吳鐵城先生和教育部長的陳立夫先生，都感人很深。吳陳兩先生猶似春風，而王先生雖也和似春風，但有時卻嚴如秋霜。王部長為幫我辦好中央周刊，不獨寫了十幾封徵稿的信，而且還親自帶我去拜託了吳稚暉先生。

請教了王先生，我定下中央周刊的編輯旨趣，是：知識的內容，戰鬪的精神，青年的需要，政治的教育，趣味的形式。

每期內容，包括下列各欄：一、主義闡揚，二、時事論述和新聞背後的新聞，三、學術研究，四、評論之評論，五、名著選譯或書報春秋，六、隨筆和小品。

每期題材的分配，第三卷是用分散式，第四卷則採集中式。這是說：在第三卷中，同性質的文章分配在各期，不是集中在一期。例如每期都有一文，介紹政府的新政，每期有一篇評論之評論，每期有一文批評紛歧錯雜的思想。到了第四卷，我們改用「特輯」制，把同性質的文章集在一期中發表；例如「戰後新世界展望」特輯、「學風問題」特輯和「國家總動員」特輯。

那時替中央周刊多次寫稿而現在住在臺灣的有梁實秋先生，鄭學稼先生，任卓宣（葉青）先生，胡秋原先生，張曉峯（其昀）先生，吳開先先生和陶希聖先生。政要大官中也有人替中周多次寫稿，予我印象最深的是陳果夫先生，陳立夫先生，陳辭修（誠）先生和孫哲生（科）先生。陳果老且寫「醫政漫談」專欄，每期一篇，持續多時。那些文章，後來輯成專著，行銷很廣。

敎授是中周的主要稿源。執筆者包括馮友蘭先生，崔書琴先生，賀自昭（麟）先生，朱光潛先生，雷海宗先生，王了一先生和舍弟愚川，還有很多位其他敎授。其中崔書琴先生後在商務印書館出版的「三民主義新論」和朱光潛先生現在臺灣尙有翻印的「談修養」都是集印他們爲中周所寫的專欄，可稱是不朽之作，我與有功和有榮，因爲沒有我的規劃和促進，他們未必能在一年多中寫出那麼多篇傑作。

有人問我中央周刊成功的道理以及我付出的心血。我說，首先當然是編輯方面，包括計劃和徵稿，其次是發行，接觸很廣，方法很多，用力很勤，收效也很大。

中央周刊在重慶發行一萬多份，還有桂林、西安、金華、贛州和香港等五個分版，發行也共有二萬多份。

我們推銷的對象，主要是學校及其學生和黨部及其黨員。最近我的女兒把史旦福胡佛研究所圖書館所藏的中央周刊複印寄我一些影印本，其中記載四川銅梁縣黨部書記劉代芹先生爲中周徵得長期定戶七百五十份，中周呈請中央宣傳部頒給獎狀。

第三節　黨營事業　也能辦好

許多學校自動地，把中周定爲公民或國文的教材，學生也樂於訂閱。每份售價本爲四角，半年十元，但如五十人聯合訂閱，可以五折優待，每份僅二角。女兒印來資料中，有洛陽一所國立中學的教師單化普先生的信說：

茲據學生代表聲稱：「中央周刊既三十份許以五折，我等定閱二百餘份，加之學生多清寒，又奉爲教材，請以四折計價」。本課當允其請，並以四折收費，餘係校方墊付。茲祈貴社再爲破格，姑念學生之清寒，本課之信仰，准以四折計價是禱！再者，本校本年招春季班新生五十名，每人各訂貴刊一份，半年爲期，依五折計價。茲寄國幣一百二十五元。連同上次訂閱，合共二百八十份，兩共滙上陸佰二十五元。敬祈查收。

我們深受感動，准以四折優待，退還六十二元五角。

民國六十年，我偶然看到華僑周刊的屏東長治中學郭兆華校長光榮退休特刊，載有葉莉莉小姐回憶她在華南中學的生活，提到：

華南中學校友多次聚會時，他們都曾多次表示，堅定他們的思想和工作方向，是由於他們中學時代受堅貞不貳的敎育所致，當時華南中學除設三民主義課程外，並訂有中央黨部出版的中央周刊，人手一册。

在同一特刊中，一位石爾傑先生也說：

遠在民國卅二年，我們在華南中學便人手一册「中央周刊」了，當時在兵慌馬亂的情勢下，我是一個「戰區生」，三餐無以爲繼，然而對三民主義信仰的狂熱，卻支撐住生活苦難的磨折。這種信念，這種動力，及今思之，感動無已。

中央周刊還辦了一些文化活動，例如暑期徵文。去年臺北文山中學校長楊志華先生來信提到：「抗戰期中肄業湘西國立第八中學，雖節衣縮食，艱困異常，仍訂閱先生主編之中央周刊。……民國三十二年暑假，中央周刊社辦理中學生暑期生活徵文比賽，晚當卽撰文參加，倖獲第二名。」他問我能否在中周中查出他的文章，複印寄贈。我覆告當在海外圖書館代找，但迄未找着，容當續找。

這裏我更情不自禁地附印一位敎育家和外交家陳之邁先生關於從中周說到黨營事業的一封信：

百川吾兄：

自從吾兄接辦「中央周刊」以來，慨承贈閱。時常看到大作，並看到指導青年的各種信札，早已想以朋友及讀者的資格，寫一封信向兄道賀。中央周刊現在以嶄新的姿態出現於我國的雜誌界，爲抗戰時期的文化事業放一異彩，文章幾乎篇篇可讀，小題目尤雋永有味，兄在其中所費的心思一定很多，但敢說是完全値得的，所以應當道賀。

辦雜誌的人最大的希望是不必用稿費或朋友的面子去強拉稿子，而稿子卻源源而來，這個來源不但不絕，而且很多，正如「百川匯海」。這一點，我想兄所主辦的中央周刊早已做到，所以才有這樣優美的成績。我看了兄的成功，而聯想到中國當前的一些小問題，想略抒所見。

過去有許多人以爲一件事情，只要是政府辦的，便辦得不好，由黨來辦的尤其一定不好。黨的事業很多，我們固然不敢說件件都盡如人意，但在文化事業上黨卻有其不朽的事業。過去我們可說中央通訊社是完全成功的一件事情，中央周刊現在也可說是可以用來答覆上述那種批評的一件具體事實。中國國民黨是領導全民族的黨，它不能有一件事辦得不如人，它事事都得站在一般人的前面。吾兄主持這一部分事業是成功了，凡是誠心擁護中國國民黨的人，對於此事都應當額手稱慶。

第四節　共產馬列　是二而一

民國二十九年，我辭去僅做了一年多的香港國民日報社長職務，留港三個月，寫了一本「三民主義與共產主義」，引起中國共產黨的注意，由該黨機關報新華日報社社長潘梓年寫了「共產主義與馬列主義」，登在民國三十年十月七日的新華日報。我的答辯是登在中央周刊四卷十四期，題爲「與梓年論共產主義與馬列主義」。梓年又寫一篇答辯的答辯，題爲「眞理只有一個」登載在羣衆七卷七期。我隨卽寫了答覆，又登在中央周刊。兩人四文中所辯論的一個理論問題是關於馬列主義的基本問題——它與共產主義有什麼關連？

潘梓年說：「共產主義和馬列主義這兩個名詞，是一而二，二而一的」；「它和共產主義完全是一個東西」。這是他全文最重要的論據。但是共產主義和馬列主義眞的是一個東西麼？馬列主義有時的確自稱或被稱爲共產主義，但這與馬列主義有時自稱或被稱爲社會主義一樣，而很顯然，「社會主義有五十七種」，它從來沒有因爲有若干地方和馬列主義相同而就被承認和馬列主義是一個東西，是一而二，二而一。同樣的情形，共產主義和馬列主義是兩個名詞，是二而二，不是二而一。

共產主義的起源很久。它反對私有制度和貨幣制度，主張把一切生產資本都收爲公有，由人民共同生產，再依各人的需要去分配生產品。它的口號是「各盡所能，各取所需」，（不是「各盡所能，各取所値」）。社會學者像柏拉圖、摩爾、卡培、歐文、傅立葉、聖西門、蒲魯東、巴布夫、克魯泡特金等，都曾倡導或主張這個主義，馬克思不過其中之一。而且，現在一般共產黨人掛在口頭的「社會主義」和「各盡所能，各取所需」的口號，不是馬克思所創造，而是歐文（他始創社會主義）和巴布夫的天才發明。馬克思不過承襲前人的理論配上一套方法論而已。

與馬列主義者針鋒相對，克魯泡特金卻以爲共產主義是無政府主義的代名詞；他認爲馬克思主義是集產主義，不是共產主義。共產主義的口號是「各盡所能，各取所需」，集產主義的口號是「各人應得其勞力的全部產物」，或譯爲「各盡所能，各取所值」。在生產方面，共產主義主張將生產機關分散於自治團體，集產主義則主張集中於國家；在分配方面，共產主義主張自然經濟，集體主義則主張貨幣經濟。蘇聯現在所施行的，就是一種集產主義，馬列主義者叫它社會主義，有時也自稱是低級共產主義。

克魯泡特金在「麵包與自由」的名著中說：「我們更以爲共產主義不僅是值得願望的，便是建設在個人主義上的現社會也是不可避免地向着共產主義的方向進行的」。（巴金譯本頁三四）「但是我們的共產主義並不是福利葉（或譯傅利葉——百註）和共同住居論者的共產主義，也不是德國國家社會主義者的共產主義，（按指馬克思主義——百註），這是安那其主義的共產主義，卽是說沒有政府的共產主義——自由的共產主義」。（頁三九）克氏在「近代科學與安那其主義」中更明白指陳馬克思主義是集產主義：「這兩個卓越的著作家（維達和柏格爾——百註），也主張在一切交易中均用勞動劵代替金錢，然而礦山鐵道工廠則應該歸國家所有。他們稱他們的體系爲集產主義。……第一國際創立的時候，維達和柏格爾的名字似乎已經被人完全忘記了，但是他們的社會組織的思想卻流傳甚廣，而且不久就被人視作新的發現，在科學的社會主義、馬克思主義與集產主義的名稱下廣爲傳佈了」。（第十一章）

不獨克魯泡特金不承認共產主義是馬克思「版權所有」，就是馬克思本人也沒有夢想到獨佔共產主義這個名稱。他在共產主義宣言中，以一章的篇幅，專論各派社會主義和共產主義；他指出當時有所謂「封建的社會主義」、「小資產階級的社會主義」、「德國的或眞的社會主義」、「保守的或資本家的社會主義」、「批評的空想社會主義和共產主義」。他在批評後一種主義時更明白承認：「社會主義和共產主義的學說，就是聖西門、傅立葉、歐文等人的學說……」（這三人是十九世紀烏托邦社會主義的三位大師，都生在馬克思之前，馬克思的學說很受他們的影響，特別是聖西門的。——百註）。

我不是克魯泡特金的信徒，我不說馬列主義祇是一種集產主義。照我的認識：馬列主義＝階級鬪爭無產階級專政＋集產主義＋共產主義。馬列主義的進行程序，也是這樣：第一步：階級鬪爭無產階級專政；第二步：集產主義；第三步：共產主義。共產主義只是馬列主義整個體系中的一部份，確如我所說的，是馬列主義的理想；它的手段是階級鬪爭和無產階級專政，加上集產主義。

上面這些論點，我曾在中央周刊上發表，潘梓年看了覺得他從前的話過於武斷，所以在「眞理只有一個」中不再堅持馬列主義和共產主義「完全是一個東西」，而說：「不同的買客可以採用不同的貨物，不同的人也可主張不同的共產主義，但卻不能認爲隨便那一個對他都是一樣。因爲眞理祇有一個」。他再不說「共產主義和馬列主義這兩個名詞，是一而二，二而一的」，他祇想在多種共產主義中，「指明馬列主義的科學性，其他共產主義的片面性局限性及其缺陷偏向等等」。

我爲什麼要把共產主義和馬列主義分開呢？從歷史看，或就理論說，共產主義和馬列主義確是兩種學說，不是一而二，二而一。前者派系紛歧，後者祇此一家。蘇聯和中國共產黨所實行的乃是馬列主義，不是一般共產主義。可是它們卻都以共產主義相標榜，所以我爲它們正名，要它們名副其實地改用馬列主義，不得標榜共產主義。

還有，孫中山先生在三民主義講辭中說了：「民生主義，就是社會主義，又名共產主義，卽是大同主義」。他所謂共產主義顯然是泛指正統共產主義，而不是指馬列主義或蘇聯的「蘇維埃共產主義」。但因一般人多誤以爲共產主義與馬列主義是「一而二，二而一」，認同共產主義就是認同馬列主義；中共也就以此魚目混珠，取得宣傳上的效益。我不欲人們有這誤會，更不欲中共坐收其利，所以力辯共產主義和馬列主義不是一個東西，而我們必須反對馬列主義。

依照理論和事實，中共是信奉馬列主義，它的共產主義乃是馬列主義，而馬列主義當然要實施階級鬭爭和無產階級專政。潘梓年不失爲一老實人，在批評我的第一文中堅持共產主義與馬列主義是一而二，二而一，後來卻發現這樣不利於宣傳，所以不再堅持了。

但是事實上中共還是堅持馬列主義，現在而且把它列爲四個堅持之一，載在憲法。

那次辯論計有五項，這裏祇舉其中之一：共產主義是一而二？二而一？我那時在理論上辯倒了中共，但實際是失敗了，因爲中共是披着共產主義羊皮的馬列主義者，沒有馬列主義，就沒有共產主義，它們兩者眞的合成一個主義了。所以我在結論中說：

> 中國的馬列主義者，從陳獨秀到瞿秋白、李立三、陳紹禹、秦邦憲、張聞天、直到現在的毛澤東，他們都在那裏以馬列主義爲敎條，爲公式，製造階級鬭爭，幻想無產階級專政，甚至在宣言擁護三民主義之後，還在念念有辭，說什麼「今天，資產階級民主革命；明天，無產階級社會革命」。

民國三十三年，我轉任大東書局總經理，辭去中央周刊社長職務。

兩年後，我爲該書局創辦一份智慧周刊，初期由我主編，並以編中央周刊的手法去辦，可是效果大不如前。「曾經滄海難爲水，除卻巫山不是雲」，我不想細敍辦智慧的經驗。等到我當選監察院委員而辭去大東職務時，我十七年的刊物生活也就結束了。

第八章　中央日報　最長一年

第一節　記者生活　多采多姿

我的新聞記者生活，夠得上說是多采多姿。因爲我先後做過報館的翻譯、編輯、主筆和社長，服務的地區，包括上海、重慶、香港和紐約。

在我大學畢業後，民國十六年二月，南方大學的教務長，我的政治學老師夏晉麟先生，懇求上海英文大陸報主筆，也是我的老師，唐腴廬先生爲我在該報謀得譯員一職。我的工作，是閱讀幾種中文刊物，例如現代評論和嚮導，擇優摘譯，送供主筆參考或移送編輯部採登。

我在該報工作僅兩個月。四月十二日，上海清黨，我的中學老師陳德徵先生出任上海特別市黨部委員兼宣傳部部長，邀我前去工作，我乃辭去大陸報職務，轉任宣傳部助理幹事。

陳先生在上海民國日報兼任總編輯，見我頗有文才，介紹我兼任該報編輯．先編國際新聞，後編副刊「覺悟」。

國際新聞的來源是外國通訊社，來稿須由各報自己翻譯。民國日報的一位陳先生乃是老手，自己辦有中國新聞通訊社對各報供稿，加上我這個生力軍，分擔一部份譯述工作，所以稿件大量增多。我乃商得報社同意，特闢一個國際版，爲該報增加一個特色。

民國日報的副刊，覺悟，向由邵力子先生主編，邵去廣州參加革命軍後，改歸陳德徵先生接辦。後陳過忙，不能兼任，乃交我主編。因爲它有那麼輝煌的歷史，我以後生小子擔當重任，不能不特別用心，但它的聲光顯然不及邵陳時代了。那固然是由於我資淺能鮮，但未始不是由於中國國民黨已從在野黨成爲在朝黨，民國日報既是黨報，言論自由受著限制，魅力自然減少了。

我在民國日報工作三年，後因白天事忙，無暇兼顧而辭職。但不到兩年，潘公展先生創辦上海晨報，自任社長，邀我擔任總主筆。六、七年後，他有一詩追詠我們的生活：

早知君有筆如刀，
血路而今殺幾條！
記否望平街上月，
一車歸去共寒宵？

那首詩寫在民國二十七年，那時我在漢口主辦血路周刊。望平街是上海晨報社址所在地。「一車歸去共寒宵」句中的「共」字，可能指與月相共，是說我披星戴月，相當辛苦，也可能是指與潘先生相共，因我數次深夜搭他的汽車回家。

那時我正三十歲，「血氣方剛，戒之在鬬」，所以文章寫得相當凌厲。但這不在文句，而在文義。因爲對於前者，我一向保持理性，避免感情用事，尤其力戒尖酸刻薄，下流粗魯，但在政治思想方面，我則崇尚法家精神，反對清靜無爲，所以不免稍嫌剛強。

例如那時正由汪精衞任行政院長，他提出兩個政治口號：「以建設求統一」、「由均權達共治」。由於地方割據，統一無望，這兩個原則，頗有安撫和號召作用，原尚合理，但我卻爲文批評它妥協軟弱，以致引起論戰。所幸晨報社論都由執筆者具名，（我用「百」字），並不代表報社當局，所以沒有觸發政潮。

最近我在探討以三民主義統一中國問題時，突然想起那兩句口號，覺得它頗有現實意義。所謂「以建設求統一」，乃是反對使用武力或武力威脅，而以和平方法求統一；所謂「由均權達共治」，乃是反對集權和專權，而以各享其權，各守其分，和平共存，徐圖水到渠成，和平統一。

晨報主筆，有梅龔彬、陳澤華和何子恒先生等三位。王新命先生有時也在編輯之暇，客串一、二篇，錦心綉口，不同凡響。後來王先生繼我擔任總主筆，晨報終因他的一篇社論，反對政府的財經措施，觸怒財政當局，被迫停辦。

第二節　國民日報　海外前線

民國二十七年十二月，汪精衞在河內發表艷電，主張中止抗戰，與日媾和。中央為加強港澳的外交和僑務工作，鞏固反日反奸陣營，乃在香港設置辦事處，由前廣東省政府主席吳鐵城先生任特派員。吳特派員因為原在香港所辦的黨報，南華日報，已因林柏生的投日而變色，請准中央黨部另辦一報，並推薦我任總編輯。但中央宣傳部部長葉楚傖先生，認為何不逕派我做社長。吳先生是我的老長官，當然贊成。於是我乃隨他由渝飛港，籌辦新報。

吳董事長原想把新報定名為「香港日報」，但我建議定為「國民日報」，俾與國民黨、國民革命和國民政府一脈相承，眉目清楚。吳先生並不堅持，就此改定。但抗戰勝利後，許孝炎先生接辦該報，把報名改為香港時報，以迄於今。

國民日報請何西亞先生任總編輯，王新民先生任總主筆，兩位都是上海晨報老同事。總經理黃苗子先生，是吳董事長所推薦。我請中央宣傳部推薦俞自立先生任副總經理，但無實權，全部總務人員都由黃總經理就地取材，我祇帶一人（胡星耀先生）擔任會計。

我在四月初抵達香港，籌備兩個月，六月六日，新報誕生。那天上午，大公報的張季鸞先生起個大早，前去道賀。他對我說：「你們來了，不獨添了生力軍，而且來了主力軍，我向你們道賀，也為大公報高興。因為它是吾道不孤了。」

張先生對那天的頭條獨家新聞，蔣委員長的訪問談話，重申抗日反奸的決心，認為非常重要，並讚我的高才和巧思。

國民日報果然一鳴驚人，不獨口碑載道，而且銷路很好，為黨營報紙揚眉吐氣。

但我總覺「水土不服」。尤其因為報社內部的廣東幫和上海幫難免稍有磨擦，我的興趣大減。一年半後我就向吳董事長和葉部長申請辭職。

葉部長知我非辭不可，問我繼任人選。那時我正在重慶參加國民參政會大會，不及事先請示吳董事長，就提到陳訓念先生。他是陳布雷先生的介弟，在港替吳鐵老做報界聯絡工作，與新聞界頗有淵源。但吳董事長心目中的後繼人選，不是他而是潘公弼先生，他本來在上海辦時事新報，那時為敵偽逼走香港。我如果不提陳訓念先生並為葉楚老所接受，則繼任社長一定是潘公弼先生了。我為此對鐵老不無歉意。好在勝利後，公弼仍由鐵老推薦接收國民日報並任社長。

我交卸國民日報後，一時沒有工作，我妻帶著四個小兒女回上海寄居岳家，我因房屋租期未滿，可以聊蔽風雨，乃獨自留港撰寫「三民主義與共產主義」，了卻我戰前考察蘇聯擬寫一書的宿願。

陳布雷先生知我尚無工作，託人問我願否到他侍從室任職，但我無意於此。在那本新著出版後，我妻和我由陸路回重慶。承中央宣傳部王雪艇先生派在該部主持三民主義研究委員會擔任主任委員，旋又接辦中央周刊。

第三節　社長之任　特達之知

民國三十一年，我因蔣總裁特達之知，由中央宣傳部派任中央日報社社長。該報那時辦有幾個分版，所以稱爲中央日報總社。其實分版都由中央宣傳部直接監督指導，與總社無涉。不久該報就正名爲中央日報，既無「重慶」兩字之首，也不拖上「總社」兩字之尾。

在我接任初期，中央日報本與掃蕩報合刊，後由政治部將掃蕩報收回自辦，而由黃少谷先生任社長。我的精神負擔，因而稍輕。

左列一表記載中央日報前五任和我的後一任的重要人員及其任期開始時間：

社　長	總編輯	總主筆	總經理	開始時間
潘宜之	彭學沛		陳君樸	民國十七年
葉楚傖	嚴愼予		曾集熙	民國十七年
程滄波	張客年	周邦式	賀壯予	民國二十一年
何浩若	劉光炎	陳石孚	翁　堅	民國二十九年
陳博生	詹辱生	陳博生	張明煒	民國二十九年

陶百川	袁業裕	潘公展	詹文滸	民國三十一年
胡健中	陳訓悆	陶希聖	陳寶驊	民國三十二年

六十七年二月一日是中央日報創刊五十週年紀念日，該報編印簡史，題爲「我國現代報業的先驅」，中有一段記述我任內概況，自屬信實，玆錄於左：

三十一年十二月，陳博生辭職，陶百川繼任本報社長。總編輯初爲袁業裕，繼爲錢滄碩，總經理初爲詹文滸，繼爲陳和坤，總主筆爲潘公展，並聘胡秋原、張文伯爲主筆。

此時正值太平洋戰爭爆發之後，重慶成爲同盟國中國戰區的重心，本報之新聞及言論，益受中外人士重視。陶社長對於新聞言論之處理，特別慎重；對於內部事務，力行節約，當時社中僅有一部舊汽車，原爲社長座車，陶社長則將其撥給發行組，早上運送報紙，其他時間撥給採訪組供採訪新聞之用，自己則搭乘馬車上下班。爲發展發行業務，並於每星期日隨報附送「中央周刊」一册，當時極受讀者歡迎。

三十二年十一月十五日，陶社長辭職，中央乃以自浙江金華前線來渝出席國民參政會之東南日報社長胡健中繼任本報社長。

第四節　信念十足　勇氣百倍

我三十九歲任中央日報社長，還不到「不惑」之年，血氣方剛，勇往直前，這是優點。但因年少氣盛，思慮不够周密，見解不够眞切，而且一旦發現偏差，遭遇挫折，便易灰心，這是缺點。

我在十二月十日接辦中央日報那個晚上，替中央周刊寫了一篇「辦中央日報的信念」，對於黨報的經營，寫得信心十足，勇氣百倍。

我指出，一般人認爲辦黨報不獨是苦事，而且是難事。因爲：

第一、黨報常被認爲「官報」，而官報的內容，常被認爲祇有官樣文章，沒有公論。因此黨報的信用不及商報，聲光和力量有時也在商報之下。

第二、黨報所受的限制，一般常多於商報。例如商報可以指摘當局，批評時政，調門不妨高一點。但是黨報就沒有那種權利，它有時還得替政府宣傳，爲官吏辯護，當然更不許立異鳴高。而因爲一般讀者往往愛刺激過於愛平實，低調不如高調那樣容易博得采聲，所以黨報的讀者便會少於商報。

第三、黨報似乎應該有一種特權——做黨和政府的發言人。讀者要了解黨和政府的意旨，要知道國家施政的動向，最好去看黨報，黨報如能做到這一點，則讀者不會不多，聲光不愁不盛。然而那家黨報能有這種特權和特色？政府中人是否都能認識和承認這是黨報的中心使命和生存條件而另眼相看？

上述幾點，未始沒有相當理由，但是我的看法不盡相同。

關於第一點：黨報是政府報，是所謂「官方」的報紙，而不是商辦的報紙，這是事實。但是它和商報同樣應有——至少可有，熱情、理智、公正的評論和眞實的報導。不說別的，就是爲宣傳打算，它要能善盡宣傳的責任，也必得兼具一般報紙的優點。所以一個成功的黨報，它的內容決不會劣於商報。而且在理論上說，國民黨是中國國民的黨，政府是中國國民的政府，國民黨和國民已是渾然一體，政府和國民更是利害痛癢息息相關。於是黨報可說就是國民的報，也就是國家的報。所以最能代表民意的，應該是黨報，而不是商報。若干黨報所以不能代表民意，那是人謀不臧，不是黨報的制度使然。

關於第二點：我不否認黨報受著相當的限制，但是商報何嘗不受同樣的限制！戰時有新聞檢查，宣傳部又常有種種的指示。說言論沒有自由，報紙都受著拘束，說言論有自由，黨報何嘗不可對時政作善意的批評，予不肖官吏以輿論的制裁！若干黨報假使眞的如杖馬寒蟬，或者祇會寫官樣文章，我說這又是人謀不臧，不是黨報的制度使然。

關於第三點：黨報要能取得政府發言人的地位，我不否認困難重重，但是一位有能力和負責任的新聞記者，應能運用他的智慧和能力去注意政府的政策和方針，蒐求有關的材料，而不應坐待政府來指敎。且先「盡其在我」，再去責望他人。

我以自已過去辦黨報的經驗支持我的信念、勇氣和樂觀。先是上海民國日報和上海晨報，雖因我那時未做社長，不知艱苦，但香港國民日報的經歷，可以證明黨報非不可辦。回憶在離開重慶前，我向中央宣傳部長葉楚傖先生和國民日報董事長吳鐵城先生請示辦報方針。關於營業方面，吳先生主張事業化、營業化。關於編輯方面，葉先生毫不遲疑地指示：「照著一個黨報去辦，要擺開堂堂之陣，豎起振振之旗，不必僞裝，不必虛飾！」這兩個方針都很對。國民日報的成功，就是得力於這些方針的澈底執行。

第五節　不懂政治　何能辦報

但是我錯了。黨報的確難辦。以上文三例來說，上海民國日報，不在首都，香港國民日報更遠在海外，「天高皇帝遠」，黨部和政府鞭長莫及，管得不多。上海晨報就沒有那麼幸運了，它最後落得個關門大吉。

至於中央日報可以說動輒得咎。例如它和中央周刊聽說政府要褒揚梁啓超，寫了他的一些行誼，就有黨國元老公開檢舉黨報爲「反革命分子作宣傳」。

爲紀念「八一三」上海抗戰，中央日報登了上海地方領袖錢新之和杜月笙兩位先生追述上海市抗敵後援會籌募巨款和勞軍救傷的故事，就有同志指摘我們有失黨報立場。

羅斯福總統電賀邱吉爾誕辰，中央日報登了那個外電，就有人在中央批評何必登載。

一本新書的廣告登在中央日報封面，也有人去檢舉，而那書乃是中央圖書雜誌審查委員會准許出版的。

外電報導美國總統羅斯福盛讚我國抗戰的英勇和貢獻，並對蔣委員長致敬，情辭懇摯，有如下文：

吾人茲謹代表美國，向蘇聯、中國、英國及不列顛聯合王國各份子之戰士致敬。彼千百萬戰士在此次戰爭中，經年累月，與吾人之公敵作戰，並使敵人無法進行其所企圖之征服世界工作。吾人於進攻日本當中，將與英勇之中國人民合作。彼等之和平理想，與吾人極相接近。吾人甚至在滇緬路被切斷之今日，亦儘量以租借物資用飛機越一萬七千呎之高山，並在雨雪交飛之天氣盲目飛行，運往中國。吾人將克服一切不可克服之障礙，將作戰裝備運往中國，粉碎吾人共同敵人之力量。中國將在此一戰爭中，取得日本所欲兇殘破壞之安全、繁榮與榮譽。吾人復對吾人盟友之領袖、對邱吉爾、史達林、蔣委員長致敬。

中央日報從而以社論對羅斯福總統表示敬佩，但卻錯了。如果不是蔣總裁特別寬厚，我那社長便已下台。原來那時美國對我國抗戰雖加支持，但數量質量都微不足道，而且羅斯福在盟軍人事上對我國橫加阻撓，所以我們實在不應在代表政府和蔣總裁的黨報上公開致敬。

可是我那裡懂得和顧慮到那麼多而且深的政治原因及其道理呢！難怪一位長者批評我：「我知道你很努力，可是不懂政治，努力何益！」

第六節　新約消息　同仁遭殃

我辦報一向重視新聞報導，在「確」「速」「博」這三字箴言外，我還要求須有與衆不同的「本報特訊」，以與那時各有特色的大公報和新華日報媲美，所以我對採訪工作要求很大。

那時擔任中央日報採訪部主任的卜少夫先生，年少俊逸，活潑穩健，也想多所表現。於是我任內所遭最大拂逆的所謂「報難」，也就在我們任職後的第二十七日，三十一年十二月二十七日爆發了。

那天早晨，一位朋友打電話給我，說中央日報闖了大禍，外交部部長大發雷霆。因爲那天的中央日報登了「中美、中英新約明年元旦正式公佈」的一則短訊，洩漏了外交機密。

那時我睡夢初醒，尙未看報，以爲登出了新約內容，以致那樣大驚小怪。取報一看，全文很簡單，共計三十四個字，如下：「據關係方面稱：我與美英之新約全部業已草成，且經商妥，明年元旦日卽正式公佈云。」

我打電話問少夫：「那條消息是什麼人寫的?」

答：「是我寫的。」

問：「什麼地方採訪得來的?」

答：「中央社。」

問：「曾否送新聞檢查機關檢查過?」

答：「不知，但可去問。」

中美中英新約

明年元旦正式公布

【本報訊】據關係方面稱：我與美英之新約，全部業已草成，且經商妥，明年元旦日可正式公佈云。

陶社長有電話來，問今天二版上的中美中英新約。

原文如下：

中美中英新約

明年元旦正式公佈

（本報訊）據關係方面称：我與美英之新約，全部業已草成，且經商妥，明年元旦日可正式公佈云。

這條消息是什么人寫的，我說是我寫的，他問從什么地方得來的，我說中央社，他問有無這稿，我說不知，他要我打電話到編輯部詢問，我撥號到總編輯（長途電話）說

打電話問新檢查部，檢查長答已這稿放行，再打電話到中央社問傅鐵秋，他回答告

中央日報所登「中美中英新約」新聞印本（卜少夫先生贈）

後來他問過新檢處，該稿曾經「檢訖放行」。

少夫又告訴我，那條消息得自中央社編輯傅劍秋先生，而他是在中央宣傳部的宣傳指示中看到的。

少夫並說，時事新報也曾登過類似消息。他將它送給我看。

那晚，我召開編輯會議，卜少夫先生的日記有這樣的記錄：

> 在化龍橋報社食畢晚飯，即開編輯會議。陶社長報告兩點：㈠不幸事之經過，結謂當由整個報社負責；如他本人能擔負，決不令工作同仁受影響，但今後吾人應審愼從事。他對我加以慰勉。㈡今後報社之改進，著力於出報時間及版面之調整。
>
> 袁總編輯謂此事須由伊負責，因太疏忽。
>
> 陳總主筆謂：此事非僅不爲過，抑係大功，以後勿因此而裹起小脚不跑，仍須努力。採訪組同仁勿計較稿之刊出與否，社中亦決不能以稿之刊出爲成績之標準。不刊之稿卽係資料室重要寶貴之材料。
>
> 我起立發言謂：關於此事，第一須向陶先生自請處分，其次向全社同仁抱歉。惟以新聞記者立場言，我無錯誤，亦無責任。
>
> 胡宗藩（採訪組）敍述本組同仁之苦及稿之能否刊出爲個人之大事。他頗有衝勁。

民國六十九年，卜少夫先生又在傳記文學社懷念陳布雷先生座談會有所補充：

那是民國卅一年十二月間，我採訪到「中英、中美不平等條約」預定在次年元旦取消的一條新聞，刊在中央日報的第二版要聞版。當時的總編輯是袁業裕先生，副總編輯是滄波先生的親戚錢仲易先生。爲什麼中央日報的總編輯和副總編輯把我這條新聞以花邊方框的方式處理，刊登在顯著的地位，放在社論欄旁邊呢？這有一個緣故：大約在此早兩個星期，我採訪到一條「陳納德的飛虎隊轟炸（中緬邊境）臘戍」的消息，這是當時最快也是獨家的消息，寫好稿送去報館，但第二天並沒有登出來，可是第二天的晚報「新民報」卻以頭條新聞刊出。於是我向編輯部抗議質問，說你們平日要我們採訪組盡力採訪，但這條消息何以不登？這難道不是最能鼓舞民心士氣的新聞嗎？我請編輯部指示。他們也許另有別情，無從答覆，只有置之不理，可是多少感到有點歉然，心情上對採訪組的工作也就倍加小心，不敢怠慢了，等到中央社都沒有的大消息來到，自然特別重視的未加查證考慮便登出來了。刊出當日正是禮拜天，新聞一見報，不料出了大紕漏，闖下了「滔天大禍」！一個月後，三十二年一月下旬，中央黨部處理該案的結果，認爲採訪主任「有聞必錄」，登載與否，責在編輯，所以總編輯袁業裕先生奉命交軍法審判，但少夫仍被罰薪三個月。

袁總編輯經我懇請葉楚傖先生保釋，不了了之，遺缺則奉中央命派錢滄碩先生繼任。我爲此曾向中央引咎請辭，雖經挽留，但對記者生活從此感到毫無興趣了。

後來該案曾在「何上將雪竹憶語」中有所誤會，我於六十九年十二月致函傳記文學社加以更正。茲錄於左：

紹唐先生著席：

貴刊第三十七卷第三期（二二〇號）出版時，弟適在美考察，不能及時閱讀。回臺後方悉該期載有「何上將雪竹憶語」，謂因中央日報「向羅斯福致敬」一篇社論，「我最高統帥」「蔣公怒甚，即下手令，將中央日報社長、主筆暨總編輯等人交付軍法執行總監部訊究。」

查蔣公對該社論確表不滿，但對弟僅稍加訓誨，並未加罪，更未將主筆及總編輯交付訊究。

惟蔣公確因中央日報提前透露中美中英新約不日即將簽訂之一則簡訊，認爲洩漏外交秘密，飭將該報總編輯袁業裕先生交付軍法審判，但並未罪及他人。袁君旋經葉楚傖先生保釋，不了了之。

七十年一月，董爲公（霖）先生投書傳記文學，指出另一原因：

其實，中美、中英新約，雖有擬議定於一九四三年元旦在重慶、華盛頓及倫敦三地同時公布，當時中國政府因收回九龍問題與英國政府屢經交涉而不得結果，曾予英國駐華公使一印象，若九龍問題不解決，則談判可能破裂。茲由一富有權威的中國國民黨黨報提早發表元旦簽約消息，不啻使政府失去所謂「討價還價的力量」，此亦爲引起當局震怒的重要原因。

但平等新約既經中美英三國商定於三十二年元旦發表，而中央日報透露該日期是三十一年十二月二十七日，兩者相距僅三日而已，三日之間中英何能尚有九龍問題的交涉！中國政府何致因此「失去討價還價的力量」！

至於後來新約簽訂日期所以展緩了十日，自非因中國政府欲在十日內重開九龍問題的談判並保持討價還價的力量，董函承認乃「實出於華府要求，俾得更多時間譯校條約文字」。董函原文如左：

中國政府嗣於一九四三年一月十一日與美、英兩國分別在華盛頓與重慶正式簽訂「取消治外法權並處理有關問題」條約。但最後簽約延期原因，實出於華府要求，俾得更多時間譯校條約文字。

然則蔣委員長何以特別重視中央日報透露那個消息呢？少夫文中說：

因爲政府已與英、美兩國事先約定，這條消息要在元旦同時在倫敦、華府和重慶一起公布，現在重慶預爲披露，變成不守信約，同時也說明我們外交部不能保密。

第七節　風波四起　禍延師友

至於那個秘密消息的來源，卜少夫得之於中央通訊社的傅劍秋先生，傅則看到了中央宣傳部的「宣傳指示」轉告少夫。兩人都是善意的。

但是「宣傳指示」又何所本？少夫十二月二十八日日記有這樣一段：

到新聞檢查處，看到副處長方自強，談了一陣。他告訴我，審這條消息的人是個新手，所以出了這個亂子。他說昨晚十時消息，蔣委員長看了報告推在一旁，追問張部長宣傳指示的消息來源，祇追問這一點。因爲這是一個外交機密，參與這機密的人不多。張部長不敢說出這是什麼人告訴他的，所以還是僵局，想找陳果老第三者出來轉圜。

那個消息的來源，我想蔣委員長不久就已查出。它來自中央宣傳部黨報社論委員會會議時一位委員的報告，他當然出於善意。該部本這消息寫作宣傳指示，分發宣傳機構，也無不當。所以中宣部和中央社的負責人，甚至那位黨報社論委員，都無失職可言。至於傅劍秋和卜少夫甚至袁總編輯的責任，也不嚴重，所以卜僅罰薪三月，袁和傅的訟事，也都不了了之，可是他們都因而去職了。

說到黨報社論委員會，它有一篇社論掀起了軒然大波，而且禍延於我。那就是本書「在黨在團大起大落」那一章所敍述的風波。

我任中央日報社長期間，共起四次風波：一是新約洩密事件，二是感謝羅斯福總統的社論，三是觸怒三民主義青年團成立大會的黨報社論，四是陳德徵先生「永不錄用」事件。前三件分見本書，現在略談最後一事。

陳德徵先生是我的中學老師，豪爽天眞，在任上海市敎育局長時，因人事糾紛被政府當局扣留數十日而丟官，從此一蹶不振，窮困不堪。抗戰發生時，他隻身投奔重慶。我任中央日報社長後，因他是新聞老手，學識淵博，經驗豐富，就聘他爲顧問，幫我看稿。因我暫兼總主筆，有人乃稱他爲陳總主筆，其實他始終未寫一文。「感謝羅斯福總統」社論風波發生時，有人向當局進讒，歸罪於他，他乃落得一個「永不錄用」的下場。我捧讀命令，大感不平，爲之下淚。

三年前，我在美國打聽他在大陸的遭遇，總以爲他已被鬪爭喪生了，但據說他是壽終正寢。友人告訴我，他原經中共下放公審，本無生望，幸而「永不錄用」那個處分，卻救了他的老命。

繼袁業裕先生任總編輯的錢滄碩先生，也是上海民國日報同事，原本任職於中央通訊社，奉中宣部張部長遴任中央日報總編輯。但他任職未久，便因我在蔣委員長用紅筆批示改進意見的報紙上加註數字指出一個標題不很妥當，而認爲我干涉了他的職權而立卽辭職，當日搬出報社，害得我措手不及，狼狽不堪。張部長立卽派他去昆明擔任中央日報分版的社長。

於是我痛感報事已不可爲，堅決求去，中宣部派胡健中先生繼任。從此中央日報乃步入坦途。

回憶我在民國二十八年奉中央宣傳部派往香港創辦國民日報，擔任社長。以日本飛機轟炸下的重慶，與香港相比，眞有人間天上之分，但在供職一年多後，我就辭職回重慶，我的妻兒則回淪陷了的故鄉。我本來可以不必辭職，與家人住在安全舒適的香港，但比諸幾千萬軍民的慷慨赴死，從容就義，我那點犧牲享受，可謂微不足道了。

第九章 應邀訪美 眼界大開

第一節 好事多磨 行不得也

監察是風霜之任，而它肅殺之氣的對象，乃是政府和官員，如果他們同屬一黨，則對他們的肅殺，自非黨和政府所能諒。所以作為一個盡責的監察委員，要有富貴不能淫、貧賤不能移和威武不能屈的風骨，同時還須加上一點：黨誼不能動。

我在上海當選監委後，中共叛亂，國事日非，已經不是監委的赤手空拳所能挽回，我並沒有多大作為，因而能與黨和政府和睦相處。但到臺灣後，政府開始勵精圖治，我也從而奮發有為，提案特多，發言很勇，以致見嫉於同志，見惡於政府。

民國四十七年春，美國駐華大使館突然派它的文化參事，代表國務院邀請我訪問美國。美國是我舊遊之地，但我已二十多年沒有再去，對那邀請，我自很歡迎。但我不信政府會讓我出國。

其他委員的出國申請，兩星期就能批准，我的果眞過了四個月猶不見回音。

那時很多同仁對我不准出國備感關切，適因自立晚報登出「陶百川赴美之謎」，多所猜測，我乃在四十七年九月寫一密函，送給一部份監察委員，表示惶惑和感慨。玆錄幾段於左：

我在五月十日接到美國大使轉知美國國務院邀我訪美的通知後，就先報告本院于院長，然後提報本院紀律委員會請准出國，同時寫信給總統府張秘書長請他代我報告總統。紀律委員會後來很快核准了我的請求，但我因還沒有接到張秘書長覆信，所以請求該會召集委員暫緩提報院會。直到接得張先生的覆信後，我才請求院會予以同意，院會隨卽議決通過。在本院函請行政院發給護照時，我又寫信報告中央黨部張秘書長並請指敎。後來聽說中央黨部有一小組，主管立監委員同志出國審查事宜，由周副秘書長召集，我就到財政部去看周副秘書長，及知現已改由鄧副秘書長召集，我又面懇鄧副秘書長幫忙。我生平不喜歡走門路，但爲此事總算做得相當周到。

回憶在我經營個人事業的時候，我常常想到蔣總統在我接任大東書局總經理時，對我的叮囑：「你不要離開黨政工作，應該仍做黨政工作」。所以在行憲選舉開始的時候，我就辭去大東職務，參加競選，而在立委和監委之中，我選擇了監委。因爲我認爲立委好比是內科醫生，監委則是外科醫生，外科醫生的任務是開刀，而因那時政風不良，貪汚充斥，國家亟需忠勇的監察委員來執行外科醫生的開刀任務，以期滌盪舊汚，澄淸吏治，與民更始，我有這個抱負和赤忱，所以就做了監察委員。不道就職以後，時事日非，國家所遭受的嚴重刼數，已經不是少數監委的口舌筆墨所能挽救，我於是開始灰心，不獨沒有提一案，彈一官，甚至不常來院開會，在南京如此，在廣州也如此。直到總統復行視事，國事再露曙光，我才略爲振奮。但因年來政治上的敗象又現，危機漸深，懲前毖後，痛感焦急，我因而不得不大聲疾呼，希望在國事尚有可爲的時侯，促請當局奮發改進，免蹈覆轍。所以我二、三年來提案很多，發言很響，也彈劾了若干官員。一部份同志，因而對我很不諒解，而「妨賢害能」的人常思乘機反噬。但我以職責所在，良心所驅，行乎其所不得不行，所以祇好「打落牙齒和血呑」。這次卽使因此而不准出國，我也絕不後悔。

我是依照監察院的內規，先行報請監察院院會討論通過，並由院函請行政院發給出國護照。於是我祇得請監察院向行政院函催。該院張副院長請我諒解，並說問題不出在該院。我知道癥結所在，但我不得不對張副院長說：「我不怪貴院，但請貴院給監察院一個答覆，說明我何以不准出國。」張允報告陳（誠）院長。

不久，張先生通知我：「你的護照已由陳院長乾綱獨斷，予以批准。你最好早日動身，以免夜長夢多。」

我請敎他何以會有那些痲煩。張說：「在中央黨部討論時，有人怕你會對美國民主黨國會議員說政府壞話。」

那一挑撥，使我後來訪問美國國會時不敢與民主黨議員會晤，妨害了我訪美的功能。但我後來還是晤見了參議院領袖詹森先生（後來當選了總統）和外交委員會委員長傅爾勃賴德，後者與我做了朋友，多次通信，交換中美外交問題的意見。

我與詹森先生會晤，是由於我與他的一位助理在國會地下交通車中同座，他問我要不要看看詹森參議員，他正在辦公室會客。我前去與他寒暄，他告訴那位助理送我一張介紹卡片，上寫我是他的朋友，我可用它參觀國會和洽見其他議員。

至於傅參議員則在他主持五位大使同意案的審查會議散會後，臨時由國務院陪同官員為我洽定晤談。

幾年後，我曾寫給他一封長信，對他對中美關係的觀念有所批評和建議，他覆我一信，指出時勢已變，他也不能不變。那也頗有道理。那正好像幾年前費正清敎授在檀香山對我所說：「我當年主張在聯合國內作兩個中國的安排，乃是為臺灣未雨綢繆，可是你們拒而不納，現在則想要兩個中國而不可得了。」那也是時勢使然。

第二節　行程緊湊　見聞廣博

回到原題，行政院批准我出國時，中共正在砲轟金門，戰雲瀰漫，時局緊張，我怎好出國！

後來局勢平靜，我方動身，已是那年陰曆年底了。我妻與我同行。那是考察人員准帶家眷的第一次，以後很多人便援以爲例。

美國邀請我的辦法規定：

一、宗旨：邀請外國領袖來美考察並與美國有關人員會晤及交換意見。我的美方有關人員主要是國會議員。

二、美方由國務院外國領袖課主辦，並委託政府事務所協辦，在華府以外各地則由國務院聯絡人員代辦。國務院那次對我特別禮遇，派了一位華裔職員張樹德先生一路作陪。

三、旅費包括來回機票，美國境內交通費以及每日十七元的膳宿費。國務院並爲我和內人作健康保險。

四、期間兩個月。

我與國務院商定的訪問事項包括左列各點：

一、會晤國會議員並交換意見；

二、參觀國會運作，特別是有關同意案、彈劾案、審計案和調查案的實際情形；

三、參觀最高法院、軍法機關和一二地方法院及其少年法庭和感化院；

四、參觀共和黨、民主黨的中央黨部和一二地方黨部；

五、參觀紐約時報和時代週刊；

六、參觀幾所大學的法學院。

我那次訪美是取道香港和菲律賓，然後在夏威夷入境。後來幾次赴美，發現夏威夷海關過關手續很繁屑，但那次因有國務院接待單位派員迎候，行李得免檢查。時在寒冬，但檀香山猶似三春，海灘擠滿游泳的男女老幼，我嘆爲奇觀。

由檀香山經三藩市到華盛頓，國務院主管課長曼斯曼和張樹德先生在機場迎接。曼斯曼先生介紹張先生是國務院的同事，假使我不反對，他將擔任我的護送員（Escort），我很表歡迎。張先生說：「曼斯曼先生很少親到機場迎賓，這次親來，是對陶委員特別禮遇。」我表示感謝。

依照我和他們二位商定的訪問旅程，從二月十日開始，我在華府訪問七天，然後赴紐約，訪問十四天，以次在田納西州三天，在喬治亞州和佛羅里達州四天，在路易西安那州四天，在德克薩斯州和科羅拉多州七天，在伊里諾州五天，在密歇根州三天，然後回抵華盛頓，於四月初往波士頓。我在波城與天放和天文住了兩個多月，他們兩人那時都在哈佛大學求學。

那一路的訪問節目，不出我上文所列事項，也有臨時增加的，我在這裏不能詳敍，但也有數事值得特別回味和略述。

——我在華府參觀國會對政府的監察工作，對我有很多啓發。監察制度最完備的，全世界首推中國——中華民國，而中國的部份監察理論、法制和方法，固然是繼承中國文化，但有些也採自美國，同意權就是一例。而參考美制，我國現行同意權制度尚有改進的必要。

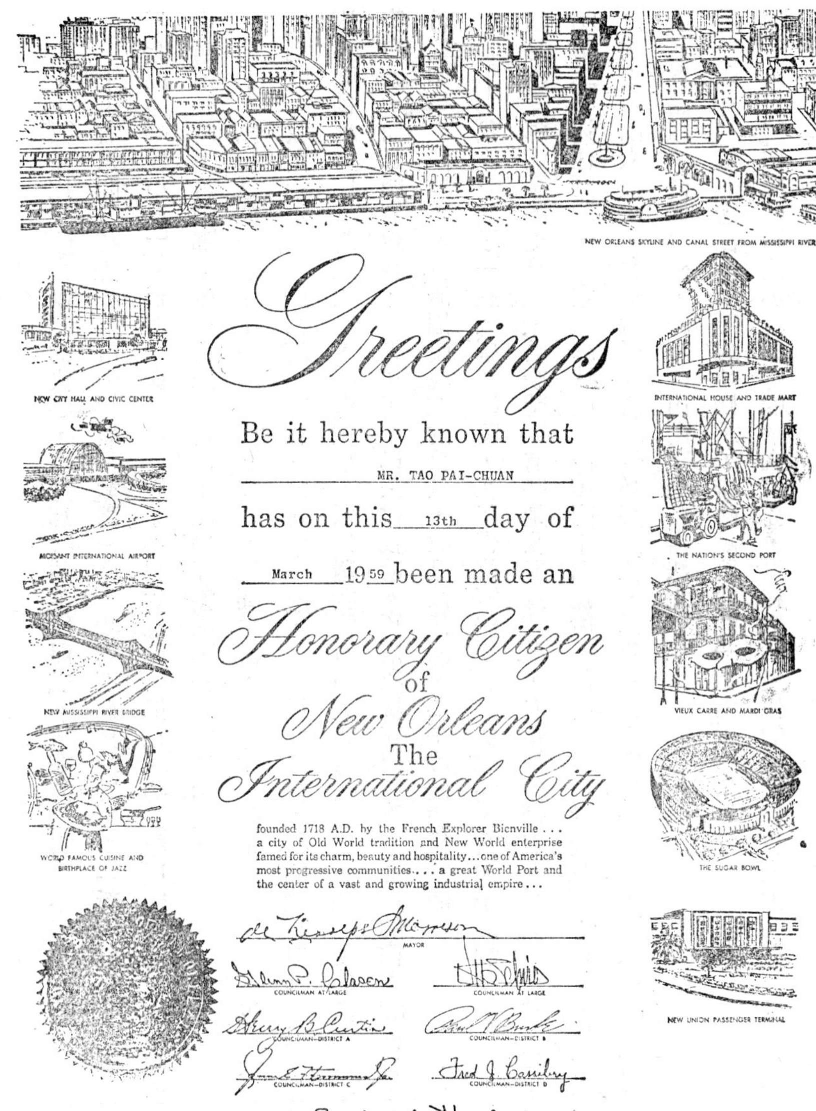

NEW ORLEANS SKYLINE AND CANAL STREET FROM MISSISSIPPI RIVER

NEW CITY HALL AND CIVIC CENTER

INTERNATIONAL HOUSE AND TRADE MART

MOISANT INTERNATIONAL AIRPORT

THE NATION'S SECOND PORT

NEW MISSISSIPPI RIVER BRIDGE

VIEUX CARRE AND MARDI GRAS

WORLD FAMOUS CUISINE AND BIRTHPLACE OF JAZZ

THE SUGAR BOWL

NEW UNION PASSENGER TERMINAL

Greetings

Be it hereby known that

MR. TAO PAI-CHUAN

has on this 13th day of

March 1959 been made an

Honorary Citizen of New Orleans The International City

founded 1718 A.D. by the French Explorer Bienville . . . a city of Old World tradition and New World enterprise famed for its charm, beauty and hospitality . . . one of America's most progressive communities. . . . a great World Port and the center of a vast and growing industrial empire . . .

deLesseps S. Morrison
MAYOR

Glenn P. Clasen
COUNCILMAN AT LARGE

[signature]
COUNCILMAN AT LARGE

Henry B. Curtis
COUNCILMAN—DISTRICT A

[signature]
COUNCILMAN—DISTRICT B

[signature]
COUNCILMAN—DISTRICT C

Fred J. Cassibry
COUNCILMAN—DISTRICT D

Theodore M. Hickey
COUNCILMAN—DISTRICT E

——我寫比較監察制度的決心，也是那次訪美所促成。我在該書自序中略加敍述。

——有人問我在許多城市中我最喜歡那一處，我毫不猶豫地答覆：「新奧爾良。」因爲我做了它的「榮譽市民」。這個頭銜沒有什麼了不起的意義，但在我的簽證居留時間屆滿而向移民局申請延長時，曾把那張榮譽市民證書出示該局而獲准延長，並受歡迎。

——我在芝加哥參觀了一所法律服務社，民間主辦，經費大部份是市庫補助，也有社會人士的捐款。我對它本來很感興趣，因我一向想辦一所，對平民作法律救援的義務服務。但芝加哥的服務社卻祇辦民事訴訟救助，不辦刑事，所以對我沒有多大參考價值。我在監委任內，爲平民辨冤白謗，而且頗有效益，無異辦了平民法律救助。可惜我現在已經沒有那樣的權力和機會了。我希望如果天假以年，我能擺脫現在的公職，改業做律師，爲平民做法律顧問。

——我既訪問了一些大學法學院，在與幾位憲法學敎授例如邁阿密大學的敎務長奧里先生和路易斯安那大學的史東敎授晤談時，有時是我有意請敎，有時是他們表示疑慮，都會提到蔣總統的第二次連任問題，而它在那時是憲法第四十七條所不許的。奧里敎授並說：「憲法比人重要」，意謂不可因人毀法。我那時已知蔣總統必將連任，但我主張必須依法爲之，而依法固尚有補救可能。我請敎了他們之後，終於想出兩項補救辦法：

（一）修改憲法或增訂臨時條款，排除祇許連任一次的限制；

（二）依照監察院那時施行的權宜措施，以在臺灣居住的監察委員人數爲計算「全體」委員

（總額）的標準，不把死亡、辭職和陷在大陸的監委計算在內，國民大會似應彷行俾有足够的法定人數（總額三分之二）以修改憲法或增訂臨時條款，取消總統連任的限制。

回臺後我曾報告我國憲法學權威王雪艇（世杰）先生，並公開鼓吹，爲總統連任問題呈獻了一把鑰匙。

第三節　紐約十日　生活充實

我做監察委員，得罪了巨室，不能出國，但是民國四十八年因爲出於美國政府的邀請，我終於排除障碍而成行。樊籬既破，我乃於五年後（五十三年）再度赴美，在紐約與正在紐約大學任敎的女兒天文住了半年。後來曾將其中十天的日記補充成文，頗有意義，現錄於左。

十二月二十二日

赴陶陶餐館參加新聞局紐約辦事處陸主任以正的餐敍。經過情形是這樣的。

一九六一年四月十六日，古巴志士開始他們對卡斯楚政權的軍事行動，先以飛機轟炸卡斯楚的機場，接著就在猪灣登陸。當時因有美國的大力支持，革命軍的士氣很高，勝利希望也很大。但不到四天，登陸軍隊便全軍覆歿。迄今三年，古巴反共人民還不能有多大作爲。

我對這個猪灣舊事自始就很注意。因爲我認爲在被國際共產黨控制的國家中，古巴將會首先被解放，它的經驗，可供我國借鑑。卽使它的失敗的敎訓，對我們也有參考的價值。來美以後，我蒐集了這方面的一部份資料，以便慢慢加以研究。

下列幾個問題，我以爲最可注意：

一、猪灣事件中的古巴革命軍爲數不過一千五百人，而卡斯楚的武裝部隊，卻有二十萬人之多。以人數而論，革命軍有如以卵擊石，他們的勝算究竟何在？

二、美國政府祇在幕後予以訓練裝備和財政上的支援，而不肯出面直接參預，這種偷偷摸摸的做法是何道理？有何必要？後來何以竟連偷偷摸摸的支援也停止了？

三、古巴國內潛伏的革命志士，在猪灣登陸中何以不起來響應？這些地下工作人員是否可靠？

四、甘廼廸總統在猪灣失敗後曾對美國報紙編輯人協會宣示：「我們打算從這個敎訓中獲益。我們打算再檢討和決定我們各種力量、策略和設施的方針」。美國究竟已經發現了什麼敎訓？

五、古巴革命團體方面所受的打擊自然很大，他們從猪灣舊事中獲得了什麼敎訓？他們是否還有再度起義推翻共產政權的勇氣？

我曾把我對猪灣舊事的興趣告訴紐約總領事館歐陽璜領事。他說，他認識古巴前總統烏拉帝先生，後者在六年前卡斯楚政權中擔任總統，因爲政見不合，爲卡斯楚所拘捕。猪灣事件發生時，他逃往委內瑞拉大使館請求庇護。兩年前又逃來美國，現在任教於紐約長島大學。歐陽領事問我要不要和他談談。我說：「我對古巴問題現方開始研究，到必要時再請約見」。

十二月十八日，我國新聞局的紐約辦事處主任陸以正先生在電話中告訴我，他將在下星期二約古巴前總統烏拉帝吃飯，問他是否願意應邀作亞盟中國總會主席谷正綱先生的嘉賓，赴臺參加「一二三」自由日紀念大會。陸主任說：「聽歐陽璜領事說你對古巴問題很有興趣，並想會見烏拉帝先生，我想請你一起來吃飯」。我欣然從命。

十二月二十二日中午，我們在陶陶餐館會面。席間所談，約有四分之二是關於烏拉帝先生的身世，四分之一是關於他的臺灣之行，至於古巴革命問題，因爲時間匆促，祇佔全部四分之一。

關於猪灣事件的敎訓，他說：「我們推翻卡斯楚政權，必須靠我們古巴自己的力量，而不能靠美國，更不能讓美國出面參加。我們反對卡斯楚，是因他是國際共黨集團的走狗，所以我們不能讓他指責我們是美國的傀儡」。

十二月二十三日

赴哥倫比亞大學圖書館查閱古巴猪灣事件的資料，不獨以之供研究之用，且擬爲「時與潮」寫一篇「旅美雜記」。

老友吳開先兄的快婿唐德剛教授兼任哥大東方圖書館館長。因他的介紹，我借書就很方便。我看了一個上午的資料，得到初步的結論：在猪灣事件中，美國的表演有如虎頭蛇尾。

原來照美國國防部和中央情報局與古巴革命軍共同決定的作戰計劃，在革命軍登陸之前，應有三次轟炸。第一次定在一九六一年四月十五日，古巴革命軍出動B廿六轟炸機十六架，攻擊卡斯楚的飛機場，炸燬地面上的大部份飛機。第二日繼續轟炸，以炸燬他剩餘的飛機和其他軍事設備。第三日再炸卡斯楚的坦克大砲和運輸車，以及停泊在港口的兵艦並掩護革命軍前進。

依照計劃，革命軍這樣就順利登陸，隨即設立臨時政府，要求各國予以承認並予以軍事援助。預料那時很多中南美國家會承認那個革命政府，古巴人民也會紛起響應。那樣就可推翻卡斯楚政權而不必大量流血。

但在甘廼廸總統最後批准那個計劃時，因爲國務院和總統府一部份幕僚的反對，把原定第一次出動的飛機，從十六架減爲八架。等到第一次轟炸之後，因爲聯合國一部份會員代表的叫囂，甘廼廸總統又將原定第二次和第三次轟炸全部取消。但那時古巴革命軍隊已在海上駛向古巴，並在猪灣登陸。因爲卡斯楚的飛機並未全燬，出動襲擊。革命軍在沒有飛機掩護之下死傷很重，剩下來的人全部被俘。

十二月二十四日

今日是耶穌誕辰前夕，但是氣溫竟在五十度左右。寒冬這樣溫暖，據說是多年以來所僅有。天文（補註：我的四女，她現在哈佛大學醫學院教書，那時則借調在紐約大學做病理學研究）帶我們（補註：我們夫婦二人）去各處遊覽。我的印象以公園路和五馬路的佈置和夜景爲最好。五馬路商店的玻璃橱窗都陳設着有關耶誕的事物，有一家以活動偶像表現着古代的耶誕景物和故事。路人都嘆爲奇觀。

公園路不愧爲公園之路，因爲整條馬路中間本來種有花木，冬天已經枯萎，現在全體裝飾着五色閃光小燈，晚間一路望去，非常悅目。紐約其他馬路，中間都是行車道，沒有一草一木，所以公園路就格外名貴了。

晚間到五十五街中國電影院去看邵氏公司的名劇「妲己」。由林黛和南韓藝人申君任主角。（前者飾妲己，後者飾紂王）。我們的印象並不很好，因爲照該劇的表演，紂王是一位多情人，妲己雖也爲紂王的情愛所感動，但一路卻扮演一個間諜，陰謀損害她的「情人」。難怪一位坐在我旁邊的美國老太太，對妲己氣憤得形於辭色。我想中國女子「溫良恭儉讓」，富於感情，中正和平，不可能作間諜，但是看了妲己一劇的美國人，或將把中國女子視爲「蛇蝎美人」而存着戒心了。

紐約時報對該劇登有一則劇評，認爲服裝很好，表演平庸，申君祇會大笑，沒有深刻的表情。我有同感。

五十五街是紐約的影劇區，那家電影院專映中國影片，似乎與邵氏公司有特約。面積並不大，門票美金二元，然在「中國城」則僅八角或一元。那晚觀衆不過二、三十人，我怕不容易維持下去。

十二月二十五日

從報攤買回一本讀者文摘，登有美國前副總統尼克森先生的一篇特稿，寫他關於古巴豬灣事件的回憶，急加展讀。

他在文中說，在豬灣事件結束的第二天，一九六一年四月二十日，他應甘廼廸的邀請，在白宮晤談。他回憶總統問他：「你現在將怎麼辦？」尼克森回答：「我將找一個適當的合法理由，在其掩護之下介入鬬爭。」

於是尼克森提出三項合法的藉口：第一、因爲蘇聯集團已經供給卡斯楚以武器，後者用以殺戮自由勢力，美國便有供給自由勢力武器的義務。第二、依據美古條約，增兵「管他那嗎」地區（美國在古巴境內的海軍基地），因爲後者已遭受威脅。第三、以保護美僑爲理由，派遣美軍進入古巴。

對這建議，甘廼廸總統顯然沒有接受。尼克森回憶說：「豬灣事件產生了兩項重大的敎訓：第一，在我們做了有關美國聲望的決定時，我們必須準備以美國充分的實力作後盾。豬灣事件後不久，我參加前國務卿貝爾納斯八十二歲的誕辰紀念，聽他說：『我們美國人以後不要再發動我們不準備幹到底的事情。』」

第二個教訓，尼克森說：「美國的外交政策，必須取決於美國自己的安全利益，不可取決於所謂世界輿論這個含混不淸的觀念。美國當然應該時常關心其他國家中的朋友的意見，但作爲世界的領袖，我們有責任去領導和負責保衞自由勢力，而不可隨便追隨那些意見。」

旨哉言乎！甘廼廸總統就吃反其道而行之的大虧。

晚間約吳開先兄的二小姐絢文伉儷和吳大宇兄的二小姐和大公子以及天文友人姚女士在寓吃便飯。

在美國的故人子女都能卓然自立。例如他們六人在讀書時都自食其力，無需父母接濟，而且都讀得很高的學位。

在紐約請女性客人吃晚飯，一定得車送她們回家，因恐晚間獨行遭遇小偷、色狼或「酒鬼」的襲擊或困擾。今晚就由天文開車送他們回去。

紐約所以如此「相驚以伯有」，乃因五方雜處，良莠不齊；又因謀生比較容易，各國難民和南部黑人都喜歡住紐約，而因他們的教育程度較低，生活能力較小，所以易做壞事。近來紐約市長鑒於地道車常發生搶案，特別招募新警八百多人，晚間分派在每一地道車站和每班地道車中澈夜巡邏，可見情形的嚴重。

十二月二十六日

應邵毓麟先生伉儷之邀往新樂餐館吃晚飯，到後方知是喜事，原來邵府公子今日結婚。和我同桌的都是老友。左邊坐的是顧一樵先生，他近來詩興很好，作品也很多。他在臺北商務印書館出版的一樵全集，收錄很多詩篇，前幾天方承他送我一册近作。於是我提議請他吟詩一首，以爲祝頌。他再三謙辭。我乃提議公請潘公展先生老將出馬，衆皆鼓掌。潘先生毫不推辭，即用鉛筆寫了一首律詩，眞乃是「錦心繡口」、「倚馬可待」。

我朗誦一遍之後，又提議請潘夫人唐冠玉女士和一首。她也不推辭，依原韻立刻寫成，眞是「夫唱婦隨」，「相得益彰」。

兩詩我都喜愛，但更喜歡夫人的一首。例如兩詩的中間兩聯，潘先生的是「天上比翼鳥，人間連理枝，同鄉又同學，如醉更似癡。」潘夫人的是：「雙修比翼鳥，國外連理枝，同心又同德，不醉亦不癡。」

今晚獲晤許多老友。梁和鈞先生現任聖若望大學教授，七三高齡，過去每隔兩三年必有一本歷史著作問世，最新的一本是「九一八事變史述」。

薛光前先生現任聖若望大學亞洲學院主任，在美國教育界和文化界，成就卓越，聲譽卓著。尤爲難得的，是留美學人對國事頗多悲觀和消極，但他則很樂觀和積極。就我所知，他在國際宣傳和國民外交方面爲國出力的機會最多，貢獻也最大，但國內朝野人士對他的了解和欣賞似尚不够。

十二月二十七日

約邵大使（毓麟）伉儷在寓吃便飯。

我認識邵先生祗有幾天，這是許多朋友所不能相信的。可是在二十多前，那時我在重慶擔任中央日報社長，邵先生曾有一次打電話給我，傳示蔣總統的一項指示。

幾年前曹委員啓文往土耳其開國際審計會議，回臺後盛讚邵大使的能力和成績，那時邵正任駐土大使。這次他辭去大使職務，經美回國。

連吃飯在內，我們一共談了三小時，上下古今，無所不談，眞所謂「一見如故」，「交淺言深」。這是我的優點，也是缺點，想不到邵先生也是如此。

我此來是爲研究各國國會監察制度，重點是以我國的監察制度與他國的作比較研究。所以我常寫信到國內去蒐集資料，今日收到一批，多半是「貞觀政要」中的故事。

十二月二十八日

往訪C君。但因他開示的地址是一座大樓，有十幾家寫字間，不知他在何處，悵然而返，容再查詢。

按：民國五十三年出國之前，我爲彈劾黃市長和四推事案惹來一身麻煩。曾有旅美華僑及學生們自紐約寄信給我遙爲聲援，我很感激，所以今天特去拜訪。我當時曾覆一信，現因人未找着，前信已否寄到，很成問題。我現在把來往兩信錄登於此，希望寫信給我的先生和女士們或能看到。

來信如下：

尊敬的百川先生：

讀報得悉閣下因彈劾臺北市長黃啓瑞貪汚和四法官庇護宣判無罪案事，遭受圍剿；我們對閣下不畏權勢之剛毅正氣，不勝敬佩！

如果他們繼續對閣下威脅而不悔悟的話，我們將致函紐約市長列舉事實，請其撤消紐約與臺北姊妹市之結合，同時我們將印發公開信給閣下支援。

閣下之奮鬬精神，代表中華民族之正氣，我們旅居海外之中國人與有榮焉。行個最尊敬的敬禮！

旅美華僑及學生們（簽名）

附剪報一紙

我的覆信：

頃奉惠函，承對百川因彈劾黃市長及四推事所遭受之困擾，寄以同情，允加支援，公義私情，俱深感激。近因圍剿者不敢一意孤行，於是文字攻擊及耳語運動，顯已減少。「司法界全體同仁」之傳單式告發狀，法院未予受理。陳庭長等因怕反訴，尚未提起自訴。書信及電話威脅並未繼之以實際行動。此皆因輿論不直彼等之所爲，遂使彼等不得不中途縮手。足見公道自在人心，國事尚可爲也。萬里外辱承 賜書關切，殊深感奮。敬此報陳，並申謝意。順請

旅安

陶百川上 三月十七日

十二月二十九日

王澄如先生向我訴苦，說臺灣要人不大理會在美華僑和他們的意見。她說：僑胞對祖國政府並無所求，但官員們的架子似乎很大。連K先生在內，對她的信也置之不覆。

王女士是我在上海的同事，她現任紐約華埠美國民主黨分部的總幹事，在華僑社會中相當活躍。上述意見是她向我打聽臺灣塑膠工業情形時對我所表示的。

她說，有一美國工業家想到臺灣去投資製造塑膠管，問我臺灣的塑膠產量和對塑膠管的需要情形。我只知道臺灣盛產塑膠，但不知道塑膠管的需供情形。我建議她寫信去問外貿會或經濟

部。她說那就不必問了，反正問也沒有答覆。我又建議她去問駐美大使館的經濟參事。

看到紐約時報登有竇丁先生發自澳洲的電訊，知道他已到澳洲。他爲寫一本「臺灣的今天和明天」的書，曾來看我，並約我吃飯，我也款待過他們伉儷。他曾提出幾個問題要我發表意見，我已儘量給他答覆，但是意猶未盡，特別是關於獨裁和國民黨收買K君兩點，我還想有所補充。不久前知道他被派往澳洲公幹，不知他寓所地址，今日特去紐約時報社打聽，以便寫信給他。

竇丁曾任上海大陸報編輯，夫人出生於上海，說得一口上海話。我們如果不能獲得這些人的了解和同情，那可算是我們的懶惰或無能。

十二月三十日

上午往聯合國圖書館看書，蒐集丹麥國會監察使制度的資料。該館關於聯合國會員國的重要圖書照理必須收藏，所以參考很方便。關於丹麥國會監察制度的資料果然很多。

素君與我同去。我在入門處把對面小屋頂上的九面半旗指給她看。那間小屋實在小得可憐，不經指點，不會注意。

那九面半旗代表被蘇聯併吞的萊多維亞、愛沙尼亞，立陶宛以及被關入鐵幕的波蘭、捷克、羅馬尼亞、阿爾巴尼亞、匈牙利、保加利亞的人民。牆上寫著下列大字（英文）：「我們所需要的是拆除監獄的鐵欄而不僅是改善犯人的待遇！」

今天是天文的生日，我們吃了晚飯就到 Radio City，想去看一場表演和電影。不過到了那裏，但見一條「人龍」排得很長，令人望而卻步。我們走了一大段路，排在最後，一位警衞勸告我們「明日請早」。因爲，他說，輪到我們進場，已經看不到表演了。我們只得掃興而返。

想不到很好的汽車竟在半路上抛錨不動。我叫素君坐在車內，便陪天文到附近去找加油站，路過一家店門口站著一位青年，我們問他何處有加油站，他說附近沒有。我們顯得大失所望，於是他問我們有何困難。我們說，汽車開不動了。他知道距離不遠，自動表示可去查驗是何毛病。結果是電用完了必須冲電。

正好一輛貨車駛過，天文試問是否帶著冲電的工具。他說帶著，我們就請他冲電，他索酬五元，要求先付，但我們身邊只有二十元的大鈔，經我說明一番之後，方始同意先行動手。他得錢之後，一冲就開，但不到五分鐘行程，車又不動，原來他冲得不够，不久即完。

這兩位青年，前者是一白人，後者是一黑人，作風大不相同。我們素不輕視黑人，而天文尤其尊重有色人種，但因他們生活淸苦，把錢看得較重，而且不大信任他人。紐約犯罪率較高的，第一是黑人。

十二月三十一日

寫信給二媳 Barbara，請她代請她的敎父費城名律師克才筆先生寄贈美國律師道德信條，並問費城律師公會昨日大會對於限制刑事案件有關資料之發表和出版一案的表決情形。

新聞記者，包括報紙和其他大衆傳播事業的從業員，喜歡刺探刑事案件的內容而予以發表。這有三大流弊：第一是妨害偵查，第二是形成所謂「報紙審判」，第三是妨害當事人的法益，尤其是名譽，特別是少年犯罪嫌疑人。

但是限制過嚴，足以妨害新聞自由，而且事實上也限制不了。很多地方性報紙且以報導這些犯罪新聞推廣銷路。

律師對此最關切，於是律師公會乃作釜底抽薪之計，限制律師不得洩漏案情，同時要求警察機關和法院也要保密。

上述費城律師公會大會的討論，就是關於這個限制辦法。

（補註：費城律師公會那個議案後來在爭辯之後通過了。克才筆先生寄來很多有關的資料。回國後我看到紐約時報登載美國全國律師公會一個小組委員會也提出類似的建議，我提醒臺北市報業評議會注意這個問題，並蒐集這些資料，以備研究。後來該會秘書長王洪鈞教授編了一個特輯，叫做「報紙審判和新聞自由」，不久出版。）

晚間在電視上看左拉傳。這個影片在國內似乎早經放映，但我沒有看過，全劇重點放在他為德萊菲案的奮鬪故事。看後很有感觸。

左拉是十九世紀末葉法國的大文豪，也是一個有理想有風骨的政治思想家。他雖沒有做過顯赫的大官，卻曾爲伸張正義而流亡於英國和俄國。那是左拉一生中很重大的事件，這個故事値得後人借鑑。

一八九四年，法籍猶太人陸軍軍官德萊菲上尉，被反猶太人狹隘的民族主義者陷害，經巴黎軍法裁制庭判處叛國罪刑，放逐到「鬼島」去做苦工。因爲當時反猶太人的勢力很大，所以大家多認爲他是有罪的。

可是他是冤枉的，法庭攻擊他的理由，是他盜賣國防計劃給德國政府，證據是一份僞造的文件，審判時沒有讓他過目，顯然於法不合。他的妻子和兄弟盡力爲他奔走，以期平反。一位新聞記者拉冉爾很幫他們的忙。後來一部份作家、敎授和靑年學生也支持他，可是這些智識份子力量單薄，起不了多大作用。

於是拉冉爾去請左拉聲援。左拉最初不肯，最後還是挺身而出，左拉傳對此有極好的表演。接著左拉便在報刊上發表一連串的文章，包括「給靑年的信」，「給法蘭西的信」，「致費理斯・佛爾總統的公開信」，後者就是著名的「我控訴!」

左拉在這封致法國總統的公開信中，敍述這場遷延數年冤獄的經過和眞理的不可掩蔽，並攻擊軍部當局明知錯誤而仍官官相護，不肯補過。他列舉這場陷害案件的負責人姓名向總統控告。

於是左拉被起訴了。於是文武百官，於是新聞界，於是全國輿論，都羣起攻擊左拉。然而他卻始終大聲疾呼：德萊菲無罪。他說有勝利的把握。一八九八年二月二十一日，他在判他有罪的陪審委員面前所作的宣言，乃是充滿愛國情緒的正義呼聲。影片演來也有聲有色。

左拉在二月二十三日被判有罪，上訴結果，他又重新被判處一年徒刑和三千佛郎罰金。第二年，左拉接受律師的勸告，不得不逃亡到英國。後來又流亡到俄國。

至於德萊非經再審結果，仍判有罪，但是總統予以特赦，左拉的案件還是沒有得到昭雪。在一九〇七年昭雪時，他卻在一九〇二年已去世了。

看完這場電影，我有兩個感想：

一、爲人辨寃白謗，確是第一天理（呂新吾），但是談何容易！

二、法國究不失爲一個民主法治的國家，所以左拉有控訴的自由，而他和德萊非的寃獄也終能平反。

《附錄一》我與陳立夫先生

——鷄蛋野火和四書道貫

一

七年前我應美國國務院邀請訪美，到紐約時就往鄉間去看陳立夫先生。那時他尚以養鷄爲業，規模雖已縮小，但還養著二千五百隻母鷄。他的養鷄工作很勤很苦。一切飼鷄、收蛋、送貨、收帳等等無不躬與其事。而且飼料也要親自搬運，他曾爲此扭傷了腰筋。

立夫先生早年留學美國，學的是工程，楚材晉用，不愁找不到一個比較輕鬆的職業。但他不求聞達於美國，所以寧願默默的做一個農夫。久而久之，他對鷄似乎發生了感情。但我總覺得他是大才小用。當我勸他改行時，他說：「鷄沒有負我，它們養大了我的子女。」

二

我回國後不久，聽說附近森林的大火延燒到他的鷄舍，把三座鷄舍都燒光了。眞像柳宗元「賀進士王參元失火書」所說：「僕始聞而駭，中而疑，終乃大喜，蓋將弔而更以賀也。道遠言略，猶未能究知其狀；若果蕩焉泯焉而悉無有，乃吾所以尤賀者也」。

我何以「始聞而駭」呢？柳函加以說明：「足下勤奉養，樂朝夕，惟恬安無事是望也；今乃有焚煬赫烈之虞，以震駭左右，而脂膏滫瀡之具，或以不給，吾是以始而駭也」。

何以又「繼而疑」？因爲：「凡人之言皆曰：『盈虛倚伏，去來之不可常』。或將大有爲也，乃始厄困震悸，於是有水火之孽，有羣小之慍，勞苦變動，而後能光明，古之人皆然。斯道遼濶誕漫，雖聖人不能以是必信，是故中而疑也。」

何以「終乃大喜」呢？我的原因與柳的不同。我是認爲立夫先生以後可以不再養鷄，不再費心力於農事，而能多做一些文教工作，「服千萬人之務，造千萬人之福」。

三

三年前我再去美國，到紐約時又再去看他。鷄舍不見了。問到他的生活，他說正在整理舊稿，其中一部「四書道貫」已經完成二分之一。他說：『時代週刊曾用我的照片登在封面，而以孔子和農村爲背景，於是許多美國人都以爲我對孔子之道必有研究，常有許多人找我質疑問難。因此想起我這「四書道貫」如果譯成英文在美出版，或可供他們參考，也算爲中國文化稍盡宣揚之責』。

我問他該書怎麼編法。他說全書分八篇：「一、格物篇，二、致知篇，三、誠意篇，四、正心篇，五、修身篇，六、齊家篇，七、治國篇，八、平天下篇」，並有一篇總論和一篇結論。他把四書全部分解開來，然後依其性質編入八篇之內，沒有一句遺漏。他說，他用他所學的採礦方法來寫那部書：「採之選之，冶之製之」。例如修身篇中把全部四書中的修身之道，分爲一、綱要，再分爲①好學，②力行，③知恥；二、目標，再分爲①聖人，②君子，③善人，④有恒者；三、方法，再分爲①立志，②好善，③求諸己，④愼獨，⑤自省，⑥自反，⑦自責，⑧改過，⑨自勉，⑩自強，⑪自信，⑫自得，⑬克己，⑭律己，⑮節操，⑯守分，⑰安貧樂道，⑱愼出處，明去留，⑲愼交際，謹取與，⑳環境之選擇與改造，㉑時勢之創造與等待，㉒技藝與嗜好之選擇，㉓愼言，㉔謹行，㉕尊師，㉖信友，㉗忠恕。

但他並非「述而不作」，他寫入了他的解釋和看法。

四

我對立夫先生的話很感興趣，對他憂時之切和治學之勤，更深欽佩。我建議先把中文本在臺灣出版。他因我曾任上海大東書局總經理，對出版事業不是門外漢，要我替他計劃一下。

不久，立夫先生陸續把他整理好的稿件送給我「校閱」。所以我是該書第一個讀者。不獨獲益很多，而且「先睹爲快」。

全部稿件整理以後，立夫先生兩次來信要我寫一篇序，我猛憶顧亭林先生的話：「人之患在好爲人序」。所以我兩次婉謝。但這次終因張鐵君先生的函電（話）交催而寫出這篇「雜說」，不知是否也犯了「人之患」。

五十五年十月，臺北

《附錄二》陳立夫先生給我的信

百川兄：

不久又將離別，一別又將一年。此番相晤，似爲天假之緣，得兄之力，斧正拙著全文，衷心感激，莫可言宣！復蒙商諸開先健中諸兄於印刷發行諸方面，予以籌謀，隆情尤感。此行期於研究方面有所成功，立功立言，其重要性實無大差別，惟在興趣之如何耳。（中略）

嫂夫人均此問安

天文姪健樂

弟　陳立夫　敬啓

內子附候

六、六、工程師節

第十章　監察委員　難做難退

第一節　事豫則立　所以易進

民國三十六年大陸各地籌備立法委員和監察委員選舉時，我在上海擔任三個職務：一是大東書局總經理，它以承印中央銀行鈔票為主要業務，營業發達，財源茂盛；二是上海市黨政軍會報秘書長，負責統籌上海反共「統一戰線」的協調工作；三是上海市參議會的參議員，那是我辭去做了七年的國民參政會參政員好為桑梓服務的安排。所以我當時是十里洋場的忙人之一。

這三個職務都很有意義，我也很感興趣，所以根本不想參加立監委員的競選。後來因為參議會同仁的敦促，（在我還在考慮的時候，徐參議員學禹已為我報名列入競選名單了），於是我才做了監察委員的候選人。

我所以選擇了監委，是基於對立監委員兩種職務的了解和比較，而石達開的兩句詩：「只覺蒼天方瞶瞶，莫憑赤手拯元元」，對我也發生了啓示作用和推動力量。

因爲那時國家正在危急之秋，上海竟有這樣的耳語：「守法者死，違法者富，玩法者貴，毀法者富而且貴」，而且有人竟引證事實認爲不能不信以爲眞。我很憂急，「莫憑赤手拯元元」，所以我才決定重回中央議壇，而以立監委員二者相較，在糾彈和制裁違法失職方面，監察委員可望有較大的作爲和貢獻，於是我就選擇了監察工作。

我國有句成語，叫做「難進而易退」。這是說，有些志行高潔的人，在仕途上不肯輕易求進，但稍不如意，就很易撤退。陶淵明便是這樣的人。可是我卻正好相反，因爲我是進易而退難。這是說，我的許多職務，多半是不費大力而獲得，但做不多久便自動求去，而且有時幾經波折，方得擺脫。其中以監察委員一職最爲進易而退難。

我是上海市臨時參議會選出的監察委員。選舉辦於民國三十七年，但我早在兩年前從重慶回上海時就已辭去國民參政會參政員，參加上海市參議員的選舉而當選。

國民參政會被稱爲戰時國會，構成分子包括國民黨的青年才俊、各黨各派的領袖，例如中共的毛澤東，青年黨的李璜和民社黨的張君勱，以及社會賢達例如王雲五等共二百人。我在該會充任參政員從第一屆到最後一屆，長逾七年，閱歷既多，經驗當然豐富，政治見解也因磨練而漸臻成熟。我以那樣的成就和基礎，爲上海市參議會服務，自是得心應手，成績斐然。所以參議會要選舉監察委員，我當然處於優勢。

那時開始有五人競選，志在必得的是上海大亨也是黨政軍領導人之一的楊嘯天（虎）先生，名律師秦聯奎先生，民社黨元老金侯城先生以及市黨部委員姜豪先生。有人似乎不喜歡我競選監委，市長吳國楨先生且曾請我做教育局長，也有人勸我競選國民大會代表或立法委員。但我認爲以做監委比較適宜。秦先生的後臺是杜月笙先生，杜先生聽說我要競選，就勸秦先生退出。於是就成四人角逐之勢，其中當然以楊先生和我二人的勝算最大。

但是還有一個問題，就是黨部方面認爲楊先生的選票應該較多於我，我極表同意。所以黨部乃把選票配給楊和我，當然是楊多於我。但是開票結果，我較楊多得十餘票，有人主張把它們宣佈爲廢票，使楊仍居第一，於是深夜以電話徵我同意。他說：「吳市長也贊成廢掉一些，但他說要徵求你的意見。你既不計較得票的多少和名次的先後，問題就可迎刃而解了。」

我說：「依勢依情，我都應接受這個安排，但法律上是否站得住，仍須問過選舉監督，而取決於他。」

但是第二天報紙發表的的票數和名次，還是我第一，而楊第二。原來選舉監督吳國楨市長最後考慮結果，認爲如果那樣變造選舉結果，顯然違法，他的責任太大，而對一個未來的監察委員做那違法失職的事，他沒有那樣的大膽量。於是事情就急轉直下了。

孔子有云：「凡事豫則立，不豫則廢」。我如果不做參議員，則我既無錢無勢，而又無人，根本不會想到在那個勢利的上海社會競選監委，只因我在參議會和同仁中打下堅實的基礎，任何人都推我不下。所以依照孔子，雖曰時運，豈非人事也哉！他人競選監委所以很難，而我則頗易，關鍵就在這一個「豫」字。

第二節　三頭六臂　談何容易

有些人總以爲監察委員的生活是輕鬆愉快，但在我則是辛苦憂患，枯燥寂寞，而且實在難做。所以我以爲作監委必須有「三頭六臂」，方能勝任。

所謂「三頭六臂」的第一頭，是仁。仁是愛，是惻隱，是同情，是憐憫。但仁到極點，也會生怨，怨人之不仁，從而打抱不平。我曾引用石達開的詩句，說明何以要做監察委員，無非是：「只覺蒼天方瞶瞶，莫憑赤手拯元元」。

第二頭是智。智是智慧，是學問，是知識，是深刻的認識，是合理的分析，是正確的判斷。智所以知仁，也所以明仁。徒有仁而無智，只能做一個好好先生，而不易成爲一個能幹和盡職的監察委員。

第三頭是勇。勇是勇敢，是無畏，是敢想、敢說和敢做。勇者不怕得罪人，而敢得罪自己的親友和同事的，才是眞正的勇者。勇者不怕攻擊壞人，但敢爲含寃的好人仗義執言的，才是眞正的勇者。但這些都是很難能的。

三頭之外，還須有六臂。因爲監察是「風霜之任」，天天在得罪人，容易爲人所恨，一不小心，便爲人所乘。僅有三頭是不够的。而且三頭愈好，做事愈多，招怨也愈甚，所以尚須有自衞和自保的條件，那就是六臂。

第一臂是自身的健全——要無私、無欲和無求。「私者亂天下者也」，有私聽則有所不聞，有私視則有所不見，有私想則有所不知。而「無欲則剛」。「人到無求品自高」。自身如果不健全，不獨不配正人，而且容易爲人所打倒。

第二臂是家屬要爭氣。妻最重要，兒女也會是包袱。假使家屬奢侈浪費，或男做太保，女是太妹，招搖拖累，家之不治，何以國爲！自身又何能站得直，說得響！不獨做不通，而且根本不敢做了。

第三臂是言論自由、新聞自由和「沒有恐怖」的自由。魚不能在沸水中游泳或生存，人的勇氣和生存能力也很有限。所以監察制度的功能只能發揮於民主自由和法治的國家。因此並可想見專制時代御史制度的貢獻不可能很大。

第四臂是領導階層的賢明和容忍。貞觀之治，魏徵對唐太宗的極諫力爭，固有貢獻，但太宗如果不明治道或不能容忍，則徵等也只好箝口結舌，甚至肝腦塗地。請看史稱：貞觀八年，太宗謂侍臣曰：「朕每閒居靜坐，則自內省，恒恐上不稱天心，下爲百姓所怨，但思正人匡諫，欲令耳目外通，下無怨滯。又比見人來奏事者，多有怖慴，言語致失次第。尋常奏事，情猶如此，況欲諫諍，必當畏犯逆鱗。所以每有諫者，縱不合朕心，朕亦不以為忤。若卽嗔責，深恐人懷顫懼，豈肯更言」。「貞觀政要」也載有太宗和魏徵的對話：太宗說：「魏徵往者，實我所讎 但其盡心所事，又足嘉者，朕能擢而用之，何慙古烈！徵每犯顏切諫，不許我為非，我所以重之也」。徵再拜說：「陛下導臣使言，臣所以敢言。若陛下不受臣言，臣亦何敢犯龍鱗，觸忌諱也！」

第五臂是要有二三位助理人員，一位做他的秘書，處理信件，一位做他的專員，研究問題，一位幫他招呼選民。我曾應美國邀請去研究議會問題，發現美國議員自己僱用而由政府支薪的助理人員平均每人達十七人之多。

第六臂，也是極重要的一臂，是同人的合作和支持。因為監察院不是首長制，而是委員制，個別的監察委員只可提案，如果是糾正案，須經有關委員會討論處理，如果是糾舉案或彈劾案，須經監察院另派委員審查決定，甚至調查工作也須經過院派程序。所以如果不能獲取其他監察委員的合作和支持，任何個別委員不可能有多大作為。

我自做監察委員後，對這「三頭六臂」一向都很注意，而深愧未能。因此天天在動心忍性，戒愼恐懼，以求寡過，而同時又須自勉自強，多想多做，以求毋忝職責。但是許多事物不是我一己的主觀努力所能控制或改變的，所以我苦不堪言，而身心幾乎不能支持了，所以我常求退休。

第三節　鐵肩仁心　雷案為例

自古以來，監察一直是風霜之任。監察委員必須彈劾或糾舉違法失職的官吏，如爲顯宦大官，社會尤其責望於監委，他必須批判或糾正違法失當的行政措施，他必須剔除不當的支出以及檢舉不法的作爲，他須善用同意權以防患未然，他須執行監視權以預防違失，他對案情須妥爲調查，以確保公正。換言之，他須負責澄淸吏治，端正政風，厲行法治，申張正義。於是他須以「鐵肩擔道義，辣手寫文章」。

回首前塵，做了監察委員，我總算擔了道義，也寫了彈章，而且用了鐵肩，但卻沒有用辣手。因我是用婆心做監委，以仁心寫彈章，沒有用辣手的必要。最顯明的例證，是雷震案。

雷案發生於四十九年九月四日。立法委員成舍我、胡秋原二先生和我旋卽交換意見，一致認爲依照警備總部發表的「罪狀」，雷震縱使涉嫌違犯普通刑法，但究未觸犯懲治叛亂條例，從而不應被認爲叛亂而受軍事審判。於是我們寫了一個書面聲明，準備送登各報，公開呼籲。推我主稿。

那時我已請求晉見蔣總統，以便當面建議將該案移送法院審理。就在總統要我去見他的前一天，我們三人已經決定將該聲明送往各報發表。我接到總統府的通知，立卽要求成胡二委員延擱一天，等我見了總統再說。我的意思，如果總統採用我們的意見，那就不必發表了。但是因爲時間短促，協議不及變更，我乃徵得成胡二委員的同意，謝絕列名，而它乃以他們二人的名義在我晉見蔣總統的同一天披露於各報。

那個聲明的前三段，純就法律立論，寫得入木三分。玆錄第一段和第三段於左：

「自由中國」半月刊發行人雷震因言論文字涉嫌違法，被臺灣省警備總司令部依據懲治叛亂條例拘捕偵審。報載軍方發言人說明其案情如次：「該刊自民國四十六年八月份第十七卷三期開始至現在第廿三卷五期止共計七十五期，曾經逐期審查，綜合整理結果，其主要內容多係煽動、誘惑、挑撥、分化、中傷之言論，顯已逾越言論自由之常軌。並且僞造讀者投書，侮蔑軍人，企圖煽惑軍心，打擊士氣。本部根據懲治叛亂條例第十條之規定，已於九月四日晨將雷震等依法拘捕」。據此案情，並參照官方發表之小册，可知雷君之被捕，純因其言論文字被指爲涉嫌叛亂，此外並無叛亂事證。卽使今後續有追加或另有發現，然其被捕之理由及被捕時公佈之事證，僅爲「自由中國」半月刊中之言論文字，則爲不爭之事實。此爲懲治叛亂條例施行以來，軍事機關以該法制裁言論文字問題及依軍法拘捕當事人之第一案。此例一開，今後對於並非叛徒所爲之言論文字問題，皆可不依出版法或普通刑法處理，而得逕以軍法從事，則每一報紙每一雜誌之發行人編輯人，均有隨時隨地遭遇同樣情事之可能。言論自由出版自由講學自由及新聞自由，自必遭受嚴重之損害，其流弊有不可勝言者。

且照懲治叛亂條例規定，必須當事人爲叛徒或爲叛徒宣傳，或其行爲足以妨害治安或動搖人心，方有該法之適用。但所謂「叛徒」，指意圖破壞國體，竊據國土，以及以暴力破壞國憲之共匪而言。所謂「爲叛徒宣傳」，必須與叛徒有意識之聯絡，方合於「爲」之條件，若主觀上並無爲叛徒工作之意思，卽使叛徒因其文字言論而獲利，除觸犯其他罪刑外，亦不構成爲叛徒宣傳之叛亂罪。至所謂「妨害治安」或「動搖人心」，必須其行爲含有明白而現實之危險，方有該法之適用，若其行爲發生在二、三年或二、三月之前而在當時並未發生妨害治安或動搖人心之事實，縱使構成他罪，要不得依叛亂罪科以重刑。本於愼刑恤獄之旨，此應爲當然之解釋。美國最高法院曾在第二次世界大戰期間制定判例，必須當事人之行爲具有「明白而立刻的危險」(Clear and present danger)，方得適用間諜法治罪。誠以特別刑法對於人權自由損害甚大，不可不特別審愼也。

基於上述理由，我們主張並無匪諜或叛徒關係之言論犯或文字獄，得依中華民國刑法及出版法處罰，以期維護國家安全，保衞社會利益，而不應以叛亂論罪及軍法從事。我乃請見蔣總統，想請他令飭國防部把雷案移送臺北地方法院依刑法有關法條審理。

總統府的隨從武官本來通知我可有半小時的晤見時間，後因先我而在會見總統的法國議員團超過了二十多分鐘，以致我只有十餘分鐘，不能暢所欲言。關於雷案的法律問題，總統要我去與張秘書長（群）研究。後來張先生聽了我的意見，頗有同感，允提雷案小組討論，但不幸未獲採納。

監察院陳翰珍委員等六人乃向院會提案指摘雷案諸多不合，請派員調查，後經司法委員會推派黃寶實、金越光、陳慶華、劉永濟和我等五人調查處理。

我們深知政府制裁雷震決心如鐵，自非監察院所能挽回，但是非不可不辨，公道不可不申，所以在調查報告中，列舉該案違法之處不稍忌諱。要點附印於本章之後。

雷案小組建議，把審判違法事項向行政院提出糾正案，促其注意改善，以杜後患。但我們沒有彈劾那幾位軍法審判官，因爲我們深知那些做法都是層峯的意思，軍人以服從爲本，他們都是中上校階級的小軍官而已，何能有獨立的意志和反對的權力！如果行政院能接受監察院的糾正案而改善軍事審判，使後之來者能享法律的保障，則雷案所付代價也算有補償了。

可是糾正案毫無效果，於是我更不信對幾個小軍官的彈劾案會有什麼結果。

雷震先生對此似乎也有同感，加以諒解。他在民國六十八年的遺著中說：「不過話又說回來……監察院雷案調查小組報告中如無這個處理建議（對軍法人員不予糾彈），在監察院大會上根本是通不過的，那末連前面的七項調查意見也不得和世人見面了，而雷案裏所施行的那種種××，也無法暴露在世人的眼前了。這是執筆者的苦心。」

我是雷案調查小組的召集人，負責獨多，受責難也獨甚。但是「鐵肩道義，仁心彈章」，我自信監察委員應有這點風度，所以我並不自慚。

擔道義須用鐵肩，這個道理，較易理解和諒解，但寫彈章而用仁心，則就有點費解和難能了。其實道理很簡明，因爲我與被調查人無怨無仇，只會哀矜弗喜，何致法外苛待！所以：

——凡是不利於他的重要事實和證據，我必須告知被調查人，而聽或看他的辯解，我也常以此提醒監察院同仁。

——對於政府機關送請監察院彈劾的案件，我竭力主張再加調查，不應僅憑政府單方面的資料而逕加彈劾。

——在彈劾案通過之日，我必將該案全文掛號寄給被彈劾人，讓他可作答辯的充分準備。

——在監察院開會審查彈劾案或糾舉案時既可讓提案委員列席報告並答復問題，我主張被彈劾人也應有這權利。但我這主張未爲監察院所採行。

——有相當多的彈劾案糾舉案在送請司法院公務員懲戒委員會或上級機關法辦外，往往可併送法院訴追，尤其有些人民因而獲利的案件可以被認爲「圖利他人」而置之於法。但我對那些可送或可不送法辦的案件便認爲以不送爲宜而不送法院科以刑責。

我本來還想多舉一些我經辦的案件，以驗證我是否一貫地「鐵肩擔道義」，「仁心寫彈章」，但因舍親正在蒐集各案編著一本「陶公案」，我不再費心。茲略舉他所預定要寫的幾個故事的題目於左：

——監院怒劾俞院長，總裁痛責中常會。

——孫立人監院灑淚，郭廷亮死裏逃生。
——雷儆寰枉向明月，判決書普遭指摘。
——梅谷鑽法律漏洞，監委護法治原則。
——徐賢樂婚變遭殃，中信局橫刀除名。
——哄哩吼護林有功，臺南縣見利忘義。
——聯考舞弊誰負責，落第考卷應准看。
——人人公司專爲己，殷臺公司連累人。
——秀才遇兵難講理，監委揷手有轉機。
——大鬍子涉嫌殺人，刑警隊捕風捉影。
——軍法大審美麗島，顧問怕見吳三桂。
——黃市長禍延法曹，陳庭長反擊監委。
——衣帶漸寬總不悔，賴有老成謀善後。

第四節　戰戰兢兢　如履薄冰

三頭六臂是做監察委員的積極條件，但他同時還須注意消極的條件，這是說，「不能正已焉能正人！」所以他自己必須不違法、不失職、不做錯、不授人以柄。我對此可以說是「戰戰兢兢，如臨深淵，如履薄冰」。有時甚至迂腐和固執得可笑。但我深信苟非如此，我就不能成爲一個盡職的監委。下面是幾個例子：

——經濟部張次長陪我們五位監委去視察兩家美援工廠，一家是機器廠，一家是汽車廠，在機器廠的簡報桌上每位客人前都放著一支派克金筆，說是贈送我們的。我徵得同仁同意，請張次長代表璧還。事有蹺蹊，我們參觀那家汽車廠也送我們派克金筆，它被裝在牛皮紙資料袋中，我回家啓閱，方始發現。我就備函掛號寄還。第二天它的董事長和總經理聯名覆函表示歉意。但以常情而論，表示歉意的應該是我而不是他們。

——老友黃君請我出面向某公營事業機關推薦他太太。他說：「這事已經商定，但條件是一定要你寫信推薦。」我想到陳院長不久前在行政院院會時公開指摘一位監委向某部首長推薦兩人未獲派任而藉端彈劾該首長。其實兩事並無關連，但該監委總是跳進黃河洗不清。我把那個故事告訴黃君，請他諒解。我並允轉請陳肇英委員具函推薦。我說：「陳委員與那位負責人很有交情。」但是黃君斷然拒絕，並揭露底牌：「那不是交情問題，而是他們要交你這個朋友。」於是我也只好斷然拒絕。從此我就失去了那位老友，直到十年後我在殯儀館方再與他見面。

——我和四位監察委員奉派到頭份去調查一家工廠標購該廠的價款問題，中午事畢出廠，我們座車的司機已去鎮上吃飯。該廠董事長說，中飯已經準備，堅留我們吃飯。我們堅謝。眼見菜快涼了，司機猶不回來。我只得提出我們賓主大家分擔膳費的要求，那才打開那個僵局。次日廠方果然開來賬單，我們大家各寄飯錢。

——在去高雄視察一家水泥公司時，該公司常務董事在車站接我們到圓山飯店，並已爲我們開好房間，付了房金，我在回臺北後，把應攤房金以該公司名義捐贈軍人之友社爲該公司市義。

——住在我家隔壁的一位老鄰居，爲她老太太祝壽，要在我家擺兩桌「麻將」，我只好婉謝。我說：「你們賭博不犯法，但我家打牌可能就會引起警察的興趣，而來捉賭。我不得不小心火燭。」

——我有五個兒女，各在外國求學，其中四人並在外國就業，過程非常艱苦。例如大兒大學畢業後，十年方始出去，一因他要留在臺灣陪我們，二因他讀的是歷史，十年後方始請到哥倫比亞大學獎學金。他們都很諒解我，知道我這個監委不獨沒有權勢或金錢幫助他們成家立業，而且還有「禍延」他們的危險。

——我沒有向銀行借過錢，有之也只有行政院爲我們中央民意代表集體建築中央新村房屋那一次房屋貸款而已。而因黨外人士的反對，我一再躊躇，直到最後一天方因一位同仁退屋而承受。

——在承辦有些案件時，我常會接到恐嚇我的信件或電話，我經歷過大風大浪，通常無動於中，但當聽到「假出口眞退稅」案件的當事人唆使員工搶奪稅捐稽征處所取去的帳册並打傷兩位執行人員時，對於他們的恐嚇，我不得不有所戒備，夜行常須帶槍。

——有人誤認爲監察委員可由個人單獨行使職權，但糾舉案或彈劾案須經輪值委員三人或九人的審查通過，糾正案須由有關委員會討論通過，同意案須由院會集體行使，審計權由審計部獨立行使，不受監察院干涉，調查案也須由院指派或輪派。於是個別監委在多種牽制之下可能發揮的功能和作用，實很有限。但人民因受包公包青天平反寃獄故事的影響，對監察委員的期望卻又特別大而且多。我就是其中之一，而且也嘗勉強爲之，以致弄得焦頭爛額，「遍體鱗傷」，「內外不是人」。在「衆怒難犯」之下，我能做的監察工作，也就日益艱難和減少了。

在那樣戒愼恐懼緊張枯寂的生活中，我幾次想離開監察院，有一次住在美國長達兩年，但還是回臺供職。梁任公先生所譯日本維新志士吉田松陰的詩給我相當大的支持力。它的大意是：

捨孺子兮涕滂沱，
故舊絕我兮涕滂沱，
嗚呼！綿綿此恨兮恨若何！
為吾生之事業兮，
我總自信而不磨！

故舊何以絕我呢？在我而論，有幾種可能：一是因我多少有點孤芳自賞，不能與世苟合，二是因我爲職務所束縛，不能有所幫助，三是因我旣爲政府所厭惡，對他們有害無利。

第五節　請辭監委　十年未成

民國六十一年，我七十歲，是我預定的引退之年。可是那時國難格外嚴重。先是尼克森訪問中國大陸，與周恩來發表上海公報，佈置後來中美斷交以及美國撕毀共同防禦條約的厲階。日本趕搭巴士接着承認中共，忘恩負義，令人髮指。在那種逆境中，我當然不忍辭職。

其實我辭職之意，早已決定在民國五十四年。那年春天，我從紐約寫信給監委馬空羣先生說：

空羣吾兄：別後甚忙，致疏箋候。比奉手書，快同面晤。藉悉現正撰寫中國監察制度史，此對弟之各國監察制度之比較研究，甚有裨益。弟對外國制度看得較多，對中國一套反較生疏。甚望尊著早日出版，俾開眼界。

承示監委進退之道，可謂入情入理。但弟個性不合時宜，既不敢爲伯夷，更不能爲柳下惠，但亦曾如陸放翁詩：「但恨見疑非節俠，豈忘小忍就功名」，然而「豪氣不除狂態作，始知只合死空山」。

弟對國事雖甚消極，但不悲觀，惟對院事則消極而又悲觀。承示支持弟競選副院長，盛情可感，但只有衷心藏之而已。弟假期尚有一月，屆時不擬回臺。續假尸位，非弟能爲，辭職又無此例，擬以「引退」名義出之，但因總統行之在前，未免自高身價耳。此請著安，並頌儷福。五十四年四月二十七日。

到了民國六十二年，我有歐洲之行，在瑞士女兒家住了半年，第二年就去美國。在紐約臥病兩月餘，頓覺身心更老，決定擺脫監委職務。在一年假期屆滿時，我就向監察院上書請辭。我說：

俊賢先生院長暨　同仁勛鑒：百川請假出國，瞬將一年，舊疾常發，身心益老，本院監察工作繁重艱苦，常致焦頭爛額，自非衰病所能再任。用特聲明即日引退，並請由院通知內政部註銷其委員資格。今後如果身心幸能支持，當在一年半至兩年間以中英文寫完「國會監察比較」，並將隨時回國蒐集資料，爲臺北及美國一部份報刊寫政治專欄，以盡文章報國之責。回憶多年來追隨　同仁，恭敬職責，不避險阻，不辭勞怨，即使艱苦備嘗，亦認爲求仁得仁。此次引退，實非得已。忝在知末，尙祈　鑒原！相距雖遠，後會有期。隨分報國，願共勉之。敬請

勛安

陶百川上　六十三年九月六日

我辭職消息傳開後，大家不免有點詫異，報刊議論紛紛。十月八日的中國時報登出一篇短評：「陶『青天』引退」，有文有質而也有趣。玆特轉載如左：

有「青天」之譽的監察委員陶百川，突然提出辭職，消息傳來，國人均感詫異。監委職

司風憲，猶古之柏臺，地位崇高固不在言下，論薪津俸祿亦可媲美特任官；如此名利兼得之美差，常人競之選之而不可得，而陶氏竟食之無味，棄之不足惜，其中道理何在？吾人不妨猜它一猜：

第一猜：陶氏自行憲以後擔任監委職務逾四分之一世紀（廿五年以上），爲國爲民，心力交瘁，今以古稀之年，而萌退意，既可遨遊四海以娛晚年，復可退讓賢路，使青年才俊脫穎而出，正所謂利人利己，兩全其美。

第二猜：陶氏素以「敢言」著稱於時，任內頗多叫座佳作，「衆士諾諾不若一士諤諤」，故有贏得「青天」之譽，但亦蒙受「明星」之譏（出鋒頭），正所謂「譽滿天下，謗亦隨之」，乃不爲已甚，適可而止。

第三猜是：陶氏旅居美國，久假不歸，雖政論時評，散見國內報章雜誌，憂國憂民之心躍然紙上，但終感乘桴浮於海而未能返國，未免有虧職守，雖然中央民意代表「久假不歸」者大有其人，但別人可以如此，賢如陶公自惜羽毛，自不願授人以柄，而遭「尸位素餐」之譏，故一辭以明志。

「子非魚，安知魚之樂？」以上三猜未必與陶公請辭本意吻合，僅係以常人之心度「青天」之腹而已。猜對了，無獎可領，猜錯了亦無傷大雅。

我的辭呈，在監察院反應不一，但鄭委員景福伉儷則特別關切，馳函慰留。鄭太太也寫了一封長信，情辭懇摯，使我尤深感愧。余院長等三十一同仁聯名勸弗辭職。函文如左：

百川委員吾兄左右：契闊經年，時切馳系。日前接誦手書，藉諗吾兄近因健康關係竟有倦勤之意。同仁獲悉之餘，同深關切。僉以國難方殷，端賴老成。尤以吾兄公忠體國，對於政府之諍言與院務之貢獻，夙爲同仁所欽敬。值此國際姑息主義囂張，外交肆應日益艱難之際，吾人只有益加淬礪，共赴時艱，而所期望於吾兄者，尤爲殷切。如何能於此時此地忍任兄貿然遠行，遽離共事廿餘年之行列！承囑轉函內政部註銷委員資格一節，甚望吾兄再作明智之權衡。仍懇俯體同舟共濟之義，早日命駕返國，共襄國是。（尤盼能於十二月總檢討會前返抵國門）。引領企望，不盡依馳。謹佈腹臆，諸希

詧照不宜。祇頌道祺。

弟　余俊賢

周百鍊

[illegible]

丁淑蓉

[illegible]

金維繫

魏立根

劉廷濤

鄭景福

馬慶瑞

張維翰

張國柱

蔡孝義

陳恩元

金超光

王竹琪

鄧慧芳

張秉智

侯天民

陳翰珍

秦晴暉

郭靖愷

楊亮功

曹啟文

王宣

黃光軒

葉時修

馬壽華

張維翰

中華民國陸拾叁年玖月廿肆日

我收到該信，立即函謝，並略陳理由，懇求諒解。但監察院未把該信印送同仁，我迄今引為憾事。

至於一般社會對我辭職的反應，有人婉惜，有人諒解，有人譏刺。其中有幾點涉及理論，我現在略予述評。

有人說：「你受選民付託之重，怎麼可以半途而廢！這樣不是對不起他們麼！」我曾為此寫信給在臺灣的上海市臨時參議會的參議員，請求他們諒解，但我也指出：依照監察法，監委任期只有六年，而我已做了二十幾年，已經對得起上海同胞和參議員了。

有人說：「你的選民淪陷在大陸，你不可能向他們辭職，而你有職在身，不應一走了之。」

那時很多人抱這見解。我曾於民國六十五年九月十日寫信給中央黨部政策委員會陸副秘書長京士代向有關各方特別是張寶樹秘書長澄清這個問題。我說：

本月六日中午接聽吾兄越洋電話，今日又奉讀七日手敎，張秘書長及吾兄對弟之關切愛護，溢於言表，殊深感佩。但弟尚不能無言。一、弟對國事並不悲觀，但對監察職務則已喪失信心及興趣。兩年前患病三月，乃決定引退。此中理由已略陳於六十三年九月致張秘書長函中。……三、各國通例，民選公職人員之辭職，只須報備，不必核准。吾國自非例外。以監察院而論，如田炯錦、谷鳳翔先生等亦皆一紙聲明便生辭職效果。四、至弟以引退方式擺脫所任公職，吾國亦有先例；故弟自認已非監委矣。前函擬再以執行律師業務自行喪失其資格……尊函謂有關方面認爲「此種苦衷，亦未可厚非」，誠屬知心之論，承其允予「再加研究」，尤佩賢明。他日研究如有結果，務乞見示，以便遵循，不勝企盼！

第六節　辭職新例　由我肯定

民國六十六年二月報載國民大會代表鈕先箴女士因爲年老體弱，不能回國開會，請辭代表職務，經內政部註銷資格。我因而想到援例辦理，乃於四月二十八日搭機返臺。經向有關方面解釋我的辭職決心後，五月二十四日我向內政部寄呈這樣一信，並將副本送呈監察院：

「百川於民國六十三年九月因病向監察院聲明引退及辭職，並請其轉知大部註銷監委資格，但未荷該院惠辦。茲特援引國民大會代表鈕先箴女士辭職及註銷資格之成例，逕函大部報備。至祈惠予依法處理並見覆為荷。敬上內政部　陶百川親啓　六六、五、廿四。」

我的信只是向內政部「報備」，當然不是請它核准，因為它無權核准；也沒有再用「註銷資格」字樣，因為它也無權註銷。但是報載內政部官員還是有點為難。

因為有人說：「大陸人民選出的中央民意代表，乃是中華民國的法統之所寄，如果大家辭職，國會就不存在，法統從此中斷，你何忍出此！」我說：如果眞會如此，我決不辭職。但我相信：「人人都道休官去，林下何曾見一人！」我現在竊喜還沒有人像我這樣自動求去。

也有人責我自鳴清高，我有時眞自覺對不起同住在中央新村並常見面的許多老友。我只能說：「我如果是國大代表或立法委員，我決不辭職，可是偏偏做了監委，職務顯較繁雜，我已年老力衰，所以不能再做了。」對舊日監委同仁，我則常說：「你們不能走，因為監察院的門面全靠你們撐下去。」

其實，依照法理，轉任公務員既可辭職，這已樹立了辭職的先例，這也是說，中央民意代表，不問有無候補代表或能否改選，並非不可辭職。

而且現行法中也有明文可以援用。監察院監察委員選舉罷免法施行條例第十七條規定：「監察委員於當選後，由選舉監督分別通知，於十日內以書面表示願否應選。如不願應選，以得票次多數者當選。」

這條規定，我以爲包含兩層意義或兩種精神：

一、做不做監察委員，包括當選而不做，或做了一時不願續做，悉聽本人自由。

二、無論不應選或不續做，不必經人核准，只須書面表示，就生效力。

其他民主國家的法制，也多如此，其中世界民主政治的老祖宗，希臘一九七五年六月十一日的憲法，最爲突出；它的第六十條第二項規定：「國會議員有辭職的權利，只須向國會議長送達書面聲明，辭職即生效力；辭職不得撤回。」

我的苦衷和論據，終爲有關方面所接受。最後我不是以做律師的方法自動消失監委的資格，更不是因爲做了國策顧問而不得兼任監委而辭職，也沒有用「引退」字樣，而逕以「辭職」爲言。

中央黨部蔣主席見我去意很堅，勸止無效，乃商承嚴總統派張秘書長（寶樹）邀我擔任總統府國策顧問。有如張岳軍先生後來對王雪艇先生所說，他（岳公）很了解我的處境：「監察委員是不能不辭，國策顧問是不可不做。」旨哉言乎！

六十六年六月九日上午，我接到內政部的覆文，簡單扼要，全文如下：

「受文者：陶百川先生

「字號：66 6 9臺內民字第七三九七三九號

「一、六十六年五月二十四日大函敬悉。

「二、復請查照。

部長張豐緒」

六小時以後，我又接到總統府的聘書，「特聘」我爲國策顧問。

但這兩者並無關連。我辭職前已經做好退隱的準備，被聘爲國策顧問完全出於意外，而且國策顧問發表在內政部「復請查照」之後。

至於監察院方面，它在接到我的副本後，曾向院會提出報告，但院會既無討論，更無決議，也無覆文。

於是塵埃落定，肯定了鈕代表所開中央民意代表辭職的新例。

鈕前代表住在美國史旦福大學附近，依親爲生。夫婦白首偕老，子女蘭桂騰芳。兩年前，我去拜訪，她說：「想不到你也自動辭職，可謂吾道不孤了。」

《附錄》雷案調查報告的糾正事項摘要

一、本院陳委員翰珍等提案，要求調查：「自由中國半月刊言論是否有故意作有利於叛徒之宣傳」。並謂軍事法庭「不應斷章取義，入人於罪」。

本小組以爲言論自由爲憲法所保障，亦自由世界所重視。主管當局自應加以維護，以保持政府體面，培養國家元氣，社會秩序及國家安全所關亦大，自不容濫用言論自由，恣意妨害。但言論文字如有違法情事，主管當局應依出版法令各項規定，加以處理，其觸犯刑章者，並可依據刑法有關條文例如侮辱公務員或公署之規定（第一四一條）或「煽惑軍人不執行職務或不守紀律或逃叛」之規定（刑法第一五五條），訴請法院予以判刑。如此處理，似已可竟取締之功，收懲勸之效。故除非獲有匪諜叛亂之確據，自不應引用懲治叛亂條例而遽以軍法從事。

國防部軍法局向亦持此見解。國防部四十三年九月七日清海字第〇八八號命令釋示：「查懲治叛亂條例第一條規定『叛亂罪犯適用本條例懲治之』，是該條例所定各條之罪，均須具備叛亂罪之意思要件，方足構成，來呈所述情形，如非基於叛亂之意思而散播不實之消息，搖動軍心，尚難律以該條例第六條之罪。如有構造謠言淆惑聽聞之犯行，應依陸海空軍刑法第九十二條後段之規定處斷」。

國防部軍法局在四十六年一判決書中又明白指示：「查叛亂罪之成立，應以有無叛亂罪之行為與意圖以為斷。本件被告雖有揑造不實消息之行為，但……究竟有無叛亂之意圖，應否構成懲治叛亂條例之傳播不實之消息足以搖動人心之罪，抑僅構造謠言以淆惑聽聞，成立陸海空軍刑法之詐偽罪，尚不無研討餘地。」軍法局因而認為「原審未予詳求，遽爾判決，嫌有未洽」。（國防部四十六年度九月覆普（三）字第二三七號）

本案警備總司令部政治部簽請逮捕雷震傅正之理由，據本報告第一節所載，無非因自由中國半月刊近年來各期言論「多係煽動誘惑挑撥離間分化中傷之文字……顯已逾越言論自由之法軌」。彼時劉子英與傅學文之關係及劉子英與雷震之談話，警備總部固尚無所知，此外亦無叛亂之證據。而僅有所謂「煽動誘惑挑撥離間分化中傷之文字」，似尚不能證明其具備叛國之目的或匪諜之關係。則揆諸上述法條及釋示，自屬涉嫌觸犯中華民國刑法，而不能遽認為觸犯懲治叛亂條例，從而逕以軍法從事。且 蔣總統前為慎刑恤獄，曾以(46)臺統（一）一字第三六六〇號代電指示：對於匪諜牽連案件「不得以先行拘禁為調查之方法」。是警備總部之逕以軍法取締言論文字，且以先行逮捕為偵查之方法，縱為維持治安頗具苦心，然與上開法令究嫌未合。

為重申政府對於維護國家安全及人權自由二者兼顧之一貫立場，以澄清各方因雷案所生對於政府此項立場之疑慮或誤解，並以更新中外人士之觀感，本小組以為行政院似宜令飭所屬各機關：今後處理文字言論涉嫌違法事件應先適用出版法令及普通刑法，除非同時蒐獲匪諜叛國之確據，不得逕認其爲叛亂犯而以軍法從事，並應恪遵　蔣總統之指示，對於匪諜牽連案件，不得以先行拘禁爲調查之方法。

二、警備總部政治部去年八月三日簽呈中第三項之二所稱：「該刊其他撰稿等有關人犯，俟查證後再行究辦」。本小組以爲必須審愼從事，免興大獄。警備總部迄未採取行動，足徵亦知審愼之必要。查該項文稿登載已逾多時，並未妨害治安，政府主管當局又從未依照出版法令予以儆戒或預防，自不應再有株連。

三、本案陳委員等原提案對軍事法庭不准雷震與劉子英對質一節頗加指摘。原提案第一項稱：「雷震對於劉子英之匪諜身份是否知情？辯護人及輔佐人曾請求晤談或與被告對質，何以拒不採納而只憑劉子英片面之詞遽以定讞？」

但據覆判局判決書，載稱：「卷查原審軍事法庭對劉雷二人訊問後，已將劉子英之陳述要旨告知雷震，予以辯解之機會，其訊問程序自屬合法。且雷震及其辯護人等在原審法庭並未要求對質，事後資爲指摘，殊不足取」。

本小組查閱原審筆錄，並無雷震要求與劉子英對質之記載。惟雷在聲請覆判之理由書中曾稱：「劉子英的自白書是警備總部秘密偵訊中寫的，我表示懷疑。我在審判庭提出的申辯狀中曾要求審判長准許我的律師與劉子英談話，審判庭竟不理睬，也不讓劉子英與我對質，這樣怎能說是『經調查與事實相符』。」是雷震之要求對質，可謂情見乎辭。覆判庭有權提審被告而命其對質，此爲軍事審判法第一九九條所規定。又第一七〇條明定：當事人及辯護人得直接詰問證人，審判長除爲維持法庭秩序外不得予以限制。凡此皆爲調查證據發見眞實所必要。覆判庭彼時既明知雷震要求對質及直接詰問，而唯有經過對質方足使其折服，然仍不予以對質之機會，似難謂盡職權調查之能事。

且雷震之因明知爲匪諜而不告密檢舉而獲罪，純以劉子英之供述爲根據，但雷震不予承認。查最高法院卅一年上字第二四二三號判例：「共同被告所爲不利於己之供述，固得採爲其他共同被告犯罪之證據，惟此項不利之證據，依刑事訴訟法第二百七十條第二項之規定，仍應調查其他必要之證據，以察其是否與事實相符，自難專憑此項供述爲其他共同被告犯罪事實之認定」。又軍事審判法第一一五條規定準用刑事訴訟法第九十七條規定：「但因發見眞實之必要，得命對質」。今劉子英之供述既爲雷震所否認，則令其對質，自爲調查證據發現眞實之重要方法，乃初審及覆判皆未踐行此項程序，自足引起物議，良堪惋惜。

查雷案係於九月二十四日經軍事檢察官提起公訴，九月二十六日方將起訴書繕校送出，而軍事法庭於當日下午卽開始訊問，十月三日卽舉行審判，當日卽宣告辯論終結，前後相距僅六日，扣出例假一日，僅爲五日。在此極短促之期間內，被告或其家屬須聘請律師，律師須向軍事法庭提出委任狀，並於得其認可後接見被告，檢閱卷宗，蒐集證據，研究案情，然後提出辯護書，而軍事法庭亦須有充分時間俾就起訴書及被告辯護書之理由及證據注意研討，方無枉縱。今案情如此重大，而時間如此短促，雷震、馬之驌之辯護人於十月三日審判長宣告開始辯論時要求延期辯論，亦未獲准，以致被告處於顯然不利之地位。如此操切，殊屬不合。

第十一章　在黨在團　大起大落

第一節　六十黨齡　三個時期

我在中國國民黨六十多年的黨齡中，境遇可分三期：

從民國十三年到民國三十二年那二十年是飛騰時期，我青雲得路，「步步高陞」。

從三十三年到六十六年那三十三年是中落時期，其間我爲對行政院俞院長的彈劾案幾乎被開除黨籍。

在民國七十年蔣主席突然向黨的第十二次全國代表大會提名我爲中央評議委員，在我與黨的關係乃是「枯木生花」。

在第一期中，民國十六年清黨後，我在上海特別市黨部宣傳部初任助理幹事，不久便三級跳而很快陞爲秘書，繼又當選爲候補委員。那時宣傳部部長陳德徵先生兼任上海特別市教育局局長，他想調我接任該局社教科科長，徵我同意。他是我的中學老師，我自當從命。但是市黨部組織部部長吳開先先生卻勸我留在市黨部。他的理由是：「教育局需要你，但市黨部更需要你。而且能做教育科長的人多的是，而你在市黨部科班出身，對業務很熟悉，我們很難找到適當的同志來接替。」

吳部長同時指出另一道理。他說：「百川兄，爲你自己的前途著想，你也應該留在市黨部，我們快將舉行代表大會，我準備請你競選委員。有我們幫忙，當選應無問題。教育局局面太小，前途有限，你何必去！」

陳吳兩位都是一番好意，我很感爲難。我說：「但我已答應了陳先生，不好出爾反爾！」吳先生以熱情爽朗爲人所重，他不加思索，立卽答道：「這有何難！我去對陳局長說好了，祇說市黨部要留你下來。」

陳局長果然沒有堅持，我就在市黨部工作下去，不久當選爲委員，後來連選連任，直到上海淪陷於日本爲止。

在我留美回國後，可能因爲吳開先先生向中央說項，我兼任中央宣傳部宣傳委員。那祇是一個名義，我仍在上海市黨部供職，當選爲常務委員。

民國二十七年，政府設置國民參政會，作爲戰時民意機關（國會）。張岳軍（羣）先生時任國防最高委員會秘書長，與王世杰先生共同籌備。張先生在任上海特別市長時，與我很談得來，他向蔣委員長推薦我任上海市的代表，另一人是上海銀行家王志莘先生。蔣委員長在同意前曾約我去談，那時我正在陳立夫先生主持的教育部擔任戰時教育研究委員會的常駐委員，方從華東視察回去。蔣委員長乃問了一些江南高等學府的情形，並問我公餘看些什麼書。那是我第一次拜見蔣委員長，據岳軍先生說，他對我留有很好的印象。那也是我首次參與中央政事，比較上海同仁潘公展和吳開先先生，我已落後十年了。

民國二十八年汪精衞投降日本，原來由林柏生在香港主持的黨報南華日報跟汪投日。中央派吳鐵城先生爲特派大員駐在香港，主持反日反汪的統戰工作。他建議在香港辦報，推薦我任總編輯。那時中央宣傳部部長是葉楚傖先生，他對吳鐵老說：「既然你帶百川去，何不逕請他擔任社長！」吳先生欣然同意。

那時敵機肆虐，重慶大隧道慘案便發生在我到港後幾天。香港安全和平，富庶繁榮，無異是世外桃源。戰亂中的朋友，都想到香港而求之不得，但我因爲報館內部的人事問題，不願久做下去，一年多後就萌退志。

我回到重慶，便在中央宣傳部供職。部長已調爲王雪艇（世杰）先生，他設置了三民主義研究委員會，派我擔任主任委員，同時又把中央周刊交我接辦。

蔣委員長對我知遇很深，那不是因他要我做參政員，也不是因他快將派我做中央日報總社的社長，而是因爲他派我繼陳辭修（誠）先生擔任三民主義青年團中央團部的常務幹事。那是政治方面負有重任的崗位，共僅九人，包括陳立夫、朱騮先（家驊）、賀衷寒諸先生。蔣經國先生時在贛南遙領幹事職銜。那年年底，我又兼任中央日報總社社長，仍任參政員。我已顯然進入國家政治的堂奧了。

但是次年春天，一陣怪風突然從中央日報吹到三民主義青年團，我便隨風而逝。又過半年，我更辭去中央日報社社長。我從此脫離黨工生涯，長達二十餘年之久。

第二節　知遇而興　隨風而逝

那陣怪風的由來和殺傷力，後來香港「或人」的「或齋雜記」有一篇「黨報之難辦」曾作評介，現錄於左：

在最近十數年來，國民黨人之稍具聰明者，輒喜辦報，而尤喜辦黨報。蓋以黨報與政要接觸機會較多。身爲社長者，如能善於歌功頌德，廣結「官緣」，實不難爲個人飛黃騰達之階。非然者，則黨報之難辦，固又有非常人所能體會者也。

現任監察委員陶百川，戰時曾以辦中央周刊著有成績，兼主中央日報事。

青年團第一次代表大會在渝召開，在此期中，中央日報發表有社論一篇，題曰「這一代要比上一代更好」，大意略謂清代末葉之貴家子弟，多驕奢淺薄，不能成器，故影響政治腐敗，江山不保。現在「這一代青年」，如有意爲國家棟樑，自須力戒浮奢惡習，方足以造成一代新風氣。

不料此文刊出後，竟有人利用當時黨團矛盾現象，對青年團某重要份子大進讒言，謂中央日報之社評，侮辱青年幹部，頗有誓不干休之勢，因決議要該社長陶百川親自出席升旗典禮去解釋，並要追問該社評作者係屬何人。動機未明，羣情洶洶，頗能反映當時黨團暗鬪之激烈。

陶百川原亦爲青年團常務幹事，最初尚按日出席大會，自社論風潮發生，百川鑒於空氣惡劣，已避不出席，及大會決議送下，乃親自草擬書面答辯，略謂本人忝爲幹事一份子，對青年團正感愛護之不暇，豈有對高級幹部肆爲譏評之理！惟本人既爲社長，如有言論失檢之處，自願負起全責云云。同時復分別託請陳布雷、王××、吳××等黨內巨公力爲疏解，然終無以平息怒氣。百川至是深知黨報確不易辦，不久乃正式提出辭職。至該社論作者爲誰？余今不妨揭曉曰：×××是也。

我行篋中藏有該社論印本，原文是這樣的：

既有制度，既有人倫，便不能根本廢除貴者與親者。可是親貴的行動與榜樣，卻須隨時隨地嚴厲的警戒。前一代的人應該多負責任；而此前一代中之親者貴者，在此一代之中，自更應多負責任。前一代對於後一代所要負之責任，項目自然甚多，然彼前一代有特殊地位之人，其對後一代應當先使其家庭中後一代之子弟、後一代之青年，竭力袪除其特殊例外之觀念，再養成其自治自強的精神。昔日的青年，今日的老年，皆當回想滿清末年我們痛心疾首的親貴政治，是我們當時革命的主要對象。我們如果希望對後一代更要負責任，我們必須先審度自己對自己的子弟青年，有否縱容養成他們入於特殊及例外之途徑。全國青年均是未來民族的元氣，全國青年之有賢父兄者，其思想行爲，對一般青年尤有莫大之影響。全國既然期望後一代的青年，有作有爲，承先啓後，則前一代的成年與老年，千萬要養成他們自治自強的精神，革除他們倚賴與放縱的心理及習慣。如果今日的成年老年，對於後一代的青年，愛之不以其道，言動思想，處處暗示他們不勞而獲，引進他們到特殊與例外的地位，處處無形中培養成功一批親貴子弟，那前一代人對不起後一代的地方，莫此爲甚！

戴院長對青年團詔示的二十項做人方法信條，與總裁對青年團代表大會開幕訓示中所誥誡，都是指示全國青年的大道。時代不停息的向前進展，人事亦極迅速地在那裏代謝，如何使「這一代比上一代更好」，這裏面的要訣，就在「後一代對於前一代要負責任，前一代對於後一代，更要負責任。」

該社論如在平時本無可議，但發表在三民主義青年團代表大會期間，實在不合時宜，難怪引起反響。可是它是一篇黨報社論，而黨報社論是由中央黨部黨報社論委員會所撰寫，每週兩篇，由中央宣傳部部長核定後，分電全國黨報一體遵登。（我也是社論委員之一，重要委員有程滄波、陳博生、陶希聖和張忠紱諸先生，共計七或八人）。中央日報主筆收到那些社論後，例不細看，照登不誤。我事很忙，更不再看。

事發那天，我到會稍遲，三青團大會正在討論該一社論。我在簽到後遇見一位同志，他說會場情緒憤激，勸我不要進去，我就回報社。當晚收到三青團的通知，要我參加第二天的升旗典禮，報告經過情形。我很爲難。

我猜想三青團執事人員必已查明該文乃是黨報社論，並已查明何人所寫，全國黨報都已登出，中央日報當然照登，我個人那有什麼責任可議！三青團何以還要我前去報告！

我去找了幾位老同志想有所請教，但有的沒有遇見，有的祇是搖頭。中央宣傳部有些人員反而幸災樂禍，不願給我絲毫支援。

依照常理，我既是三青團的中央幹部，爲了平息風波，應該去找團的負責人，不是向他求情，而祇須把該文的由來和應該採登的理由實話實說，我深信必能獲得諒解。但是我的腰間傲骨叫我不要爲五斗米折腰。於是我不獨沒有拜訪他們，便連第二天的升旗典禮也沒有參加。

我的鄉賢陸放翁一詩可以表達我那時的心情和作風：

山人那信宦途艱，强著朝衣趁曉班。
豪氣不除狂態作，始知祇合死空山！

THE FOREIGN SERVICE
OF THE
UNITED STATES OF AMERICA

American Embassy,
Taipei, Taiwan,
Republic of China,
August 27, 1963.

Dear Mr. Tao:

I was glad to have your suggestion concerning General Chiang Ching-kuo's trip to the United States which you made in your letter of August 26.

The point you make is a valid one and I will see that it is taken under consideration in connection with the arrangements being made for General Chiang's visit.

Sincerely yours,

Ralph N. Clough
Ralph N. Clough
Counselor of Embassy

Mr. Tao Pai-chuan,
Control Yuan,
Taipei.

美國大使館代館長致函本書著者，研究蔣經國先生1963年訪美事宜。

第三節　提出俞案　脫黨邊緣

此外，我在黨中所以大起而大落，我和其他十位監察委員對行政院俞鴻鈞院長的彈劾案，乃是惡因之一。可是與上述中央日報那篇黨報社論案一樣，我沒有責任可言。如果我從而眞的像那時所傳被開除黨籍，那將是天大寃枉。

首先該案是由一個糾正案演變而來，它是我所主持的一個調查小組所建議，內容寬廣，行政院祇須接受其中一部份，而這並非難事，便能過關。

請看該案案由：

> 年來吾國軍需浩繁，財政困難，軍公教人員生活備感艱苦，然部分政府機關仍不能共體時艱，而猶擴充不急需之政事，興辦不急需之事業，舉辦不急需之設計、訓練、考察、會議、考試、招待及展覽，增加不急需之機構及人員，建築不急需之房屋，購置不急需之汽車，丁此時艱，俱屬跡近浪費，自有加以糾正之必要。誠能力求精簡，厲行節約，同時整頓稅收及公營事業，以增加收入，則軍公教人員生活未始不能賴以稍加改善。

但俞院長雖號稱「崇法務實」，而處理該案則既不崇法，又不務實。因爲他對糾正事項斤斤

爭辯，而答覆時間，又從法定的兩個月拖延到三個月半。監察院請他到該院說明詳情並答覆詢問，兪院長如果去了或派代表前去，該案決不致惡化。乃兪竟請示中央常會，後者有人幸災樂禍，從旁「放火」，認爲既不可親去，也不可派人代表。

兪竟唯命是從。最不高明的，是行政院首先發表雙方本來在默默進行的爭執，以訴之於輿論。監察院也當然如法泡製，於是雙方都不免有點感情用事。監察院特設十一人小組，擴大調查範圍，可能導致彈劾。我深感憂急。並非因我和兪院長是上海朋友，不好意思予以彈劾，而是因爲就事論事，該案尚不是非彈劾不可。最後，我終於籌得一個妙計：請行政院把系爭問題送請司法院作憲法疑義的解釋；在大法官會議解釋前，監察院暫不邀請行政院長去監察院備詢，將來解釋如果認爲應去，他須保證不再推拖，如果解釋認爲不應去，監察院保證作罷。

我把那個方案徵詢小組中的重要委員，他們認爲可行。我便在一個晚上打電話去約兪院長讓我和吳大宇委員前去商談。我所以要請吳委員同去，乃是有鑒於「大夫無私交」，請他作個見證，證明我並非「放水」。但兪不在家，我留下我家電話號碼，並候他回話，但終沒有電話來。

不道第二天一早，行政院政務委員田炯錦先生和秘書長陳慶瑜先生前去看我。我向他們略述前晚電話未能約晤以及我的解決方案。他們好像有備而來，立刻表示不能接受，他們說：「該案已把兩院搞得頭昏腦脹，何必再把司法院牽進去！」

「然則行政院還有什麼兩全之計？」我問。他們所答的還是那個老辦法：行政院請客吃飯，席間互談。我說那早已爲監察院所拒絕。他們表示：「所以我們今天奉命特來看你，你和俞院長是多年老友，請你多多幫忙！」

我說：「我已經竭盡所能了，但是問題太大太僵，爲今之計，祇有送請解釋一法。請俞院長務必再思！」

我看話不投機，乃卽寫信詳陳我那個方案向蔣總統呼籲。我去中央黨部求見張秘書長（厲生）請他速爲轉呈。

他看了就說：「你寫了十一張信紙太長了，總裁那有時間看。你回去刪改，我一定轉呈。」

「你看我條陳的辦法如何？」

「老調！行政院不能做，監察院能做麼？」

「監察院一向認爲行政院長對監察院的調查沒有豁免權，監察院有權邀請行政院長到院接受調查。現在行政院既有不同意見，自應由它出面請求司法院解釋。」

張秘書長提出結論：「我們二人不必爭辯，你把信重寫送來。」我不允改寫。

監察院的俞案小組本已決定二、三天內簽署彈劾案。屆時同仁推我領銜，我苦苦哀求：「不要逼我喝這個苦杯！」我幸承諒解，改簽第二名，而由蕭一山委員簽第一名。

該案「保密到家」，上午十點就順利審查通過並卽送出。但張秘書長直到下午在民族晚報上方始閱悉。

那與于院長（右任）爲人爲官的作風很有關係。如果他過分拘泥於「服從爲負責之本」而過分巴結中央黨部，他就不肯告訴我們須在下班後方把彈劾案送給他批辦，並留幾位親信在院繕寫和趕送開會通知給輪到審查的委員，並在審查通過劃行後就避居朋友家中，直到下午方爲中央黨部所找到，但該案已不能挽回了。後來我在美國知道他逝世而便決定辭職，因爲我恐後繼無人，監察權就很難發揮了。但幸而後來證明李嗣璁院長也沒有濫用院長職責去巴結權貴。

中央黨部當然大發雷霆，聲言要開除我們的黨籍，我深知責任重大，本已決定自動脫黨。我對一位同志戲言：「我如果因此被開除黨籍，那是逼上梁山，我唯有自立爲王，另組新黨，但仍將信仰三民主義，在在野地位反共復國。」後來蔣總裁在中央常會一次訓話中透露，如果我們另組新黨，他不獨不反對，而且願做新黨的顧問。我想他老人家可能是有感而發。

對那個彈劾案，他認爲是國民黨的「奇恥大辱」，他很痛心，但他沒有糊里糊塗地處理。一年多後，我訪美回來，他在一次茶會中問我爲什麼好久不去見他。我請他定期約見。

從我訪美一事，他老人家聯想到他資助我留學美國的往事。他感慨地說：「我從前培植你出國深造，本來希望你多替黨國效勞。你現在學業有成，可是對中央黨部一味反對，我很失望。國家十分困難，你以後千萬要多多協助中央黨部！」

我說：「請總裁指示，我有何事反對中央黨部？」

他說：「事已過去，不必再說了。」

我再請求：「事關我的名節，務請總裁具體指示。」

他仍很和善，但連說：「過去的不必說了，重要的是你將來的態度。」

我有點急躁了：「不知過去，不可能有將來。我敢請問：是否指兪案而言？」

他仍堅拒，我卻接下去逕說我與兪案的關係，當然也提到那封送不上去的長信。我最後還說：「總裁方才尚說我可以常來見你，但我連一封信也送不上來，我還能有見你的機會麼！」

他問：「那封信還在麼？」我答：「原封不動。」他囑我把它送去。

我問可送何人轉呈。

他說：「我會關照機要室陳主任。」

兪案小組有十一位委員，其中十人是國民黨員，都沒有受黨紀處分。後來中央黨部為重整黨紀，辦了一次中央級黨政幹部總登記，我們恐怕在審查時被剔除，對應否登記，頗感困惑。最後因知中央並無惡意，我們乃都登記，並表示以後服從黨的命令和決議。但我個人仍向中央黨部聲明保留我行使監察權的自由。

第四節　黨紀國法　如何協調

蔣總裁認為奇恥大辱的監察院對行政院院長兪鴻鈞的彈劾案，餘波蕩漾，經過三年方始結束。關於該案的懲戒，公務員懲戒委員會於四十七年一月議決：「俞鴻鈞申誡」。那個輕描淡寫的處分，不知絞出多少腦汁和經過多少曲折方使塵埃落定。不久俞就辭職照准，而由陳誠先生繼任。其中有些資料，我將另行發表。現在先敍對彈劾案提案委員的懲處問題。

蔣總裁對俞案最初不很注意，後來據他告訴我們，他曾問過中央黨部張秘書長是否需要他出面處理，張說尙無必要。等到彈劾成立，他向多方面了解結果，知道問題複雜，不能歸咎於監察院。他在一次檢討講話中指出：俞院長同志的彈劾案乃是中央常會誤導所致，而且與其說監察院同志要彈劾，不如說中央常會同志要彈劾。他說，有些話，他不想明言，說穿了，有些人會受不了。（我記得大意如此，原文印成一本小册子，但現在無法覓到。）

蔣總裁終於寬恕了提案彈劾的監察委員，而代以黨員總登記。他說，我們追隨他來臺灣繼續革命，他不忍深責，但我們如願留在黨內，則必須服從紀律和黨的指導，否則不必參加登記，從此放棄黨籍。

他曾很沉痛的說：我們退出本黨以後，如果想另組一黨，他不反對，而且可以做我們的顧問。但他又說：那樣一來，我們的政治生命也就完了。

蔣總裁那樣出於至性至情的話，我們知道了都很感動，都願意繼續留在黨內，但仍須看總登記辦法是否會與監察職責相衝突。

按總登記辦法規定，立法院和國民大會代表的重要提案以及監察委員的重要糾彈案都須先得中央同意方可提出。我認為不無疑義。如果束縛太多，以致不能行使監察職權，則我祇好放棄登記，所以我盡力爭取辦案自由，寫了一信給中央黨部郭秘書長請予澄淸。內容如左：

此次黨員總登記辦法中若干規定，因字義籠統，目前已多疑慮，將來必有爭議。本黨先哲有名言曰：「共信不立，互信不生；互信不生，團結不固。」故為辦好總登記，以加強團結，必須祛除一切疑慮，以期建立共信，產生互信，庶幾團結可臻鞏固。敬本此旨，提出下列問題，擬請中央迅賜核示。

一、關於黨員總登記之程序，初聞中央對登記申請須加審查，俾便有所淘汰。旋聞總裁不以為然，故登記後，據謂不再審查。但查中央從政幹部組織辦法第二十條有「核准登記」字樣，是登記後尚待核准，方生效力。依此推論，則中央仍保有不核准之權。此與總裁指示是否逕庭？應請明示。

二、中央從政幹部規約第三條所稱，必須透過組織，方可提出之「重要提案」，是否僅指中央從政幹部組織辦法第卅一條之重要糾彈案？監察院尚有若干屬於院務處理方面之提案，似不應在該條限制之列。

三、前條所謂「重要糾彈案」，於糾舉案及彈劾案外是否尚包括糾正案而言？但糾正案之對象，為對行政措施之注意改善，乃係建議性質，旨在納行政措施於政策或法制之軌道內，而求其更善，並無追究行政責任之意。且採納與否，權在行政機關，並無強制作用。本黨一向鼓勵同志及國民對國事自由提供意見，報章評論，處士橫議，新聞紀事，政府久已摒棄事前檢查，自不致獨對監委同志之糾正提案，橫加事前限制。故糾正案之提出，應認為不在該條所謂「重要糾彈案」之列。

糾舉案係送請上級行政機關處理，且多係小案，自無予以限制之必要。

彈劾案亦僅具檢舉作用，將來懲戒與否，被彈劾人如為文官，權在公務員懲戒委員會，如為軍人，權在國防部，如為總統副總統，權在國民大會。被彈劾人如尚觸犯刑法，並應移送法院偵辦。但遍閱此次總登記辦法，對懲戒機關或司法機關之懲戒或不懲戒，起訴或不起訴，科刑或宣告無罪，皆不加以限制，任其自由裁量，此自為正當辦法。是則對於同具司法性質之彈劾案，而其效果且遠不及懲戒、起訴或科刑之嚴重，自亦不應有所限制。

但總統副總統為國家元首或副元首，地位重要，關係重大，故憲法規定，必須有全體監委四分之一以上之提議及全體監委過半數之可決，方得提出彈劾案。此即所謂重要之彈劾案。其餘彈劾案，因僅需監委一人之提議，經監委九人之審查通過，即可成立，故應認為俱屬次要。第三十一條既規定以重要糾彈案為限，對於次要之彈劾案，自不在適用之列。

究竟所謂「重要糾彈案」，可否以關於總統副總統者為限?如不以此為限，則請將不許自由糾彈者之官銜，一一列舉。此項官銜，應不甚多，為杜爭議，務請明列。

以上所陳，事關黨員對黨負責之範圍以及監委依法盡忠職務之程度，過寬過嚴，皆非所宜。監委同志，俱深關切。如蒙採納上述見解，則請迅賜核示，對總登記之順利完成，必有裨益。而監委同志，在做一好黨員之要求下，尚可勉強做一好監委，則國家、本黨及監委同志可望共受其利。讀陸放翁詩：「人才衰靡方當慮，士氣崢嶸未可非。萬事不如公論久，諸賢莫與衆心違！」深信中央必能善圖之也。

後來中央黨部秘書長約集黨員監委當衆宣佈：重要彈劾應包括對行政、司法和考試三院院長的彈劾案。中央對函中其餘各項則無異議。於是黨員監委乃都去登記。

第五節　老牛義犬　各有責分

在司法院公務員懲戒委員會審議俞鴻鈞彈劾案期間，蔣總裁在四十七年一月邀集全體監委在中山堂餐晤，他感慨很多但態度和善，在講話中曾自譬：「我是老牛」。我那天很受感動，所以本來也想對他提出答辯的，頗感躊躇，後因說話的多達五人，而且都是針對總裁的話而發，已是淋漓盡致，我已無再說的必要。

那天如果我也發言，我準備依照我多年前所寫「一個監察委員的狗生哲學」，發揮一下看門狗的道理。現在摘錄四段如左：

家中何貴乎有狗？因爲它能看守門戶。每逢有陌生人到來，看門狗例必狂吠一陣，直吠

到家人覺察才停。在大盜小偸橫行的區域，看門狗自有它的用處和貢獻。

可是狗的能力祇是叫。它雖張牙舞爪，卻並沒有堅甲利兵，而且它又被鐵鍊鎖住，不能咬人。所以盜賊即使破門而入，它也祇能狂叫一陣，並沒有別的本領。假如家人疏於防範或怯於抵抗，盜賊仍能飽掠而去，而它甚至爲盜賊所屠殺。至於家人一時失察，誤以盜賊爲好人，而請其登堂入室，甚至反而怪看門狗叫得討厭，加以責罵毆打，那時它也祇好自認晦氣。所以看門狗很不易做，不比那些叭兒狗，伈伈俔俔，善伺人意，蹲在主人腳邊，吃著牛排豬排，庸庸多厚福，處處受愛憐。

監察委員的情形正是如此。

但是卽使僅僅行使了糾彈權，有的監察委員已經變成了「目標」。因爲執政當局總覺得家醜不可外揚，他們甚至以爲外國來賓都讚美了我們的政治清明，而監察委員卻還說某也貪汚，某也違法，豈非是自掏糞缸，破壞了政府的信譽！所以監察委員提出一個較大的糾彈案時，不獨被糾彈的人恨之入骨，而執政當局也往往怪他們不顧大體，甚至報以惡聲。其實任何國家都免不了有貪官汚吏，而把他們檢舉出來置之於法，正可表揚其求治之切和執法之嚴。而且辟以止辟，刑期無刑，祇有對不肖官吏加以公開的糾彈，才可使一般官吏潔身自愛，不敢以身試法。這是　國父創制監察權的眞諦，也是憲法交給監察委員的任務。監察委員發覺違法失職而糾彈，正像看門狗看見賊來而高吠。養狗的目的原是如此。奈何人們竟然忘了這個目的而反怪狗把他從「自我陶醉」的「清秋大夢」中叫將醒來爲可恨呢！

幸而看門狗大多頗明大義，故有「義犬」之稱，所以即使見惡見恨於家人，它還是我行我素，善盡看門的責任，看到陌生人進來，還是叫個不停。一個忠實的監察委員，也是如此。他雖會因糾彈大官而不見諒於巨室，然求仁得仁，他正不必怨天尤人。正像宋朝范文正公「靈烏賦」中的烏鴉，它是「憂於未形，恐於未熾」，而且「寧鳴而死，不默而生」。

自從聽了蔣總裁的中山堂講話，我心悽惻，乃依張岳軍先生的勸告，以後一連三個月，我把原想向監察院提出的糾彈案改送中央黨部，以期也能設法改善。中央黨部頗感欣慰，給我一個「殊堪嘉尚」的書面獎勉，但那些案件本身則公文旅行，沒有下文。於是我祇得恢復常態，吾行吾素，而中央黨部對我也就很不開心了。

民國四十九年底，我曾寫「脫黨的邊緣」。我說：

> 我的黨籍，在我做監察委員的未來歲月中，隨時可發生問題。因爲監察委員是「風霜之任」，以得罪人爲本旨，以批評時政爲常業，捨此別無他事可做。在黨部的意旨與監察院的意旨之間，在黨的要求與國家要求之間，在黨紀與國法之間，在人情與良心之間，我常須作痛苦的選擇。選擇前者，我可左右逢源，選擇後者，難免要冒黨籍的危險。……我默禱以後不要再受像對俞故院長彈劾案那樣嚴重的考驗。

魚與熊掌二者得兼，自是大幸，如果不能，將何所取捨？這是說，如果黨的意思和良心

的判斷衝突的時候，我們應該如何抉擇？

我請教了孔夫子，他提出一個「義」字作爲抉擇的標準。他對曾子說：如果是義之所在，子應服從父親，臣應服從君主；但如果是不義之事，「則子不可不爭於父，臣不可不爭於君」，請容我引申一句，黨員不可不爭於黨。孔子又指出孝道來強調說：「故當不義則爭之，從父之命，又焉得爲孝乎！」（孝經諫爭章）

政黨生活是近代的事情，我於是又向近代政治學者求答案。我發現寫「現代民主政治」名著的英國大學者大政治家蒲雷士爵士（Lord Bryce）在他另一名著「公民精神的障礙」中提出一個明確的答案，他主張以國家利益爲標準，而以本人的良心判斷爲依歸。他說：「所謂政黨的精神，要看個別特殊問題的重大與否來決定它適用的程度。如果它是一個嚴重影響國家利益的問題，政治家應該不顧一切而行其心之所安。但是那個問題如果是次要而沒有深遠影響的，他在責任上應該爲黨而放棄他自己的意見。」（頁八九至九〇）因此「在小的問題上，不致影響行政部門的命運的，黨員有隨時反對它的自由。他應該把民間各式各樣的意見反映於行政部門，他應該警告它不得藉口黨誼黨德來嚇阻言路，而行政部門因此可以受益。……臨到重大的事情，牽涉到國家利益的，他應該把國家利益置於黨誼黨德和黨紀之上，而設法推翻那個行政部門，不應讓它錯下去。」

一位現代的政治家，美國故總統詹遜先生，也有一句名言：「我是一個自由人，一個美國公民，一個參議員，一個民主黨黨員。我照著這個次序的先後來考慮問題。」這是說，凡是在參議員立場上不許做的事情，雖然他的黨要他做，他也祇有敬謝不敏。

感謝監察院幾位同志老友，特別是鄧介初（景福）委員，他兼中央政策委員會的副秘書長，他們認爲我應該參加中央黨部做中央評議委員，至少應做設計考核委員，甚或降格而做黨務顧問，一再爲我奔走說項，但是「李廣難封」，那些努力都白費了。

民國七十年，中國國民黨第十二次全國代表大會召開。在一個晚上，中央黨部蔣彥士秘書長突然電詢我何年入黨。他說：「蔣主席要提名你做中央評議委員，而評議委員的名次是依入黨年月排列的。」那是我所意想不到的。

次日我果眞做了中央評議委員，且因黨齡很長，在評議委員的排行中列名很前，但是資格則最淺。

第十二章　國策顧問　言論報國

第一節　律師無緣　顧問無心

在民國六十六年辭去監察委員前十餘日，我正在籌備執行律師業務，有些公司行號要聘我做法律顧問，月送車馬費，如果請我辦案出庭，則另送酬金。我預計那樣的顧問費，可能月達十餘萬元。

同時，聯合報的王惕吾先生要送一個名義和一份薪水，而我不必按時寫稿。回憶民國六十二年我在瑞士臥病，他寄我美金四百元，說在國外不比在國內，我的花費可能很大。他說，聯合報多年來承我關切和幫忙，他很感荷，以後將每月致送四百美元，以表謝意。

惕吾先生的盛情可感，但我有子女奉養，一時無需外援。後來我爲聯合報寫了兩文，收下兩百美元作爲稿費，而以其餘兩百美元璧還該報。

此外，中國時報的余紀忠先生，也是厚誼可感。遠在民國五十三年，他聽說我將辭去監委，在美謀生，立卽電囑我爲該報寫美國通訊，每篇致送稿費美金一百元。這個數額，後來不斷調高爲一百五十元，二百元和二百五十元。聯合報也照着調整。

現在言歸正傳，略述何以我那樣堅決請辭監察委員而乃又做總統府的國策顧問，而無論名義、地位、權力和待遇，監委都強於顧問。

那年五月下旬，中央黨部秘書長張寶樹先生電話告知要去看我。我說：「你是忙人，我是閒人，應該我去看你。我在半小時內就能趕到，請在中央黨部稍待。」他說是蔣主席要他看我，有事面商，因此不可由我去看他。我乃提議在婦女之家貴賓室茶晤。

張秘書長告訴我：「蔣主席知道你非辭職不可後，就與嚴總統商妥邀請你任總統府國策顧問。他本擬到府上面邀，但我提醒他：中央新村住有幾百位中央民意代表，他如獨來看你而不看他人，不很適宜。於是他囑咐我必須請你接受國策顧問的邀請，否則我不好交代。」

嚴蔣兩公那個決定，我前晚已略有所聞，曾加考慮，理應接受，所以當卽道謝。張秘書長頗感意外。

我在接到總統府的聘書後，先後拜見了嚴總統和蔣主席。我向他們表達我的願望。我說：「我生平擔任三個系列的職務：一是新聞記者，多半是做主筆，二是教書，三是擔任民意代表。

這三者有一共同任務，就是發議論，包括批評和建議。

我說：今後我任國策顧問，仍當以言論報國。這將包括二大課題：一是提出對政治的不同意見，二是提出對時局的不同看法。但這些不同看法和意見，有的可能是逆耳之言，有的可能錯誤或不切實際，所以政府未必都能接受或採信，我也不敢作此奢望，但我要求能爲他們兩位所親自看到，如有冒犯，並請原諒。

嚴總統和蔣主席都表示請我多多表示意見。蔣主席並說，那正是請我做國策顧問的目的。至於我的信，他指示可請中央黨部秘書長收轉，不必經過收發人員之手。

後有立法委員在立法院提出質詢，對國策顧問的職務和待遇，有所批評和建議，我曾寫信給他有所說明，茲錄大意於左：

前從四月二十一日臺灣時報的報導，欣悉先生曾在立法院就總統府國策顧問的待遇和工作發表卓見，說他們：「都是聰明睿智的一時之選，國家理應給予優渥的待遇，包括轎車在內。然顧問亦必須謀國忠誠、鞠躬盡瘁，不能只領乾薪，而應確實爲國家想出一些好的戰略戰術。」我忝任國策顧問，對這問題，所知較多，用特擇要奉聞：

一、關於國策顧問的工作，現行組織條例規定：他們應定期開會，商討提案和總統交議案件，開會時得請資政列席與議，並得請有關機關首長到會報告和備詢。但政府遷臺以來，此項會議並未舉行。

二、國策顧問中有數人經總統指定須到總統府按時辦公，其他顧問則自動研究問題向總統提呈意見，例如我所呈遞的意見書每星期平均在一件以上。

三、顧問的金錢待遇比照特任官支給，就雙方的工作質量相比較，實已過分優渥，似應減少，以節省公帑。至於供應轎車，實無需要，亦無可能。我曾希望每星期有半天能借用公家汽車，但未能如願。好在現在大衆交通工具尚稱便利，實無借用更無供應轎車之必要。

四、所苦者，見聞有限，無人協助蒐集資料或供給消息，政府雖有各種情報，然多密存，無緣閱讀，故所陳意見不免隔靴搔癢，常感歉悵。

我向總統提呈的意見書有些實無保密的必要，但我向不抄送他人或對外公開。其中偶有一些意見或文件本來可向有關機關或首長直接提出，但我覺得如有報告總統必要的，我常先呈總統並在信中陳明將於某日另送某人。既然是總統府的國策顧問，我覺得須對總統負責。

第二節　解除戒嚴　初試啼聲

我學的教的和做的都是政治和法律，「三句不離本行」，所以寫的和講的，也常涉及法治。但多年中因職務和環境的變遷和差異，我的立場、態度和辭鋒，也隨之而有出入。大約可分為三個時期：

第一時期是從民國十六年到三十三年。那時我曾任上海市黨部委員、中央黨務委員會駐會委員、中央宣傳部委員、中央周刊社社長和中央日報社社長、三民主義青年團中央團部常務幹事以及國民參政會參政員。在那些崗位上，我的任務大體上是爲黨工作，爲黨發言。

第二時期是從民國三十四年到六十六年。那時我擔任監察院監察委員，首要任務是監視政府，爲民喉舌。

第三時期是從民國六十六年下半年到現在。我的職務是總統府國策顧問，首要任務是創意獻策，補闕拾遺。

這三個時期的背景和環境雖有差別，我的職位和任務也不一樣，可是我的中心工作卻一以貫之地是「言論報國」。

在我，「言論」是書生論政，「報國」是爲國家而發議論。這是說，我雖爲黨，現在又爲總統府工作和論政，但不像一般公務員那樣謹守繩墨，惟命是從，也不像一般政客那樣逢迎當道。我是保持書生本色，直道而行，言其所信和有益於國者，使我的黨和長官也從而獲益。我深信有益於國的，一定也有益於黨和當局；這在小處或近程的利害上未必事事如此，但在大處和遠程則不應會有衝突。

但是政海險阻，良藥苦口，我在上述第二時期的日子很不好過。至於在第三時期，則因蔣總統經國先生的豁達大度，我雖受圍剿和醜化而倖免於難。

我那時也領悟了許多頗有啓發性和警惕性而又富於敏感性的道理。忝爲國策顧問，同時又是應當「先天下之憂而憂」的知識分子和政治評論家，我不應對有些棘手問題避而不言。

我做國策顧問後的第一個意見書，是主張有條件和有辦法地解除戒嚴。這個條陳，頗蒙嚴總統和蔣院長重視，蔣先生並專函覆示，說已交有關人員切實研究。後來主管機關不以爲然，所以未荷採納。幾年來遇有機會，例如菲律賓的解嚴，南韓的解嚴，以及波蘭的解嚴，我都續供意見，並將原提辦法酌加修改或補充。現在綜述於左：

臺灣戒嚴目前尙有必要，但是如果有替代戒嚴的方法，自可予以解除，庶幾對內可以減少政府被攻訐的藉口，對外可以美化國家的形象。試就幾個問題提供善後意見：

一、解除戒嚴後如果發生戰爭或叛亂，政府如何對付？

答：當地最高司令官或團長以上的部隊長可以宣告臨時戒嚴，並卽呈報上級，這項程序簡單易行。（戒嚴法第三條）

如果叛亂擴大或情勢緊急而有實施全國戒嚴的必要，總統可宣告全國戒嚴（戒嚴法第一條），而依戡亂時期臨時條款的授權，他可以不受憲法第三十九條或第四十三條所訂程序（須經立法院通過）的限制。（臨時條款第一條）

二、解除戒嚴後依據懲治叛亂條例第十條軍事機關不得審判該條例的各項罪行，甚至內亂外患暴動各罪也都須由司法機關審判。這樣是否足應戡亂的需要？

答：這可修改該第十條條文，以資因應。我建議修改條文如下：「**第十條**：犯本條例之罪者，軍人由軍事機關審判，非軍人犯本條例第七條之罪者，由司法機關審判，其在戡亂時期犯第二條、第三條、第四條、第五條或第六條之罪者，概由軍事機關審判之，但准被告上訴於最高法院。」

這是說，內亂、外患、暴動或直接危害軍事等罪行，仍由軍事機關審判，但可仿照南韓和非律賓兩國的辦法，被告得向最高法院提起上訴，以資救濟而昭公允。至於「以文字圖畫或演說爲有利於叛徒之宣傳者」，則因沒有「立卽和明顯的危險」，自可參照選舉罷免法第五十四條和第八十六條的最新法意和法例而修改懲治叛亂條例，改由法院審判，庶幾國家安全和言論自由可以兼顧。

三、解除戒嚴後，政府是否尚有禁止或限制罷市罷工的權力？（戒嚴法第十一條第三款）

答：可依國家總動員法第十四條予以禁止，但改由文職機關和法院處理。

四、解除戒嚴後政府是否尚有禁止新辦報紙或限制言論、出版、著作、通訊、集會、結社之權？（戒嚴法第十一條第一款）

答：可依國家總動員法第二十二條和第二十三條酌予限制，但改由文職機關和法院處理。

五、解除戒嚴後，戒嚴法第十一條的取締事項，軍事機關是否尚有執行之權？

答：在戡亂時期，可由臺灣警備總司令部依據現行法規繼續執行。（參考臺灣警備總司令部警備法規彙編）

我這些建議，顯然未爲政府所接受。我很覺可惜。但是政府爲改善我國對外形象，確曾想有所作爲。七十二年十一月底，我遊美回臺，聽說政府正在擬訂國家安全法，以爲代替，並解除戒嚴。但我不以爲然，又向當局進言。

我指陳：政府當局如認爲實質上尚須戒嚴，則所謂國家安全法自必換湯不換藥，那將是解嚴其名，戒嚴其實，則「不誠無物」，何能使人滿意，反而暴露「作僞」和「弄巧」，更將使人失望和被人輕視。波蘭名爲解嚴，而實則修舊法，訂新法，把戒嚴事項多半納入其中，而爲變相之戒嚴，所以對內不能促進團結，對外不能獲得好評，它可作爲我國前車之鑑。

但我強調解嚴實在是好事，也會有好的影響和結果，但不可另訂變相的戒嚴法，以致蹈波蘭的覆轍。如果將來眞有以新法補救解嚴之必要，也須俟將來確有必要時爲之，目前則卽使解嚴也必不致招致危險，何必巧立名目，畫蛇添足！

第三節　炒熱之災　熄火之策

這一應否戒嚴或解嚴的敏感問題，經過近幾年來熾烈的爭論，本來已經慢慢地冷卻下去，可是近來（七十三年底）卻因美國衆議院亞太小組委員會的討論和決議而又被「炒熱」了。

該小組決議的主文是這樣的：「衆院玆決議（參院同意），國會認爲如果台灣當局能繼續並加速朝着全面的民主制度進步，尤其若能停止戒嚴法以及其他緊急條款，釋放政治犯，以保障並維護在台灣全民的權利，實最所盼望！」該決議案的主要目的，就在解除戒嚴。

該案不僅那樣一炒而已，它勢將由小組提到衆議院外交委員會討論，如經通過，還要呈報院會處理。美國國會是兩院制，同一議案必須兩院一體通過，方算完成立法程序。所以參議院極可能將如法炮製。

該案當然不是法律案，而祇在表示國會的公意，對美國和我國政府都沒有拘束力，但是我國的顏面自必爲它熏黑和灼傷，馴致妨害美國朝野對我們的關切和支援。

然則怎樣使美國不再把戒嚴問題炒下去？我在七十三年六月中旬趕寫一文，提出緊急呼籲，指出對策不外兩個：一是動員一切力量，在衆議院外交委員會把該案打消；二是反求諸己，解除戒嚴。

關於第一個對策，我國政府過去曾經邀請該小組主席也是該案主要負責人索拉茲議員訪問台北，收效頗大。不獨他個人對我們的民主政治因而了解較多，態度較好，批評也較公正，而且該小組這次決議文的措辭也較溫和。可見事在人爲。

但這究竟太艱辛了。因爲衆議員多達四百餘人，而且兩年改選一次，參議員也有一百人，每兩年改選三分之一，「江山代有才人出」，我們顧此失彼，防不勝防。

尤其因爲我們所接受並加以維護的臺灣關係法規定：「（C）本法律的任何條款不得違反美國對人權的關切，尤其是對於臺灣地區一千八百萬居民人權的關切。玆特重申：維護及促進所有臺灣人民的人權是美國的目標。」（第二條）該法並授權「（A）衆院外交委員會、參院外交委員會及國會其他適當的委員會監督——①本法案各條款的執行。」（第十四條）所以美國國會及其議員關切臺灣戒嚴問題並對我們加以批評，乃是職責所在，勢所必行，我們無法根本制止，

「揚湯止沸，不如去火抽薪」，我們就得乞靈於第二個對策——解除戒嚴了。這將是一個痛苦的決定，但是仔細研究，實在也沒有什麼大不了。因爲它雖牽涉到一些問題和困難，但它們都應有相當的對策。

我於是略舉我年來陸續條陳的那些善後辦法。詳見上文，玆不贅述。

我在該文結論中說：

由此觀之，解除戒嚴，對社會安定和國家安全，並無損害，對自由民主雖稍有裨益，但並不像一般人預期之大，可是對國家形象、人民好感和政府光采，卻有很大的正面影響，所以值得我們努力爲之，不獨以濟「炒熱」的燃眉之急，且作抽薪熄火的根本之圖。

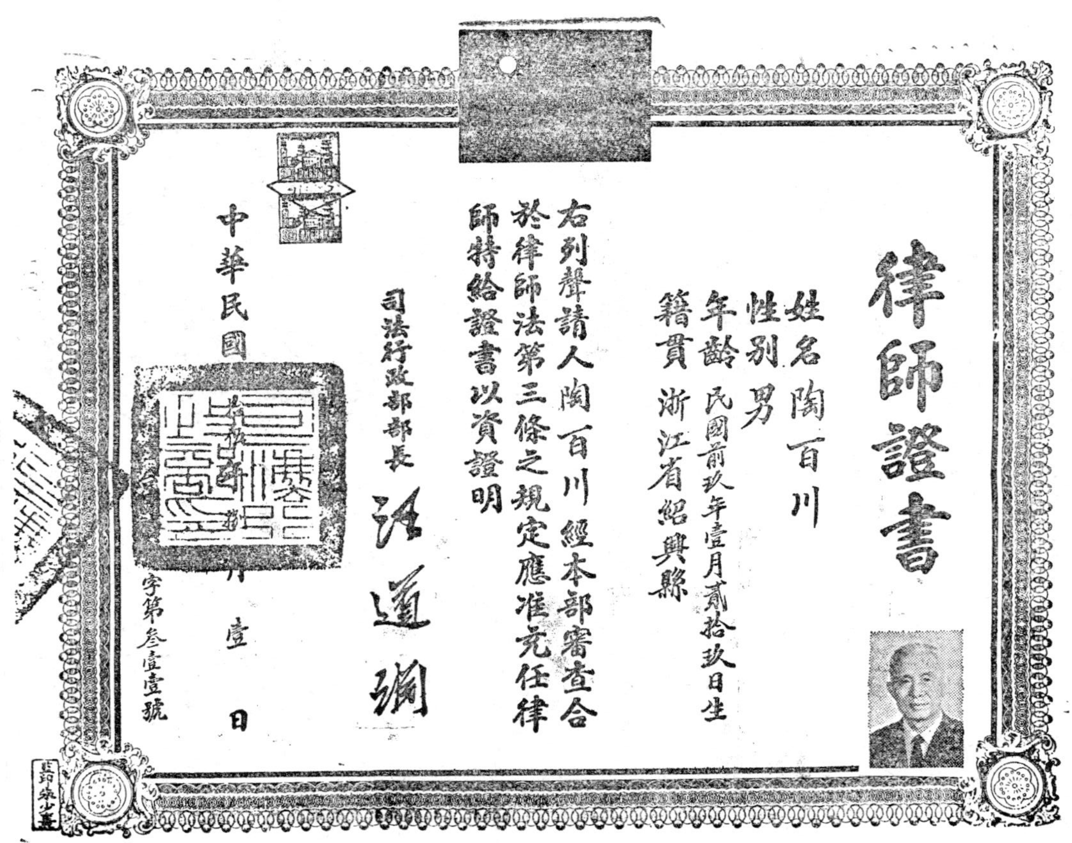

律師證書

姓名　陶百川
性別　男
年齡　民國前玖年壹月貳拾玖日生
籍貫　浙江省紹興縣

右列聲請人陶百川經本部審查合於律師法第三條之規定應准充任律師特給證書以資證明

司法行政部部長　汪道淵

中華民國　　月　壹　日

字第叁壹壹號

我在大學畢業後就取得律師資格，領得證書，但並未帶來。這是我在民國六十五年想執行律師業務時所補領的。

第十三章　辨寃白謗　第一天理

第一節　孫立人案　一段插曲

從我監察委員任內多年中收到的信件和接見的老百姓，我幾乎天天接觸到一些「寃獄」或不平。懍於職責和天理，我常想盡我棉薄，助其洗雪，甚至有時奮不顧身，而且也經常因此招致反感和拂逆。但是翻案究竟不是反掌，大多數的案件，辦了一陣並無效果。

我曾把一些較有意義的案件，彙印一書，收錄在叮嚀文存中，書名叫做「辨寃白謗第一天理」。

那個書名，引自明儒呂新吾「呻吟語」第三卷中的一句「格言」：「爲人辨寃白謗，是第一天理」。其實不獨天理而已，國法和人情也應如此。我忝爲監察委員，常以此引爲己任。

現在我把經辦的一部份「洗寃」案的案由列舉於左：

一、黃學文案——我爲什麼特別重視？
二、梅谷案——寧任人漏網，不容法曲枉。
三、徐賢樂案——爲徐案「鐵肩擔道義」。
四、聯考槍手案——聯考舞弊罪在何人？
五、一三一個纒訟案——促結一百三十一件拖纒四年以上未決的訟案。
六、楊逸材案——沉寃八年。
七、張亞傑案——合辦契約竟被誤爲租賃契約。
八、李傳來案——管訓流氓須先切實告誡。
九、譙長江案——因譙案爲警察謀保障。
十、張治平案——喬王應悔檢舉匪諜矣！
十一、孫秀蘭案——檢察官如此輕率，孫秀蘭沉寃難雪。
十二、鄧慕陶案——不要把耕田水牛當作司法黃牛判罪。
十三、林口征地案——從林口地價問題談到公平和現實。
十三、土地征收案——社會經濟已大變，地主不容獨吃虧。
十四、江樹木案——珠還合浦。
十五、吳石清案——林務局蠻不講理，監察院鍥而不捨。

十六、陳喜案——秀才遇見兵，有理竟說清。

十七、哄哩呱案——哄哩呱護林有功，臺南縣橫刀攘利。

十八、一日所得案——反對以命令飭捐一日所得。

十九、令飭減價案——反對片面抑低工資和菜價。

二十、小板車收購案——反對強制收購小板車和機動板車。

二十一、孫金林案——長官無權將屬員撤職。

二十二、蔡平生案——公務員濫用職權損害他人，應受彈劾。

二十三、大衆日報案——爲大衆日報說幾句公道話。

此外，我爲他人辨寃白謗表現最大勇氣的大案，首推我與蕭一山先生等五委員所合辦的孫立人將軍涉及郭廷亮等百餘人的叛亂案。可惜該案卷宗迄未公開，我不便多所透露。但我最近看到傳記文學第四十三卷第二期浦薛鳳先生「臺省府四任秘書長」文中提到孫立人將軍案，道及美國政府中人頗擬利用孫將軍，邀請他參加美國佔領軍的新政權，不聽蔣總統的指揮，「以致釀造糾紛，亦非不可想像」。但依我們調查該案所發現，事實遠較嚴重，可是早已澄清，卽此也可見孫對領袖和國家的忠誠。

浦文先述孫案大概：

孫氏曾任陸軍總司令及臺灣防衞總司令等職，守滬抗日時曾身中十餘槍，在緬甸作戰曾救出英軍數千人，功勛卓著。其出事乃在一九五五年八月中旬。伊因共諜郭廷亮案，引咎呈請處分，總統遂明令免職，並派陳誠、王寵惠、許世英、張羣、何應欽、吳忠信、王雲五、黃少谷、俞大維九人秉公澈查。十月中旬，總統根據調查報告，念其抗戰有功，頒令准予自新。此後，予在臺大醫院走廊中先後遇到立人兩次仍是軍裝，彼此舉手招呼，未曾交談一語，旁有類似戎裝副官隨行。多年在臺中市禁居，其夫人仍住臺北，依舊信仰佛教。

浦文繼述「釀造糾紛」的內幕：

予前年（一九七八年）在臺北任商務印書館總編輯一載，與董事長王雲五先生不啻每日見面，嘗談及孫案，伊頗知底細，並曾仗義執言。予遂告以梁敬錞先生所著「卡特『中國牌』政策之歷史背景」一文某段內容。雲老似未閱過，亦未聽說，驟聞予言，默然良久。梁文載「傳記文學」總二〇二期，即一九七九年三月號，其中譯載美國國務院兩位著名高級幕僚於一九四九年三月至五月所提處理臺灣之秘密意見說帖，均提及孫立人將軍。國務院之政策計劃處主持人肯楠博士（Dr. George F. Kennan）所提五十三號密件六與七兩項，有云：「邀請孫立人將軍參加（美國）佔領軍的新政權。如他肯接受此任，則我們分化中國駐臺軍隊之工作卽告成功。通知蔣委員長，如伊願留臺灣，當以政治避難者之身份相待。」國務院參事莫成德（Livington T. Merchant）奉國務卿艾契遜之命由南京到臺北，先後主張以孫立人替代陳誠爲臺省主席。密電之一，措詞如下：「我們（指美國政府）所需要者，乃一幹練篤實之人，不必聽蔣介石之指揮，亦不必從李宗仁聯合政府之命令，而專爲臺灣謀福利。孫氏經驗或有未足，但其他條件，卻甚相合。」（以上譯文，見梁著中。）肯楠與莫成德兩人意見之荒謬，自不待言，而其有意或無意之洩漏，尤其是類似謬見，在臺在美之接觸，以致釀造糾紛，亦非不可想像。

我記得我們五人調查小組曾約孫立人將軍到監察院面對面晤談。陪侍孫將軍到該院的「監視」人員，本想隨同入室，但爲我們阻於會客室，所以只有五位調查委員和監察院一位記錄秘書在場，此外則僅孫將軍一人。

關於上引美國邀請孫立人參加「美國佔領軍的新政權」問題，孫對我們訴說，民國三十八年上海快將失守時，孫所部新軍已調來臺灣整訓。盟國佔領日本的統帥麥克阿瑟將軍突然邀請孫將軍赴日本晤談要公。孫不敢擅專，乃請那時正在臺北養病的陳誠先生代他請示退隱溪口故鄉的蔣總統，得覆孫可接受邀請。麥帥隨派專機接孫赴日，寓於麥帥公館。

孫將軍對我們詳述兩人會談經過，說麥帥告訴他，大陸快將失陷，國民政府勢必垮臺，美國對它已不存多大希望，但美國不能讓臺灣這艘不沉的航空母艦爲中共奪去，所以有意要請孫將軍負起保臺的責任，而由美國全力支持，要錢給錢，要槍給槍。

孫立人將軍的答覆，是他忠於蔣總統，不應臨難背棄，他將請示於他，在他指導之下挑起保臺重擔。孫說，他回臺後就將詳情告訴陳誠先生由他轉陳蔣總統。

孫將軍對我們訴說，如果他眞像誣控他那樣不忠於領袖和國家，他那時就接受美國的邀請而自由行動了。

孫並說，不獨他個人無辜，連郭廷亮等也是寃枉的，請求我們救救他們。

我爲雷震案也盡了心力，爲他和傅正先生等辨寃白謗，可惜收效不大。我在本書已有所述。

第二節　黃學文案　暗無天日

在該書收錄的案件中，最駭人聽聞的首推黃學文案或稱武漢大旅社集體殺人案，而經我接觸的結果，卻產生了一些重要的意外收穫。我抄錄我的幾天日記：

在我民國四十八年十二月十五日的日記中有這樣一段：

> 報載調查局爲偵破姚嘉薦案逮捕嫌疑人犯六人已經羈押五日，昨又經檢察官批准延長五日，共計十日。查羈押應在看守所爲之，此爲羈押法所明定。司法警察機關在其自設之拘禁場所羈押當事人，縱得檢察官之同意，仍屬違法。縱不再度延長，卽使五日，亦屬違法。過去高院首席曾向本院保證五日之期不予延長，本院以其既屬臨時辦法，故未糾正，現在若可延長，豈非仍蹈覆轍。本院似有加以糾正之必要矣。

四天以後，我去看了臺北地方法院的蔣首席。我十九日的日記，有詳細的記載如下：

報載姚嘉薦案嫌疑犯黃學文等在調查局延長羈押已達十日，（已延長一次），今日又須延長。此爲冤獄賠償法施行後一再延長羈押之第一次。余是以頗加注意。因爲在司法機關羈押五日已屬違法，（違背憲法第八條、刑訴法第一〇三條及羈押法第一條），再延長則流弊更多。因特往訪臺北地方法院蔣首席。

余問：「檢察官有無親加訊問？」答：「在滿二十四小時後曾親自訊問一次。」

問：「被告嫌疑是否重大？」答：「確實重大，部份被告已經供認。」

問：「何以尚不解送？」答：「因爲有二十餘點事證尚須一一核對。」

問：「在押共有幾人？」答：「六人。」

問：「什麼身份？」答：「除黃學文夫婦外，一係賬房，一係看門人，其餘兩人係住該旅社內。」

問：「六人都有殺姚的重大嫌疑麼？」答：「都有。」

問：「在被請求再延長羈押時，檢察官應否再親問一次，看看應否准再延長以及有無刑求情形？」答：「此意甚好。我已切實告知不得刑求。」

問：「當局曾囑務須偵破，且聞有獎金五萬元，要防八德案的刑求覆轍。」答：「聽說獎金有十萬元，但張局長表示不要獎金。」

問：「報載姚屍經警務處解剖，內臟無毒，而調查局驗得內臟有毒，眞相如何？」答：

警務處法醫未曾剖驗，調查局應家族請求剖驗，已在死後第十一日了。」

在我看蔣首席時，他就提議要我與主辦黃學文案的唐檢察官晤談一次。我總以爲該案不日就可移送法院審理，沒有看他的必要。不料過了一個月調查局尚未移送，我乃於四十九年一月二十二日經過蔣首席的安排，往訪唐檢察官於臺北地檢處。

這是一月二十二日關於該案的日記：

在臺北地檢處晤唐檢察官，知又有一人被捕，此人爲臺大敎授陳華洲，據謂謀殺姚某之毒藥，卽係渠所供給。余問打毒藥的針管發掘之經過及其埋藏地點。唐檢察官謂此案頗爲離奇。

余在談話開始時，卽詳告，余與本案任何人皆不相識，亦無人請託或來聲訴，完全因一貫注意憲法第八條人身保障及刑訴法等關於羈押處所（法院看守所）之規定，深感此次數次延長羈押，顯屬違法，故有了解其違法羈押於調查局之必要及唐檢察官准其延長羈押之理由。

到了四十九年一月二十六日，調查局終於把黃學文等送交臺北地檢處了。我二十七日的日記略有記載，如下：

報載黃學文謀殺姚嘉薦案已由調查局移送臺北地檢處偵辦。觀其發表之長篇報告，黃等似不致有寃枉。調查局之辦案能力頗可欽佩。然渠等六人自十二月八日逮捕時一直羈押在該局拘留所而未移送於法院看守所，自係違反憲法第八條、刑訴法第一〇三條及羈押法第一條。

黃案於四十九年三月二日在臺北地方法院開始公開審訊。我本想前去旁聽，乃因頭痛不能如願。三月三日的日記中，我有這樣的長篇記載：報載黃案主要疑兇黃學文等三人俱在地方法院審訊時翻供，說：原供是出於刑求。玆錄中央日報所載黃的問答如下。（略）

受了黃案的啓發，我後來在監察院發起兩個運動：一是督促司法當局廢止司法警察機關可以在五日內羈押刑事嫌疑犯而不送法院的規定，一是取締刑訊取供。我曾爲前者提過一個糾正案，但收效不大。直到刑事訴訟法修正施行，二十四小時間必須移送法院的規定，方爲法院和警察機關（包括調查局）所重視。關於後者，我在四十九年三月五日的日記中有這樣的記載：

因黃案多人被調查局人員涉嫌刑訊有感，擬向下週院會提出下列一案：「刑訊取供，不獨有背人道，抑且造成冤獄。而怨毒如集於政府，則禍害必延於國家。如此破案，貽害無窮。吾號稱法治，而刑訊尙時有所聞，急應由本院司法委員會查明糾正。以後如再發現刑訊情事，並應對執行及主使人員依法糾彈，以彰法治而固國本。請討論案」。

該案後經監察院通過，送請行政院注意改善，收效頗宏。

十二年後，我向監察院提案並奉派調查一百三十一件拖延四年猶未終結的大案，黃學文案那時尙未結束，也在我們調查之列。我和會查的鄧景福委員和梅專門委員把該案全部卷宗調集詳閱。後在調查報告中列舉疑問函請臺灣高等法院審愼訊理。其辭如左：

一、違法審判當然無效，違法羈押所取得之口供亦應認爲無效，違法羈押使用刑訊所取得之口供，自更應認爲無效。該案疑犯七人在調查局羈押七十九日，其中一日爲憲法所許可，五日爲當年司法當局所勉強認許，逾此期限取得之口供，且據謂以刑訊得之，自不應採用。乃該案違法羈押之日數及刑訊之情形，法院迄未調查及論列，自屬不合。

二、殺人罪行何等嚴重，如無重大原因，何致輕蹈刑網。此即所謂犯罪之動機，辦案者必須加以注意及調查。該案被告犯罪動機，僅爲姚嘉薦與楊薰春間有關於武漢大旅社款項問題之互控，其範圍以金錢而論僅爲十餘萬元，以楊之刑責而論僅爲僞造文書一類之輕罪，疑兇應無因此預謀殺人之必要或理由。且該等互控在疑兇中僅涉及楊薰春一人，其夫黃學文之牽涉在內，已嫌勉強，至於吳亮係該旅社之工友，而由姚嘉薦介紹僱用不久者，王靄雲係房客，林祖簪係登報招僱者，游全球亦僱用不久，陳華洲係臺大教授，而謂彼等亦竟輕易參與楊黃夫婦之殺人罪行，顯然違反經驗法則，殊難令人信服。

三、證據最爲重要。長期羈押及涉嫌刑訊所取得之口供，必須有證據以爲支持，方可採用。但聞該案所謂證據者皆有問題。玆舉其顯然可疑者如次：

毒死姚嘉薦之農藥究竟何來？陳華洲在庭訊時否認供給。陳究係臺大工學院教授抑係農學院教授？此點尚未澄清，因農學院方有農藥，故原控指陳爲農學院教授，但聞陳爲工學院教授。

原控謂在同一針孔中連打三針致命，此在黑夜自不可能。

原控謂打毒藥之注射針管一套，係黃學文向三樓洪姓旅客借來，但對此旅客未見傳訊。藥瓶據控係自永和鎮中正橋下公共厠所旁挖掘出來。小小藥瓶（十ＣＣ）丟在橋下水中已足滅跡，何致在公共場所挖掘埋藏？

據控僞裝自縊之廝繩，已經被控出售之商人否認出售。

卷載姚嘉薦曾在出事前已對警員稱將自殺，法院如何查證？何以不採？

三針農藥能否立卽致命？死後二十日後割去腹肉化驗，是否尙能驗出？調查局之鑑定書出具於姚死後之第六個月，但其實際鑑定時間究在何時？其鑑定書何以不能早日提出？

全案後經判決確定，原判死刑者改判無期徒刑，原判有期徒刑者減少刑期。黃學文因精神失常，保外就醫，迄在病中。他的子女有時以電話，有時以書狀要求我繼續爲其父洗寃，但我在做監委時尙因不能干涉審判而徒呼負負，現在自更無能爲力了。

我在做淞滬警備司令部軍法處長或監察院監察委員時，每逢訊辦刑事案件總會想起先賢歐陽修「瀧岡阡表」中所記他父母的一段對話：

汝父爲吏。嘗夜燭治官書，屢廢而歎。吾問之。則曰：「此死獄也，我求其生不得爾。」吾曰：「生可求乎？」曰：「求其生而不得，則死者與我，皆無恨也。矧求而有得耶！以其有得，則知不求而死者有恨也。夫常求其生，猶失之死，而世常求其死也！」回顧乳者，抱汝而立於旁，因指而歎曰：「術者謂我歲行在戌，將死。使其言然，吾不及見兒之立也，後當以我語告之。」其平居敎他子弟，常用此語，吾耳熟焉，故能詳也。

第三節　吳石清案　官場現形

高雄縣人吳石清君於民國三十六年四月向林務機關購得一個櫸木林班，在繳清代金後，經該機關人員再三刁難，一根櫸木也未採得，損失很大，到處請願，毫無效果，二十四年後乃向我陳情，由監察院派我和熊在渭委員會同調查，查得吳君確被不肖官員百般刁難，寃沉海底，乃向行政院提出糾正案，請對吳商依法賠償。事之荒唐，令人髮指，列述如左：

一、吳石清於三十六年四月奉准伐採該項櫸木並繳清代金後，林務機關原應卽發伐木許可證，乃拖延一年餘，於三十七年五月十七日方始寄發。而許可證上規定有效伐採日期，則爲自三十六年四月至三十七年四月，發給吳君時（五月）早已逾期，等於廢紙。同（五）月二十六日吳君要求延長一年，該林務機關前高雄山林管理所又延不處理，直至十月方准延長四個月。該林務機關如此一再玩忽公務，漠視民困，難謂非基於極大的惡意，殊屬不合。

二、林務機關發出伐木許可證時，該證既因逾期而成廢紙，自應補發爲期一年的新許可證，方爲合理合法，乃經吳君申請而僅准延期四個月。其實此「延期」二字根本不合，應改爲「補足」，補足之時間則應爲一年。第二模範林場亦持此見解，認爲「擬照所請准予延長一年」。

但高雄山林管理所則認爲吳君伐採工作已歷八個月，故僅准延期四個月。但此認定並非基於事實，而純係推論，其根據僅爲吳君三十六年六月二十日的開工報告。究竟開工以後，是否及能否天天工作，該所不能舉證。而事實上則此項開工，因未領到伐木許可證，不能認爲合法，謝場長之令飭停工，卽以未領許可證爲理由。且據吳君稱：開工不到一個月，場長換人，新任謝場長管理甚嚴，伐木工作不敢進行。又八個月中遭遇二次颱風，道路沖坍，更無法工作。三十七年七月二十日清點結果，全部伐採所得僅爲九十餘石，卽此亦可說明八個月工作的實際困難情形。有此天災人禍，（颱風乃係天災，伐木許可證抑留一年一個月不發，發時卽已逾期，乃是人禍），自不應認爲吳石清已有八個月的伐採時間，則補發僅四個月的許可證，自不合理合法。

至延期的四個月，據吳石清說因停工很久，工寮倒坍，道路破壞，且因通貨膨脹和幣制改革，物價高漲，物資缺乏，伐採工作不能及時恢復。觀於林務局沈局長六十年三月一日函中答覆本院詢問：「吳君已搬出數量若干？」答稱：「吳君已搬出數量依據前高雄山林管理所三十八年瑞產（三八）字第七三五號代電呈報：已搬出材積爲九一石七四」，仍爲三十七年七月二十日所報之數。可知在延期四個月中，吳君亦因天災人禍而不克恢復伐採工作。

至沈局長函中所云：「囑重新申請，但該商並未提出」。查所謂「重新申請」，係令其作新案申請，（重繳價款），而非准其申請展期，自非吳君所願爲，因他認爲原案未了，林務局應補足許可伐採的一年時間。

三、林務機關核准吳石清伐採的櫸木，究竟是一、三三〇・八九一立方公尺，抑為一、三三〇・八九一石，雙方各持其說。同人以為自應以林務機關發給吳君的伐木許可證上所載者為準，而該證所載者則為立方公尺而非石。林務局技正俞作揖雖解釋很可能是當時填發者的筆誤。但經過二十餘年來該局迄未更正，此時自不容以臆測之詞諉為筆誤。

四、吳君應得櫸木，即使照林務局所稱以石計算，亦僅搬出九一點七四石，尚有一千二百三十九點一五一石迄未伐採，而已搬出者仍在林務機關控制中，自猶未為吳君所取得。而吳君所未取得者，因有如上所述原因，（或應歸責於天災，或應歸責於人禍，而林務局僅發四個月有效的許可證，而且經過一再刁難和拖延，尤應負責），應由政府予以補償。

至沈局長表示吳君「應向普通司法機關請求受理審判」，吳君覆稱：「經向臺北地方法院申請，據裁定須要繳付訟費三十七萬元」，自非吳君所能負擔。本院以為此一爭執的是非曲直和權利義務，已甚明顯，無須訴訟解決，應請行政院轉飭省政府妥為改善，以重政信，而恤民困。

監察院的糾正案，經行政院發交省政府查覆，後者把林務局的辯解呈報行政院轉覆監察院，拒給吳商任何救濟。而理由只說：「吳案係發生於距本省光復不久之民國三十六，三十七年間，在『臺灣省國有森林原野產物處分規則』制定以前，因缺少完整統一之法令規章與體制，（假如吳案在現行制度下，根本不可能發生），即容有少許之瑕疵，大體上亦係根據當時之有關法令處理，尚無違誤。」

監察院當然不能同意，乃就申辯書指出十一點不合之處，由我執筆，再予糾正。

行政院接到監察院的再糾正案，仍依省政府和農林廳的辯解，不予救濟。那時蔣經國先生正任行政院院長，允對當年違法失職人員予以懲處，並保證以後不致再錯，至於對吳商的補償問題，則因不便破例，可囑他「向法院提起訴訟，請求賠償。此外別無可循之途」；「如經確定裁判命林務局爲賠償之給付，本（省）府自當令飭遵照辦理」。

對於最後一點，我不以爲然，向監察院提案請作第三次的糾正。但該院向例，糾正只有兩次，這使同人頗感爲難，但我堅持不妨破例。最後經濟委員會乃通過第三次的糾正案，該院以後便援以爲例，糾正不再限於兩次。

該第三次糾正案指出：

憲法第二十四條規定：公務員違法侵害人民之自由或權利者，不獨須負刑事或行政責任，亦應負賠償責任。民法依此原則，在其第二百二十條規定：「債務人就其故意或過失之行爲，應負（賠償）責任。」又第二百二十四條更具體指出：「債務人（按本案爲國家或其行政機關）之代理人或使用人，（按本案爲林務機關及其職員），關於債之履行有故意或過失，（該）債務人應與自己之故意或過失負同一（賠償）責任」。

關於省政府所稱非經訴訟判決不得還債一點，該糾正案很不以然。它說：

欠債還錢，此乃天經地義。「行使債權，履行債務，應本誠實及信用方法」，亦文明世界普遍遵行之行爲規範。債務人對應還之債自不應推拖敷衍，更不得刁難逃賴，否則卽係違反誠實信用及公序良俗。私人間固當如此，政府對人民尤應如此。林務局對吳商旣負有債務，自當自動償付，不得輕言「你去打官司好了」。

該糾正案又說：

所謂「此外別無可循之途」，亦屬不合。要知訴訟之外，尚有調解或仲裁，皆係可循之途。上級機關例如行政院之命令，下級機關例如本案中之省政府自當遵照辦理，此亦係可循之途。至在五權憲政制度中，對監察院之糾正案，省政府亦當尊重，並應就其糾正事項「注意改善」。（憲法第九十七條）不得擅自將其摒於「可循之途」之外而侈言訴訟。

該第三次糾正案經蔣院長親自處理，並請中央黨部政策委員會協調，結果補償一百八十萬元給吳石清君，該案乃得結束。

那時我病在美國，有人告訴我，政府方面有些好事之徒曾爲該案瞎忙了一陣，調查我與吳石清君旣非親也非故，何以那樣奮不顧身，爲他出頭！後據吳君證實：他曾送我一盒冬菇，但經我立卽掛號退還。我想那些好事之徒卽此一事也可了解我強狷的個性和作風，而少費心計了。

第十四章　加罪無辭　暗箭圍攻

第一節　蝦兵蟹將　粉墨登場

我覺得很歉仄的，是「辨冤白謗第一天理」一書，也集印了一部份我爲自己辨白的素材。我在自序中稍加說明：

我對他人的批評，一向竭力忍讓。因爲我經常想到我是一個公職人員，辦的是「衆人之事」，公衆對我應有批評的權利，我對批評應有容忍的度量。卽使越出公事範圍的批評，甚至對我的誹謗或誣衊，我也總是「犯而不校」。可是對方卻認爲我太儒弱可欺，因而格外肆無忌憚。但我仍不予反擊。現在我快將從公衆事務中退下來了，而且老病侵尋，時不我待，所以不得不將一部份有關資料及時發表，留些鴻爪，提供讀者兼聽的機會。希望這個自衞的而不是攻擊的、實在的而不是虛構的、中和的而不是偏激的辨白，不致引起有關人士對我的

再鬥爭和再圍攻！六十一年三月四日

但該項自我申辯的文章僅及五事：一、關於侯君對我的誣陷和侮辱，二、張君迭次化名誣陷，三、就許君揑造和誹謗的辯駁，四、爲痛論揑造誣陷致陳主任書以及五、常君對我的誣告。又，在另一書「吏治政風咄咄咄」，我收印了我和吳大宇、金越光、張一中和王文光等四委員共同辦理，但對方則集矢於我一人的彰化大同公司「假出口眞退稅」案的重要文件。那個案件掀起了軒然大波，監察院、立法院和行政院都有重要人員揷手於中。請看該書目錄，便能略知概梗：

大同案的第一階段：爲出口退稅舞弊案對海關人員的糾擧案、爲出口退稅舞弊案對熊家曾檢察官的彈劾案、附錄：彰化大同案的背景、爲出口退稅舞弊案對行政院的糾正案。

大同案的第二階段：從退稅舞弊到行賄瀆職。

大同案的第三階段：爲大同逃稅罰鍰執行撤銷案對孫德耕院長的彈劾案、司法院公懲會懲戒孫德耕院長的理由。

對法院執行被撤銷的糾正和改善：關於大同罰鍰執行被撤銷的糾正案、附錄：行政院辦理糾正案的經過和結果。

立法委員的質詢和行政院的答覆：行政院對何景寮等質詢的答覆、行政院對何蓋民質詢及再質詢的答覆、行政院對李文齋質詢的答覆、立法院關於大同案立場之聲明。

監察院的「內訌」：五人小組爲反對自動調查大同案致李院長書、對張建中委員的答覆、對王枕華委員的答覆、大同罰鍰程序是否違法及可否再查?敬致同仁。

㊈蕭柏煌對我的刑事控訴及其判決：蕭柏煌上總統文、蕭柏煌的刑事自訴狀、監察院關於監察法第二十六條第三項適用對象及範圍之決議文、控訴案的無罪判決。

我爲行使監察職權，結怨於人，兩度被人告到法院，一度爲蕭柏煌所誣，另一次爲常問行所誣。兩案都經過三級三審，纏訟多日，方欣結案，眞相大白。滋味雖不好受，但我並不後悔。俗諺說：「道高一尺，魔高一丈」，然公道仍在人心，魔高一丈之後，道也隨著升高，最後是魔不勝道。這可增加世人衞道護法的信心和勇氣。

第二節　不控不衞　能忍便忍

在那些打手中，以侯××君最惡劣，也最惡毒。一位執業律師的友人S先生，激於義憤，拔刀相助，向我要了一些資料，替我寫了一個控訴狀，並允義務辯護。那個自訴狀寫得理法詳明，情文並茂，如果遞了上去，侯君雖有靠山，也未必能逃法網。

侯××對我的攻擊，始於民國五十三年，那年八月出版的「文化界中之『一株毒草』」小冊第十八頁載：「『文星』（雜誌）對於國民黨、用的是左右開弓，左手它拉住『馬克斯主義』，右手它牽著『自我中心的論斷』。這左右兩派，在『文星』的心目中，都是反對國民黨的好漢，攻擊國民黨的英雄。這兩股勢力還愁何堅不克？」該文「附記」並指明：「(一)『文星』的右手指的是殷海光、陶百川、李晉芳、李聲庭、陸嘯釗、居浩然；(二)『文星』的左手指的是胡秋原、鄭學稼、加上一個徐高阮。」該小册並無一語指證我何以被彼認爲「文星右手」。然他竟濫施攻擊和誹謗，用心早不可恕。

後來侯××在現代月刊第廿四期封面內頁以「特別說明」對我作更惡毒的誹謗。原文如下：「一些無耻無知的中國院士、敎授、學者等，沒有能够認識到費正清這種排華反漢的卑劣意識，反而做了他的『金元政策』的哨子、應聲蟲和打手，如文星集團、彭明敏、陶百川、殷海光、王惕吾、何炳棣、吳相湘，此卽『文化漢奸』或『政治漢奸』，是令人痛心的」。

五十九年三月，侯××又出版「誰是中國與美國的叛徒」，又以「漢奸」等惡毒辭句連續誹謗。例如：「陶聖人呵！你從『漢聖』的寶座，一下子跌到『漢奸』的深坑」。（第二百九十七頁）又如：「陶百川幫助一個要分裂中國的洋鬼子來打中國一千多位大學敎授，這一行爲不是漢奸是什麼！」（第二百七十頁）

侯××指我們是「漢奸」，無非根據該「特別說明」所稱：「沒有能够認識到費正清這種排華反漢的卑劣意識」，「反而做了他的『金元政策』的哨子、應聲蟲和打手」。

費正清敎授是否排華反漢，而爲我國的敵人，我國政府必很清楚，費如確是如此，政府自必

拒與往來。這是本案重要關鍵。但查民國五十六年嚴副總統訪美時，經我駐美大使館的接洽，尙有與費正淸會晤的安排。這有聯合報五十六年五月三日紐約通訊可爲佐證。而且直到那時我與費正淸僅於抗戰時期在重慶見過一面，費來臺灣多次，我和他都未見面。

侯××誣我是漢奸的惟一證據，祇是我在五十五年六月六日刊載於臺北徵信新聞報（現改爲中國時報）「費正淸對華言論的再檢討」（以下簡稱「再檢討」）一文。他說：「如果貴刊（按指「新儒家」）現在能使陶百川先生公開承認「再檢討」是「輕率」的，我們（侯××等自稱）立刻停止任何文字行動，把現代廿七、廿八、廿九期永遠停止出售，且一定讚揚他的民主風度」。（現代第廿九期第六頁）

他們在上引文中承認下列三點：

一、承認他和現代月刊攻擊我的文字，包含指我爲「漢奸」在內，僅因我曾寫「費正淸對華言論的再檢討」一文而已；

二、承認我「再檢討」可以指摘之處，僅爲寫得「輕率」而已；

三、承認祇要我公開承認「再檢討」寫得「輕率」，他們將立刻停止誹謗，並永遠停止出售現代月刊有關各期，而且還要讚揚我的民主風度。

侯等終於明白承認我的「過失」充其量僅爲輕率，且謂祇要承認「輕率」，我就不是漢奸，而有民主風度。但我並不輕率，且縱使輕率，亦僅輕率而已，侯××何得將我與費正淸和「金元政策」拉在一起並指爲漢奸！

我寫「再檢討」的目的，乃在報導眞相，不使毛澤東竊喜和竊笑。這是該案另一關鍵。那時臺北一部份人士指斥費正清在美國國會宣稱：「共產主義承繼中國文化的傳統」、「毛澤東主義代表中國傳統」以及「中國共產主義是……一種民族主義的表現」。而實則費正清在美國國會證辭中未有此語。毛共雖竭力破壞中國民族主義和中國文化傳統，但爲愚弄在臺和海外人士，極願國人誤認它是民族主義者和承繼中國文化傳統，以達其宣傳統戰的目的。而以費正清在中國問題研究方面現有地位和聲望，如果眞說毛共是民族主義者或承繼中國文化傳統，可能有甚多人信以爲眞，則對毛共的宣傳和統戰，自必十分有利。但費正清並未如此作證。毛共正感失望，乃臺北有力人士竟說費正清曾說毛共是民族主義者並承繼中國文化傳統，國人聞之，難免誤信費正清確有此言，甚至從而誤信毛共或眞是如此，則毛共聞之自必竊喜和竊笑。我寫「再檢討」，用意即在指出此項誤會，防止此項流弊。

我爲不使毛澤東竊喜和竊笑，並在「再檢討」文中引述費正清的反共言論：

例如我在該文引費正清之言：「作爲中國的馬克斯共產主義者，他們的整個哲學是鬪爭。這與孔子學說截然不同。這是中國局勢中的新事物之一，是過去的中斷」。

該文又引：費正清曾說：「中共不能比其他革命者更易爲單純的甜頭和光采所軟化。……在南韓邊境的，在臺灣海峽的，在越南有些地方的軍事圍堵，不可很快的撤消，而須維持一段相當時間」。

該文又引費正清之言：「我的印象是臺灣人和外省人的差別感逐漸有些消失，這兩個集團正在學著一起共存。他們有很多共同之點。臺灣人民從一般學校和大學教育中湧現很多才能。……他們參加國民黨、軍隊和政府，他們在經濟方面所佔的比重更大」。但該文也指出：「在經濟成就方面，費正清認爲尤須歸大功於富有才能的大批大陸來臺人士」。

又該文說：「關於臺灣的前途，費正清在證辭中勸告美國人不要再作臺灣獨立的打算。他說：既然北京和臺北都不接受『兩個中國』，『我們爲什麼要挑上解決這個中國政治問題的重擔呢！』」

該文報導：「關於美國今後的做法，費正清教授在八月廿二日紐約時報的那篇文章中呼籲美國應該尊重對中華民國的條約義務，把第七艦隊留在臺灣海峽，等候中國雙方的想法能與國際現實相適合」。

且我對費正清亦非不加批評，例如該文指出「他（費正清）過分忽視和低估了林彪和中共的世界革命的危險性」。又對費所主張讓中共進聯合國，我在該文中予以警告：「中共眞的會把聯合國毀掉」。

我深信臺北反對姑息份子的宣言純出於愛國的動機，祇因誤引文字可能發生不利於我國的後果，故乃略述眞相，藉加補救。我那時曾將此意函告徵信新聞報當局，該報所以發表該文（「再檢討」），乃因有此了解。

S律師認爲我這些事實和理由，以及另外一些補強證據，非常切實和正大，力勸我對侯××控訴。他在所寫訴狀中指出：

綜觀上述被告誹謗之罪行，顯已觸犯刑法第三百十條第二項「處二年以下有期徒刑拘役或一千元以下罰金」之罪嫌。但被告既有經費能辦雜誌及出版兩厚册書籍以誹謗原告，若僅處以罰金，殊不足以懲其惡，應請處以有期徒刑。被告先後散佈之文字，基於同一概括之犯意而爲連續之誹謗，應依同法第五十六條之規定，加重其刑至二分之一。且被告犯罪之手段竟以「漢奸」罪名加於原告，而犯罪之目的，顯欲置原告於死地，是該被告犯罪惡性旣深且重，應請盡法從重處刑，方足罪刑相當，俾懲頑惡，而保善良，是所至禱！

訴狀草稿又指陳我不得不對侯控訴的理由：

原告世代忠厚，向不與人訟爭，重以現在法院案牘過繁，法官負擔過重，更不願率爾興訟。故對常問行之誣告，對蕭柏煌之誹謗及誣告，以及對符逸冰之侮辱及誹謗，原告皆擬容忍及寬恕。卽以本案而論，原告對被告小册之誹謗固已容忍在前，卽使對所謂「漢奸」之誣蠛，當時亦未準備控訴。乃原告之容忍不獨未能使被告反躬自省，適可而止，抑且變本加厲，其誹謗侮辱之文字，愈來愈多。在現代月刊第廿四期之後，復有五十七年出版之第廿七期、第廿八期、第廿九期，與夫五十八年出版之文化旗第十九期、第二十期，以及五十九年四月一日出版之兩本專書：「誰是中國與美國的叛徒?」「一個公司退稅充公始末」。原告至此始知七年（自五十三年至五十九年）容忍反使被告認爲原告懦弱可欺，遂敢恣意誣衊，故不得不採取自衞步驟，而有此次之自訴。

雖然如此，我還是忍下去了。這是因有這些原因：

第一，我是一個公衆的人，應受公衆監督，別人對我的政論和有關國事的意見，應可加以批評，如果批評得不對，我可加以辯駁，但不宜訴之於法，以嚇阻批評和討論。

第二，我生下來雖有強矯的個性，但那是「南方之強」，而不是「北方之強」，是「寬柔以敎，不報無道」，而不是「暴虎憑河，死而無悔」，我連辯駁文章都沒有寫，何可遽打官司！

第三，我生平既竭力主張言論自由，我應該尊重別人對我有批評的自由，否則，豈不是「狐埋狐搰」，「出爾反爾」麼！

第四，侯君的文字雖十分惡毒，但顯然是奉命行事，「身不由己」，我既不能「擒賊擒王」，何忍過分怪罪於他，而繩之以法！

第三節　圖窮七現　公道乃彰

可是如果攻擊直接來自情治機關，則被冤枉的人便不容易討回公道了。民國五十六年我遭受情治機關誣衊圍攻時，小兒天翼正好任敎於夏威夷大學，勸我到他那裏暫避風雨。我在回臺前夕，寫了一信給在紐約辦報的老友潘公展先生訴說寃情，請他在我萬一橫遭不測後爲我做個見證。我說：「年來弟以肅政防腐，薄負時譽，因而遭忌特甚，奸人環攻，暗箭難防。弟爲暫避其鋒，中請來美。但護照有效期限僅四個月，下月卽將回臺。且爲免奸人藉以製造罪名，故不擬東來。因特工攻擊弟之口實爲弟作費正清金元政策之傳聲筒，而費在哈佛，弟如東來，可能又被誣與費有往來。

在弟申請護照前後，情報人員曾廣泛搜檢弟在上海與楊虎之關係以及香港大東書局出賣香港房屋滙款資匪二事。弟一生言行光明磊落，老實說無可指摘，故彼等乃想入非非，然除非栽贓，終必徒勞。例如弟與楊虎雖同爲監察委員，然感情一向不好，素無私人往來。大東書局出賣香港房屋，在臺董事陸京士兄等曾向香港法院訴請阻止有案。弟與大東彼時雖無職務關係，然亦以股東身份參與訟事。行篋中適有致陳××兄函稿一件，先生閱此亦可見情報人員之無知及無聊矣。

然國家或政府如必欲對付一個老百姓，則後者卽使忠如岳飛亦難倖免。矧弟爲監委，又欲盡責，卽使如何「諷而不謗」，「持而不暴」，亦已積怨遭忌。故當局若不能了解及諒解，則弟終將遭不測之禍。（下略）九月二十五日。

事態有更嚴重而怪誕者：民國七十一年三月底，警備總部政戰單位因我在自立晚報發表「禁書有正道，奈何用牛刀」，在國軍英雄館二樓餐廳舉行所謂「圍剿」陶百川會議，出席人員鍾×

×、趙××、段××等八人，和警總人員三人。警總人員首先報告餐敍宗旨，當場分發一份油印「機密」「資料」——「駁斥陶百川先生攻訐警總文化審檢工作座談會」並附發我在聯合報發表的「請善處言論以促進步而維祥和」和在自立晚報發表的「禁書有正道，奈何用牛刀」兩文的影印本，密商對我如何圍剿。會中發言最激烈者依次爲鍾、趙、段等，但卜發行人、黃發行人、劉議員和王律師都反對圍剿。原也被邀而未到的葉律師則允寫駁斥文章。會商決定：發動雜誌分頭辦理。警總人員並允優致稿費。

同年五月三日，立法委員蘇秋鎭發現「圍剿」我的那個密件，在立法院提出質詢，經自立晚報和中國時報揭載後，引起公憤，幸蒙蔣總統親派大員澈查眞相，主持公道，並由行政院通知國防部轉飭警備總部「派員向陶國策顧問深致歉意，並將有關人員分別議處」，該案乃化險爲夷。我在「政治爝火光」拙著有詳細報告。

那次「圍剿」事件，經自立晚報和亞洲人雜誌分別選爲民國七十一年十大國內新聞之一，足見它的重要性和政治意義。所以我把警總文件對我的誣衊和攻訐以及事實眞相略述於左，以期讀者兼聽則明。

在警備總部人員散發那個攻擊令之前，我毫無所知，它是對我來一個「明槍易躲，暗箭難防」，而且是萬弩齊發，血口噴人。例如：

警總文件第一節，指我的「作風向與鄧力子雷同」，但其理由只是「察其言論向來討好國內外反動分子」，而它所舉的事實和證據無非說我：

——「遠在民國六十二、三年間經常出席大學雜誌（當時爲反政府刊物）舉辦之政治性座談會，藉機攻訐政府措施不當」；

——「六十八年十月七日於聯合報發表『請善處言論以促進步而維祥和』」；

——「七十一年三月二十四日於自立晚報刊登：『禁書有正道，奈何用牛刀！』」。

查我列席大學雜誌座談會先後僅兩次，都由楊國樞和陳少廷兩教授主持，該刊並不反對政府，我也沒有「藉機攻訐政府措施不當」。警總文件這種誣衊，顯然是無的放矢。

至於我發表在聯合報一文，警總文件第二節之（一）列舉四點：

一、它說我「強調『必須用法律而不可用行政命令或軍事命令以管理言論及其出版品（報紙、刊物和書籍），這個法律，就是出版法』，顯然不認同戒嚴法，更否定了『臺灣地區戒嚴時期出版物管制辦法』，此與費希平、蘇秋鎭等偏激份子，有異曲同工之妙，（反對戒嚴法，反對戒嚴令）」。

但我在該文中只指出出版法的效力高於行政命令或軍事命令，兩者如有衝突或重複，自應適用出版法。我並未反對或不認同戒嚴法。

二、它又說：「出版法對出版品約束力微乎其微，如何才能使刊物構成應受上述行政處分，除警告、罰鍰之外，其他簡直是太難」。

但它在文中卻明白承認對於違法的出版品，除警告和罰鍰外，政府依據出版法尚可禁止散佈、沒收、停止發行，撤銷登記。這些處分實施並不太難，效力的確很大。然則警總文件何得說我強調出版法的功能便是「蓄意製造錯覺，使人誤認出版法效力很大」呢！

三、警總文件更說：「況且洩漏國家機密，違背國策、為匪宣傳等等，出版法均無處分條文規定」，甚至說：「果如陶某所言，豈非天下大亂！為敵人開路，其心可誅！」

但它忽略了出版法第四十四條規定：「違反本法之規定，除依第三十七條至第四十三條之規定處罰外，其觸犯其他法律者，依各該有關法律辦理。」於是國家乃可適用刑法(包括特別刑法)去制裁言論文字的罪犯，怎麼會使「天下大亂，為敵人開路」！警總怎麼不想一下，而乃竟把出版法和我加以扭曲和侮辱。

四、警總文件一之34兩項無非再三贅述出版法無用，必須適用它的出版物管制辦法，因為它說它所可以管制的雖以「與軍事有妨害者」為限，但應認為那個限制應作廣義解釋，因而說「無所不通，亦無可懷疑」。有這心態，難怪警總文件強調對出版物可以無所不管，無所不制。政府若不予以糾正，終有一天，人民的吃飯穿衣，它也要管，也可以通，而且認為「亦無可懷疑」。圖窮七現，原來如此！但那是不是將成為警總的軍事統治呢！

其次，警總文件第二節之(二)對於我「禁書有正道，奈何用牛刀」的「駁斥」雖有八點，但一言以蔽之，只是重複它的那句老調：出版法沒有用，而因我主張適用出版法去管制出版物，它乃誣我「豈非天下大亂，爲敵人開路，其心可誅」。警總文件的心態如此武斷、蠻橫和惡毒，已到無可理喻和抹煞民主法治的地步，我實在不應再浪費精力去理喻，但因積非成是，我心戚戚，不能不加以辯駁。

一、它說我：「希望『依照美國制度，則由法院裁判』，『採用仲裁辦法』——對空間缺乏認識，不了解我國與美國國情不同。」

對這駁斥，我只請警總的先生們想一想：警總依戒嚴法第八條本來可管十種罪刑的審判，何以行政院准它只管其中的兩種！何以選舉期間煽惑他人犯內亂罪和外患罪者，選舉罷免法都交給普通司法警察和法院去偵辦，而不交給警總！何以司法甚至軍法機關對於重要證據的認定不敢僅靠法官而尚須請專家去鑑定！何以勞資糾紛不請警總管制，而採用仲裁辦法！難道這些都是出於「對空間缺乏認識不了解我國與美國國情不同」麼！

二、說我「誣衊訴願委員會及行政法院」，我只須說：行政法院判決人民勝訴的機會只有百分之十二而已。

三、說我認爲警總查禁兩本刊物不無越權違法之嫌，應負誹謗之責。但它沒有說出理由，而我在自立晚報和民衆日報文中卻已交代得很清楚，我請它把該文細看一遍，再來駁我。

四、我只須答覆一句：所謂「與軍事有妨害者」，應嚴格解釋，不得認爲它是無所不包，「無所不通，亦無可懷疑」。

五、出版物攻訐政府「選舉舞弊或官吏貪污」而「淆亂視聽」，難道警總眞的不管麼！

六、出版物如果記載不實，我建議政府應該要求更正或登載辯駁書，但我沒有說政府不可採取其他措施，我也沒有說警總沒有要求更正和辯駁，但它卽使曾做，也只是偶一爲之而已。這也難怪，因爲它既有權把它禁絕，何必多費紙筆。

七、命令，無論行政命令或軍事命令或司法命令，不能對抗法律，這是法學常識，不容強辯。

八、「爲防制共匪、臺獨及其同路人之宣傳統戰，與分化破壞」，僅靠出版法是不够的，但僅靠警總的出版物管制辦法就够麼！

警總文件第三節對於我的羅織和誣衊，最不可恕。我與它所攻擊的幾位立法委員多不相識，並無往來，絕無聯絡，何來「配合」！何來計劃！何來陰謀活動！而且他們根本不是什麼「陰謀分子」，更沒有什麼「陰謀活動」。至於我對它的出版物管制辦法的批評，那是善意的研討和建議，警總可以要求聯合報、自立晚報和民衆日報更正或登載辯駁書，而不應以「機密」暗箭來亂射。

又，警總文件竟自稱「本部」，這與安基三號密件自稱「本黨」，可謂圖窮匕現，無獨有偶，足見執筆者無所忌憚。

《附錄一》為我與費正清致W主任書

警備總部一份未經上級核定的機密文件對弟橫加誣衊和濫施攻擊的時候，承我公兩次邀共早餐，因得暢聆教益。玆再申謝。

頃聞有周之鳴君者揚言：近曾致函我公，建議民主自由的是非爭論不足以致弟死命，最好誣弟與費正清互相勾結，「為匪統戰，出賣中國」，這樣可使弟永無翻身之日。周君因而請示我公高見以為如何。

但弟與費正清教授一生只見過兩次：一在戰時重慶，一在夏威夷，後者是在六、七年前他在夏威夷開會與友人談及他在臺灣所受攻擊禍延弟等，頗感歉悵，知弟適在夏威夷，乃請友人邀弟在其旅舍吃過一頓早餐，如此而已。

周君如與我公晤談此事，擬乞以此轉告，希望他不再血口噴人，且使情治人員不致上當。感何如之！（七一、五、二四）

費正清先生給我的信

HARVARD UNIVERSITY
EAST ASIAN RESEARCH CENTER

Room 301
1737 Cambridge Stree
Cambridge,
Massachusetts 02138

May 20, 1966

Mr. Tao Pai Chuan
131 Park Drive
Boston, Massachusetts 02115

Dear Mr. Tao:

Thank you for your letter of May 18 enclosing the clipping from the Taipei press. I appreciate your making this available to me and regret that I was absent on the WestCoast at the time when you visited our Center.

Now I am obliged to take off for Paris and London to keep appointments there, but I shall be back in the latter part of the summer and perhaps we can meet at that time.

I am not certain how much of the Senate testimony was conveyed to the public in Taiwan, since of course the testimony was very extensive and the wire services could carry only a small indication of it. Accordingly, I send you a copy herewith of the Senate Foreign Relations Committee hearings, on the chance that you may not already have a copy.

I shall also venture to send you reprints of articles which I am on the point of publishing in the *New York Times* weekly magazine, the *Atlantic Monthly,* and *Foreign Affairs.* Of course, all these things are in the public domain, or will be when they are published, and I should be happy indeed if you would care to take any note of them in your columns for the press in Taipei.

I think these writings will indicate all that I have to offer.

With sincere regards,

JKFairbank

John K. Fairbank

JKF:1m
enclosure

我給費正清先生的信

1535 Punahou St. Apt. 404
Honolulu, Hawaii, 96822
June 16, 1976

"Dear Prof. Fairbank:

Thank you very much for your breakfast. I regret that I could not entertain you as I had been scheduled.

I also regret that I did not send you a copy of the Introduction to my book "Comparative Parliamentary Control System", for which I have been researching here, and which I am mailing you by surface mail.

Enclosed herewith please find a clipping of Mr. Lee's article in the China Times, criticising some of your remarks made in Tokyo, and also two copies of Honolulu Star-Bulletin's report of and editorial on your Ilikai speech.

I am interested in what you said that there are no signs that "Taiwan isn't going to be pretty much as it is now for at least 20 years." If so, there will be (and there are indeed) two Chinas or 1½ Chinas in at least 20 years. I think that this is identical with my formula, as I told you, "Today two Chinas, tomorrow one China".

I am also interested in what you called "Pacific U S". But I cannot understand how it can make peace possible between Communist China and Nationalist China.

Will you please be so kind as to elaborate on these two important themes?

With best regards,

Yours sincerely,

Tao Pai Chuan

《附錄二》為提和解最低條件致C先生書

昨日趨謁，聆敎爲暢。侯××君六、七年來以數十萬字侮辱百川爲「漢奸」、爲「洋奴」、爲「奴才」、爲「叛徒」、爲「叛逆領袖、叛逆黨國」，並廣爲傳播。如不公開道歉，何以明是非而彰法治！此非僅爲百川個人之法益，亦爲表示社會尙有正義及本黨尙有紀律之最低限度之辨法。如侯君不願爲之，百川亦惟有徒呼奈何而已！（至所云口頭道歉，則無憑無據，自非百川所應接受而予以宥恕。）所堪告慰者：百川最近不獨不能報復，亦無力自衞，不致與其爭一日之短長。盛情敬謝。（六十年五月）

《附錄三》行政院對蘇秋鎭委員質詢的答覆

（行政院函　中華民國七十一年五月十三日臺七十一秘字第七八五二號）

蘇委員就臺灣警備總司令部文化工作業務人員在三軍軍官俱樂部舉行座談會一事，所提質詢，玆答覆如下：

關於蘇委員質詢中提出警備總部文化工作業務人員在三軍軍官俱樂部參加座談會所用文件資

料，對陶國策顧問百川措詞諸多不當一節。查此項座談會，本院及國防部事前均未知悉。所指之文件資料，經飭國防部查明，並未經警備總部高級主管核閱。因此不能代表警備總部之意見。

警備總部文化工作業務人員在一未經核定之文件資料中，對陶國策顧問百川橫加誣衊，濫施攻訐，殊不可恕，本院經通知國防部轉飭警備總部派員向陶國策顧問深致歉意，並將有關人員分別議處，已荷陶國策顧問諒解。

警備總部負責復興基地治安之維護，責艱任重，當此共匪正對我加強統戰顛覆陰謀之際，警總職責，日形重要；警總業務涉及人民權益頗多，已飭由國防部加強督導，力求進步，如有任何缺失之處，自當虛心接受批評，勇於改進。

第十五章 軍事審判 我所監察

第一節 無權審判 何得偵查

政府當局對軍事審判似有偏好，常想加以擴張，而我則爲維護民主法治和人權自由，一直扮演刹車的角色加以阻止。現舉數例。

我在五十年前擔任上海警備司令部一年多軍法處處長，痛感那時軍法審判是有「軍」無「法」，無「審」有「判」。我們六位軍法官連我在內都是大學法科出身，而且存心想做好，可是審判不獨立，聽命於上級，一審終結，不得上訴，秘密進行，無人辯護。尤其軍事機關是任務爲重，生命爲輕，命令至上，服從第一，所以從此我怕見軍法。

現在有了軍事審判法，軍法較前顯有進步，可是審判仍不獨立，服從仍是天職，一審終結，覆判祇是形式，一庭審結，眞實不易發現，於是寃獄不能昭雪，人權失所保護。我對現在軍法人員的敬業精神雖很欽佩，然對軍事審判則總是不能放心，所以還是「怕見軍法」。

有鑑於此，我國憲法第九條乃規定：「人民除現役軍人外不受軍事審判。」他國也都如此，可以說已是天經地義了。

但是我國憲法授權總統可以宣佈戒嚴，而一經戒嚴，很多政務移歸軍事機關管轄，人權自由都受限制。以軍法審判而論，戒嚴法第八條規定：「戒嚴時期接戰地域內關於刑法上左列各罪，軍事機關得自行審判或交法院審判之：一、內亂罪，二、外患罪，三、妨害秩序罪，四、公共危險罪，五、僞造貨幣、有價證券及文書、印文各罪，六、殺人罪，七、妨害自由罪，八、搶奪強盜及海盜罪，九、恐嚇及擄人勒贖罪，十、毀棄損壞罪。」

又，該條第三項規定：「犯前項以外之其他特別刑法之罪者，亦同。」

但這乃限於接戰地域，就是「指作戰時攻守之地域」，而臺灣目前並未進入「作戰時」，也未發生「攻」「守」情事，自難認爲是「接戰地域」，依法尚不能適用該條規定，由軍事機關執行審判本由法院管轄的十款罪行以及特別刑法規定的罪行。

可是臺灣可以被認爲是「警戒地域」，也就是「受戰爭影響應警戒之地域」，依照前條第三項規定：「戒嚴時期警戒地域內，犯本條第一項第一（內亂罪）二（外患罪）三（妨害秩序罪）四（公共危險罪）八（搶奪強盜及海盜罪）九（恐嚇及擄人勒贖罪）等款及第二項之罪（特別刑法規定之罪）者，軍事機關得自行審判或交法院審判之」，於是軍事機關可以審判本由法院管轄十款罪刑中的六款以及特別刑法中的多種罪刑，人權自由因而也就够苦了。

幸而蔣先總統和行政院陳院長（誠）在民國四十一年對前條軍事機關的審判權加以限制——限於軍人犯罪以及一般人民犯檢肅匪諜條例和懲治叛亂條例所定之罪，其餘戒嚴法規定可由軍事機關自行審判各罪都由法院審判。這對人權自由的保障，自是一件大事。

後來監察院發現軍事機關雖不再審判不屬於它管轄的刑事條件，但仍把無軍人身份的普通刑事案犯加以逮捕、扣留和偵查，因而向行政院提了一個糾正案，請加注意和改善。但行政院覆稱：「本案經飭據國防部研討，以依軍事審判法規定，軍事機關對其管轄之案件，得行使追訴與審判之職權，各該地方軍事機關執行『臺灣省戒嚴時期軍法機關自行審判及交法院審判案件劃分辦法』，尚未發現有違反原核定原則」云云。

在監察院司法委員會討論該案時，我指出軍事機關違反該辦法的一些事實，應請行政院自行查覆，不得將國防部的覆文轉覆監察院作爲對糾正案的答覆。該會乃決議兩點，請行政院答覆：一、行政院所訂「臺灣省戒嚴時期軍法機關自行審判及交法院審判案件劃分辦法」之解釋究竟屬於行政院抑屬國防部？二、國防部四十六年三月二十一日對上項辦法所爲之意見是否卽認爲行政院之意見？

那時行政院院長已是俞鴻鈞先生，他「崇法務實」，指定該院田委員烱錦、黃委員季陸、余委員井塘，會同國防部代表開會審查，並將審查結果提出四十六年十月三日該院第五三一次會議決議：「照田委員等審查意見辦理，由院令飭國防部、司法行政部等遵照，並復監察院查照。」

原審查意見全文如下：

查監察院糾正臺灣省保安司令部對於「戒嚴時期軍法機關自行審判及交法院審判案件劃分辦法」之執行情形，有違原劃分辦法之意旨一案，經會商咸認爲該劃分辦法第三條僅規定：「除前條所定外，其餘案件一律交由法院審判」，而未明白規定所謂「審判」是否即包括偵查訊問逮捕等職權一律交由法院行使，致引起各方不同之見解。本案依國防部答復意見，臺灣省保安司令部過去就有牽連關係之案件行使其偵查訊問逮捕之職權，似尚難認爲違法。惟今後爲明確劃分軍法與司法之審判職權，以及貫徹保障人權之政策起見，該劃分辦法似有補充解釋之必要。爰經決議如左：

一、「臺灣省戒嚴時期軍法機關自行審判及交由法院審判案件劃分辦法」規定應由法院審判之案件，應認爲包括偵查、訊問、逮捕等權在內，軍法機關今後不得行使此項職權。

二、關於匪諜牽連案件依戡亂時期檢肅匪諜條例第十一條之規定，自應由軍法機關審判，非匪諜之其他案件如牽連犯中有一罪應受軍法審判者，或非軍人與軍人共犯者，得由軍法機關行使偵查訊問權，但應確實遵照總統（四六）臺統（一）一字第三六六〇號代電指示，不得以先行拘禁爲調查之方法。

後來我和衡權委員經辦王鎮檢舉臺灣高等法院檢察處首席檢察官把他移送軍事機關協助偵查

違法失職案，就是依據該項釋示提出一個糾舉案，指摘該首席違法失職，經司法院予以懲戒。六十八年警備總部因高雄事件逮捕了大批青年，我也曾引該項釋示，提醒政府當局應飭警總將該部無權審判因而也無權偵查的嫌疑人犯迅即移送法院偵辦。警總後來把案中四十餘人移送法院。

回到本題，在監察院辦畢軍事機關不得偵查普通刑事案之後，我又向該院提議：「行政院因本院上項糾正案，規定軍法機關對於應屬法院審判之案件，以後不得行使偵查逮捕訊問等權，此對人權之保障，極有裨益，但仍擬請本院繼續注意下列三事：（一）軍法機關以外的軍事機關，是否可以司法警察官署身份，逮捕應屬法院審判的案犯，其逮捕是否皆有法院的拘票？（二）軍法機關受理軍人案件及匪諜案件以外的案件，例如依據懲治走私條例，受理走私案件，是否牴觸憲法第九條「人民除現役軍人外，不受軍事審判」的規定？（三）法院依據提審法向非法逮捕機關提審人犯之執行情形和執行效果如何？有無違法失職情事？」

後來該院在調查後又提一個糾正案，促請行政院注意改善。那些問題，現在顯已進步了。

第二節　首次擴張　異議無效

五十六年四月一日，軍法機關自行審判的範圍，由行政院加以擴充，包括左列各罪：

三、犯陸海空軍刑法第七十七條、第七十八條之屬於盜賣買受械彈、軍油案件及懲治盜匪條例第四條第一項第三款、第二項、第三項，戰時交通電業設備及器材防護條例第十四條、第十五條屬於竊盜或毀損及收受、搬運、寄藏、故買、牙保、熔燬同條例第二條第一項第四款、第八款規定之交通設備及器材之罪。

按：該辦法其他兩款是：一、軍人犯罪，二、犯戡亂時期檢肅匪諜條例、懲治叛亂條例所定之罪。

在該擴張條款公布前一日，中央黨部召開一次黨政協調會議，我發言反對。我說：陸海空軍刑法第七十七條第七十八條以及懲治盜匪條例和戰時交通設備及器材防護條例，都是特別刑法，處刑原已加重，但向歸法院管轄，依法懲治，已足以資嚇阻和預防，何必冒大不韙而開軍事審判的倒車！

我又說，行政院可能認爲軍法從事或軍事審判就能止盜止竊，則作爲本案起因的熊雪根案應該不致發生，然熊既是軍人，明知將以軍法從事，也明知可被處死刑或無期徒刑，而仍悍然爲之，可知防止盜竊固不能乞靈於軍法。

又如竊盜電線以致電流中斷，現行刑法規定，法院應處七年以上徒刑，情節重大者，得處死刑。軍法機關亦祇能如此處斷。如說法院必不可靠，祇有軍法機關方可靠，則當改造法院以爲補救，何可因噎廢食！而且行政院負法院監督之責，將何以自解！

話雖如此，但因該修正命令第二天就要公佈施行，我已回天乏術。

六十一年三月，監察院財政委員會鑒於臺灣常有倒會情事，認爲有匪諜操縱嫌疑，將一份請願書送請警備總司令部注意。袁晴暉、葉時修兩委員和我都不以爲然，向院會提案反對，指出：「查倒會情殊可惡，但依法應由司法警察機關及法院辦理，軍事機關目前尚無此職權，似不宜由本院函請開例。擬請財政委員會重行考慮，敬請討論。」但該會已經報院函請警總查覆在案，警總當然樂於插手，可是覆稱：「本案經深入調查，純係民間債務糾紛與詐欺背信行爲，尚未發現匪諜幕後主使操縱，而其行爲亦未構成影響治安與擾亂金融，業經司法機關循司法途徑依法處理。」

第三節　搶犯可惡　不屬軍法

一個類似的案例發生在七十二年，有一立法委員向行政院質詢，主張「將最近偵破的世華銀行劫鈔等六大刑案交軍法審判」。我不以爲然，曾請司法當局不可支持。我在信中說：

……如果如此，則將使國人視法院爲何物。×委員謂依照「臺灣地區戒嚴時期軍法機關自行審判及交法院審判案件劃分辦法」，軍法機關得自行審判，殊不知依該辦法軍法機關已不得自行審判該等刑案。如果非法擴張軍法審判，則又將使國人視該辦法爲何物。且此例如果再開，（過去曾犯此誤），更將置憲政法治於何地！故此事斷不可行。除非廢棄該項劃分辦法，務請吾公堅守立場，不予苟同，以重法治，而固國本。

那位司法首長覆信贊同，我乃安心。

另一案例，是民國六十五年四月，行政院將搶犯一名飭交警備總部以軍法從事，那時我在海外聽到一些反感和抨擊，馳書當局請加糾正。我提出兩點理由：

一、依照戒嚴法，陸海空軍刑法及軍事審判法，搶案固得由軍法審判。但行政院爲保護人權及增進法治，曾於民國四十一年頒訂「臺灣地區戒嚴時期軍法機關自行審判及交法院審判案件劃分辦法」，其第二條及第三條，已將搶案劃歸法院審判。

行政院繼在四十三年與五十六年四月及九月將該辦法迭加修正，擴大軍法審判範圍，但搶案仍不在內。

因此，除非該辦法近又修正公佈，將搶案交由軍法審判，則行政院仍須受該辦法之拘束，無權將該搶案以行政命令飭交警總審判。此爲法治常軌，不可背離。

二、「人民除現役軍人外，不受軍事審判」，此不獨爲吾國憲法所明定，其他法治國家尤視爲金科玉律。吾國現處戒嚴時期，不得不有所例外，但仍當依法爲之，而且如無眞正必要，總之不宜軍法從事。近來軍法對非軍人所審判之各案，已在國外引起關切及非議，毛共及臺獨更從而大肆反宣傳。故軍法審判縱有相當嚇阻作用，亦屬得不償失。何況法院對惡性眞正重大之搶犯亦可判處重刑以爲嚇阻的預防乎！

自此以後，搶犯乃改由法院審判，但尚有一、二次例外。

第四節　嚴重錯誤　簡速改正

六十九年六月，行政院在答覆一位立法委員質詢時，說軍法司法審判劃分辦法已作第四次修正，把「軍事治安有重大關係」的案件劃歸軍法審判，我很詫異，曾請行政院孫院長查明示知。我指出：

頃閱大院對立法院王委員之書面答覆第十五項謂：關於軍法審判範圍之劃分，自民國四十一年五月後曾有四次修正，並將「軍事治安有重大關係」之案件劃歸軍法審判（附件）。但以弟所知，所謂修正，僅有三次，亦未見將所謂治安重大關係之案劃歸軍法審判。是否該所謂第四次之修正，未見公佈？鑒於前三次之修正俱經公佈，因而收印在一般六法全書中，俾衆周知，則以後（卽所謂第四次）修正之秘而不宣，是否適法？

以上僅就程序而論，若論實體，則該項修正如果確有其事，乃是以命令代替法律擴大軍法審判之範圍，更屬不合。蓋人民不受軍法審判，係憲法所明定。現制軍法所得審判者，皆爲特別刑法或戒嚴法第八條所授權。但所謂「軍事治安有重大關係」之案件則未見包括在該等法條以內，自不容以命令添加及擴大；卽使有其必要，亦當依憲法程序以法律爲之。然則大院致王委員書面答覆中之添加及擴大，其亦有說乎？

弟忝任總統府國策顧問，對法治素所關切。附上該書面答覆，可否請煩示覆？

十餘日後，孫院長覆我一信，聲明更正，並致謝忱。該函節稱：

至民國五十六年九月四日復予修正後，並未再作修正。現所適用者爲民國五十六年九月四日修正之「臺灣地區戒嚴時期軍法機關自行審判及交法院審判案件劃分辦法」。本院對王委員夢雲質詢之書面答覆第十五點所云「前後四次修正」及「軍事治安有重大關係者劃歸軍事審判」，核屬有誤。忝承指教，不勝感激，除另函立法院更正外，特此奉覆，並致謝忱。

附致立法院函抄件一份。

民國七十三年三月，我在評論那則佳話時曾說：「我想孫院長爲人爲官都是不差的，那些錯誤，顯然咎在僚屬。而且君子之過，猶似日月之蝕，一事一時的陰暗，無損於其本質的光明。」

第五節　流氓管訓　軍事何干

此外，我尙應略述我和監察院同仁申請解釋違警罰法是否違憲以及我反對社會安寧維護法草案要把流氓管訓的管轄權從警察機關移給軍事機關。

遠在民國五十年八月，監察院依照我和同仁的提案以及院會的決議，以關於違警罰法所規定主罰中的拘留罰役等規定，是否違反憲法，請司法院解釋。申請書指出：

憲法第八條規定：「人民身體自由應予保障……非由法院依法定程序不得審問處罰」。而現行違警罰法所規定主罰中之拘留罰役，則均係對於人民身體自由之處罰，且所有偵訊裁決處罰執行均由警察官署為之。按之上開憲法第八條所規定人民身體自由應予保障，非由法院依法定程序不得審問處罰之規定，似不無牴觸。

我特別注意警察機關常引違警罰法第二十八條：「因遊蕩或懶惰而有違警行為之習慣者，得加重處罰，並得於執行完畢後，送交相當處所，施以矯正或令其學習生活技能」，甚至把他們作為流氓，送到外島或他處管訓數年。那些所謂流氓案的監督機關乃是警備總司令部。所有流氓身分的認定、列册和執行，都由警總主辦。其中常有寃案。民國五十二年，我和王文光委員奉派視察警備總部各個職訓總隊，向陳大慶總司令提出我們的意見，他從善如流，一下釋放了九十餘人。

至於我所以那樣了解和注意流氓管訓的缺失，乃是基於四十八年我與劉永濟委員對司法行政部年度巡察時的見聞。我對監察院院會的一次報告中指出：

年來各法院對於一般犯罪之被告，合於刑法上保安處分規定者，宣告保安處分，臺灣警備總司令部亦常依據違警罰法第廿八條逮捕流氓，予以管訓。兩項合計三千三百餘人，其數幾相當於目前各監獄執行徒刑之受刑人，而其執行期間有長至七年者。查監獄有監獄條例、監獄行刑法、行刑累進處遇條例等法律作為依據，但保安處分場所之組織及執行程序，尚無完整之法律可資適用，此對被執行人之權利自有妨害之虞，亟應由主管機關擬定保安處分場所組織條例及保安處分執行法等法案，完成立法程序，公布施行。

但監察院申請解釋警察機關拘留人民是否違背憲法一案，在司法院拖延了二十年，經監察院千呼萬喚，司法院方在六十九年十一月解釋下來，那就是釋字第一六六號解釋。它說：「爲加強人民身體自由之保障，違警罰法有關拘留罰役由警察官署裁決之規定，應迅改由法院依法定程序爲之，以符憲法第八條第一項之本旨。」

這是說，警察機關以後自不得再依違警罰法作拘留或罰役的裁決。我立寫一文，呼籲行政院即速飭令警察機關將應處拘留或罰役的違警人，一律處以罰鍰，不得再處拘留或罰役，以重法治。同時迅速制訂新法，將違警拘留罰役的裁判權改交法院掌理。於是流氓管訓之權，也不可能再屬於警察機關和警備總部了。

後來政府乃起草一個「社會安寧維護法」以代替違警罰法，把對違警人的拘留權改交法院行使。但該法草案卻同時把流氓的管訓處分不交給法院而交給軍事機關管轄和裁定。

我不以爲然，但我已不是監察委員，無權反對，乃爲此拜訪了幾位立法委員，對他們指出：「近來破獲的殺人案和強盜案，依據戒嚴法，都可送交軍事機關審判，然而民國四十一年行政院的「軍法機關自行審判及交法院審判案件劃分辦法」，已把該等案件歸還法院審判。重罪尚須避免軍法，怎麼竟想把違警行爲及其處罰反交軍事機關裁判呢！」其中我最欽佩陸京士委員，他表示要在討論時主張改交法院管轄。

同時，來了「空『谷』足音」。據自立晚報透露：「原先預定於上週三可望經國民黨中常會討論通過的社會安寧維護法草案，由於中常委谷正綱力排衆議，而暫時擱置下來。……谷正綱認爲，由軍法機關裁定，太過嚴厲，堅持必須由司法機關審判。……蔣主席裁定暫行保留此項條文，交由有關部門詳細研究後再做決定。」我猜測這大約是京士先生向谷先生遊說的結果。但從此也可見谷先生的大智、大仁和大勇。

第六節　禁書殺鷄　焉用牛刀

我爲維護言論自由以及美化文宣人員，年來多次建議要辦好書刊檢查工作。其中涉及警備總部的，有六十八年十月登在聯合報的「請善處言論，以促進步並維祥和」和七十一年三月登在自立晚報的「禁書有正道，奈何用牛刀！」我認爲警總所能檢查的文字言論，僅限於戒嚴法第十一條所授權的「認爲與軍事有妨害者」，此外都應交還給新聞局依出版法管理。

我在該文中指出：所謂「與軍事有妨害者」，我們必須注意「與軍事」和「有妨害」這兩個重要條件。這是說，如果不是「軍事」，則即使「有妨害」情事，當然不得適用本條，（但可適用他法），而卽使是「軍事」，但如對它並無「妨害」，當然更不能有本條之適用。

但依照警總所執行的出版物管制辦法，凡第三條所規定者，都被認爲「與軍事有妨害」。所以「淆亂視聽，足以影響民心士氣」（該條第六款）也被認爲「與軍事有妨害」，甚至「內容猥褻，有悖公序良俗」（該條第八款）也竟被認爲「與軍事有妨害」。但是依事依理，這些都與軍事並無妨害。

鑒於警備總部查禁刊物經常引用「淆亂視聽，足以影響民心士氣」爲理由，我特加評議：

第一、該項被指爲「淆亂視聽」的記載，例如說選舉舞弊或官吏貪污，警總必須證明它不是事實，而是虛構，如果不加或不能證明是虛構，則聞者足戒，言者無罪，政府所當對付的，乃是該項舞弊的選舉或貪污的官吏，而不應加罪於出版物及其言論文字。這不獨是政治道德，也是法律規定。（參看刑法第三百一十條和三百十一條）。

第二、該項記載如果並不眞實，則政府合理合法的處理辦法，應該是要求更正或登載辯白書。（出版法第十五條）如果欲加之罪，警總必須證明該項記載眞的「足以影響民心士氣」。我以爲，很多政府人員也可能以爲，揭發或評論賄選或貪污，足徵社會尙有正氣和公道，政府從而對那些罪行加以懲辦，不獨不會影響而且足以振奮民心士氣，則該出版物何罪之有！

第三、也是最重要的一點，卽使報導或評議了賄選和貪污眞的「淆亂視聽，足以影響民心士氣」，也不能被認爲「與軍事有妨害」。但該出版物管制辦法卻將「內容猥褻有悖公序良俗」的記載也都認爲「與軍事有妨害」而一併交由警備總部去管制和取締。這顯然是「指鹿爲馬」。

戒嚴如果已爲國人所非議而要求解除，則這種由軍事機關管制言論和查禁書刊，實是爲厲之階和被攻擊的口實。政府當局難道眞的還沒有這樣感覺麼！

至於我所以主張由文職主管機關用出版法管理出版物及其言論文字，那是因爲出版法對於違法的出版品（言論或記述），可以：一、警告，二、罰鍰，三、禁止散佈，四、沒收，五、停止發行，六、撤銷登記（永久停刊）。政府依法掌握這些大權，還怕不能對付出版品麼！還須動用爲中外人士所詬病的特別法令包括戒嚴法及其軍事命令麼！

再看國家總動員法第二十二條，它對出版品也可以加以取締，但妨害國家總動員懲罰暫行條例第十條規定：「違反依國家總動員法第二十二條規定所發之命令者，其處罰依出版法之規定，必要時，並得加重其刑至二分之一。」

但是想不到那個善意的建議，竟引起警總文化工作部門圍攻我的軒然大波，成爲民國七十一年國內十大新聞之一。這場風波的背景，我在本書他處另有敍述，現在摘錄亞洲人雜誌所以選它爲十大之一的理由：

本則事件發生在今（七十一）年五月間，起因於立委蘇秋鎭的一篇書面質詢。該質詢揭發警總文化工作單位，爲了圍剿陶百川，邀集一些外圍雜誌和新聞從業人員，提供其攻擊資料並給予優厚稿酬，以佈置全面圍剿行動。

這件事經自立晚報首先披露，中國時報隨後「獨家」跟進後，立刻造成軒然大波，許多政界及學術文化界人士對警總居然找上德高望重、國之大老的陶百川開刀，莫不感到震驚心寒，同時也感到此事的荒謬可笑，簡直到了令人不敢置信的地步。因爲陶百川多年來針砭時政，雖屬逆耳之言，但爲文多溫婉寬厚，連這樣的言論都無法見容，何況其他？而且陶百川歷任黨政要職，在自動辭卸監委後，仍受聘爲總統府國策顧問，以一個國防部下面的單位，竟然囂張到連總統的顧問都敢點名批鬪、圍剿整修，眞正是目無法紀，超乎常理。

事後，國防部長及警備總司令雖均表示，圍剿陶百川的資料，只是警總內部參考文件，並未經任何長官核閱，不能代表警總的正式意見，有關失職人員也將查明議處，但是這樣的「澄清」，並未能完全消除國人內心的陰影。（下略）

第七節　不准放刀　惜難成佛

宋朝詞人晏殊有名句道：「無可奈何花落去，似曾相識燕歸來」。

我在警備總部出版物審檢機構對我「圍剿」事件告一段落後，曾爲自立晚報寫過一篇：「用軍管令抑或出版法」，它的標題便是採用「無可奈何花落去」。最近報載有關機關（應是警備總部）准許深耕雜誌用油墨塗掉不妥文章而准它發行，這正是我一向所呼籲的，我聽了很欣慰。

同時，我也聽說，警總本來想把出版物交還給新聞局管理，這本來也是我所竭力主張的，可惜未爲政府當局所採納。於是我再寫一文，爲「似曾相識燕歸來」而高興，而失望，而想繼續促其實現。

其實在「圍剿」「陰謀」被蘇秋鎮委員揭發後，國防部宋部長曾於五月六日在立法院報告：警備總部曾檢討，想把民間出版業務交給新聞局主管，軍方不再插手，但國防部認爲新聞局難以有效管理，警總才不得不繼續管理云云。（五月七日聯合報）這些話當然應認爲可信。

也曾有人告訴我，在我的「禁書有正道，奈何用牛刀」一文發表後，就有中央黨部一位軍職常務委員（註：大約是王昇將軍）認爲我的建議不無可採之處，在中央常會提議研究採擇。參考上引宋部長的表示，那位常委主張讓軍方收起「牛刀」，請新聞局管理「小鷄」。但因那時新聞主管人員不在國內，不能就做結論。後來在行政院長主持的一個討論場合中，新聞當局表示難作有效管理，於是決定仍用「牛刀」。惜哉！惜哉！

至於深耕雜誌第二十三期能够起死回生，固然應該感謝經辦機關，但那是出版法第三十九條第二項所明定，政府理應遵辦，以後並當以此爲例，讓「小鷄」們也能稍沐國家賜給它們的恩惠。

《附錄》我與陸京士先生

——申論公道　痛悼京士

日前我在陸京士先生治喪委員會報告他的行誼，指出公道是他待人處事一以貫之的原則。但因臨場匆遽，詞不達意，而且意有未盡，不無遺憾，現在略加申論，以爲悼念。

公道就是孔子教人的「中行」或「中道」或「中庸之道」，因此乃是「大道之行也」的「大道」。打一譬喻，公道就是公衆的道路。它是陽關大道，而不是一人一家的私路。它是高速公路，而不是曲徑通幽的小路。它是平坦通達，沒有紅燈，也沒有歧途。眞所謂「人人有路到長安，坦坦平平一直看」。所以說：「大道之行也，天下爲公」。

京士兄是立法委員，是工會所選出的立法委員，是中國國民黨黨員，而且是中央評議委員，所以他的角色，很難扮演。因爲勞資關係不易一致，最近他在參與勞動基準法的討論時，左袒右袒，面臨困境。但他仍能左右逢源，因爲他奉行公道，不激不偏，不許勞方壓迫資方，也不許資方剝削勞方。

又因他是執政黨黨員，而黨部對黨員的要求，也就是政府對立法院的要求，有時不能符合他做民意代表的立場，所以不免感到左右爲難。但因他奉行公道，最後還是做得恰到好處。

此外，立法院的資深委員與他黨他派的增額委員，也時有衝突，糾纏不已。但因他奉行公道，頗爲黨外委員所信任，也能獲得同黨委員的諒解。

公道何以能有這麼大的力量和這麼多的好處呢？有如上文的解釋，公道是中道和大道，不是私路和小路，所以大家有路可走，而且都能走得通、過得去，於是各得其所，人心就平，從而可望「天下太平」。

記得在京士兄逝世前一天，十二月二十八日下午，他和我一同參加中央黨部一個聯合座談會，檢討這次增額立法委員的選舉，他發言約二十分鐘，黃鐘大呂，很受歡迎。第二天上午，他打電話，問我意見，我說：「很好，我很贊成。」他又特別提到他所說：「臺灣需要有制衡作用的在野勢力，但不許有臺獨。」我答：「這是公道，我很欽佩。」可是不到十二小時，他竟突然去世了！我希望他精神不死，公道長存。

在我有生之年，臺灣能夠公道昭彰，我會想起京士兄，因爲足徵他精神不死；如果萬一公道不彰，我更會想起京士兄，因爲他走得太早了。

七三、一、一三

第十六章　言論自由　我的奮鬪

第一節　禁限事項　隨風而逝

最近有一友人問我：你認爲政論家以及知識份子現在對於國是應以何事最當重視。我說：言論自由。

我這快速的反應，大約因爲我最近發表過一篇「不患一黨獨大，但須有人爭衡」。開宗明義，我引了孔子在孝經中所說：「昔者天子有爭臣七人，雖無道，不失其天下。」這一段深切著明的名言，我迄今記憶猶新，感慨很多。這也是我把言論自由作爲一生奮鬪目標的原因和背景。

先述我的第一次奮鬪。

四十三年十一月六日，臺北各報載：「內政部依據出版法第三十五條規定，制定『戰時出版品禁止或限制登載事項』九條，於五日公佈施行。」（以下簡稱「出版品禁限事項」），大約就是出版法第三十五條（按現行法改爲第三十四條）所稱的「中央政府命令」。這樣的命令，實在早該頒佈，使出版界知所戒愼，有所遵循。可是以這個出版品禁限事項而論，我以爲很有商討的餘地。

首先，我在監察院發言指出：

照出版法第三十五條的規定，該條所禁止或限制的，只有下列四項：

一、關於政治機密事項之記載；

二、關於軍事機密事項之記載；

三、關於外交機密事項之記載；

四、關於危害地方治安事項之記載。

必須出版品違反了上列禁止或限制記載事項，方有第三十五（四）條之適用。所以該條所稱的「中央政府命令」也僅能作上列禁止或限制記載事項的宣告。

但出版品禁限事項的規定卻超過了它母法的範圍，並加重了違法行爲的處罰。例如誨淫，行政官署可依出版法第三十九（七）條予以警告，這是很輕的處分，至多也只能依第四十（三十九）條將該項出版品扣押（如爲刊物，當然以該一期爲限），但出版品禁限事項卻把誨淫也包括在內，則違法的（誨淫的）出版品，便可依出版法被定期停止發行。但這是以命令變更法律，自屬不合。

此外，我也就該事項各條規定加以述評：

項㈠：在「涉及政治軍事外交之機密」下加以「而有損國家利益者」的限制，這對言論自由頗有好處。因爲這樣一限制，不是一切政治軍事外交機密都在禁止和限制之列，只要無損於國家的利益，即使是機密事項，出版品也可以登載。但可惜出版法卻沒有這個「而書」。

項㈡：關於禁限誨盜：本尙妥適，但最好參照刑法第一百五十三條規定禁限：「……一、煽惑他人犯罪者，二、煽惑他人違背法令或抗拒合法命令者」。

項㈢禁限描述自殺行爲：用意很好，但不在出版法第三十五（四）條範圍之內，即依出版法他條規定，也不在禁限之列，似應刪去。

項㈣禁限描述少年犯罪行爲：犯罪行爲不當描述，不以少年的爲限，豈中年老年的犯罪行爲就可描述麼？似應刪去。

項㈤禁限描述賭博或吸食烟毒情景：請參閱上述項㈢意見。

項㈥「描述猥褻行爲而有誨淫作用足以影響社會治安者」：僅是「描述猥褻行爲」已足，「而」下文字應刪。「影響社會治安」當係「影響社會風化」之誤。但它不在出版法第三十五（四）條範圍之內，應刪。

項㈦：所謂「荒謬怪誕邪說」有何界說？封神榜和西遊記甚至入山修道的劍俠小說，是否都在禁限之列？「猫哥哥對鴨妹妹說」的兒童讀物，是否也在「荒謬怪誕」之列！且不在出版法第三十五（四）條範圍之內，此項應刪。

項⑧「記載不實之消息意圖譭謗或侮辱元首或政府機關名譽」：然則記載實在的消息則雖意圖譭謗或侮辱元首，就在許可登載之列麼？關於譭謗和侮辱，法有專條，且不在出版法第三十五（四）條範圍之內，此項應刪。

項⑨「對於法院刑事訴訟進行中案件之批評，足以淆亂社會視聽者」：此項應刪。因爲出版法第三十四條規定：「出版品不得登載禁止公開訴訟事件之辯論」，但並不禁止登載公開訴訟事件的辯論，也不禁止對於公開訴訟事件的批評。而依刑法第三百十一條：「以善意發表言論而有左列情形之一者，不罰……二、對於可受公評之事而爲適當之評論者……」，所以只要案件本身「可受公評」，而其批評又是適當的和善意的，則雖對於法院訴訟進行中的案件，依法也可批評。如果內政部認爲該項案件不可批評，自應修改出版法，明文規定，不可以命令擅加擴張。

按：這個出版品禁限事項，經輿論指摘後已由行政院明令撤消。

第二節　法網增補　解釋無濟

民國四十七年，行政院爲了加強對出版物的管理，將出版法加以修改，送請立法院完成立法程序。那時民氣高昂，報界首先反對，聲勢頗大。我也協同呼號，但爲監察院的權力所不及，因爲它行使的權力，是事後監察，而不是事前監察，是對執法的監察，而不是對立法的監察。但我在監察院呼籲行政院和立法院不可修改到傷害憲法對「言論、講學、著作及出版之自由」的保障。我說：

依據中華民國憲法第廿三條的規定，憲法第十一條所規定的人民言論、講學、著作及出版等自由，國家自可加以限制。可是憲法第廿三條的規定是這樣的：「以上各條列舉之自由權利，除爲防止妨礙他人自由，避免緊急危難，維持社會秩序或增進公共利益所必要者外，不得以法律限制之。」所以這裏必須特別注意「必要」兩字。出版法如果超越「必要」的程度，而爲過於苛刻的規定，那就會傷害憲法第十一條的自由，那就牴觸憲法。如果立法機關訂定了牴觸憲法的出版法，監察院爲維護憲法尊嚴，應依憲法第一百七十一條的規定請司法院以大法官會議的解釋，宣佈它無效。

但是立法院終於通過了出版法修正案，送請總統公佈施行。我和同人乃在監察院提案申請司法院解釋它是否違憲。申請理由是這樣的：

憲法第十一條規定：「人民有言論講學著作及出版之自由」。第廿三條規定：「以上各條列舉之自由權利，除爲防止妨碍他人自由，避免緊急危難，維持社會秩序，或增進公共利益所必要者外，不得以法律限制之」。現行出版法第四十條及第四十一條所規定，對於出版品得予以定期停止其發行及撤銷其登記之處分，雖得解爲對憲法第廿三條所規定「爲防止妨碍他人自由，避免緊急危難，維持社會秩序，或增進公共利益之必要」而設之處分，但此項處分之權，均操之於省縣市政府及內政部，且其處分足以妨害出版人之營業與生存，其不經司法程序，而由行政官署直接爲之，難免擅專用事，使出版事業處於危殆地位，似與憲法保障出版自由之規定及精神相悖謬。且已超過憲法第廿三條規定之「必要」限度，並違反五權分立不相侵犯之精神。

該案經司法院以大法官會議釋字第一〇五號解釋認爲並不違憲。

第三節　刊物可禁　惡例不容

民國四十四年內政部王部長在職，他對言論自由向很敏感，所以一紙命令查禁了世界評論等十家刊物。這不獨打破了禁書的紀錄，而且開了一個惡例：杜撰「違反發行旨趣」的罪名，作爲查禁的理由。我爲此曾一再提案糾正。

我在糾正案中指出：照內政部這個先例，如有一種月刊，每期都照發行旨趣登有闡揚三民主義或反共抗俄的文章，但有一期登載了不反共不抗俄也不闡揚三民主義的作品，而登了幾篇偵探小說或報導美國大選情形的文章，行政官署便可予以定期停刊。

我以爲出版品所登文字，如果越出甚至違反它所登記的發行旨趣，行政官署不應該用「就應登記之事項爲不實之陳述」去處分，而應就該越出或違反發行旨趣的文章本身去衡量：如係誨淫，可照出版法第三十九條予以警告，或照同法第四十條禁止其出售及散佈，必要時並得予以扣押。它所登載的文字，如爲妨害他人的名譽或信用，則在刑法須告訴乃論，在出版法亦無處罰的規定，便毋勞行政官署去干預。它所登載的文字，如合於出版法第二十四條的獎勵標準，則雖越出甚至違反了登記的發行旨趣，行政官署不獨不應責其「就應登記之事項爲不實之陳述」，而且應該予以獎勵。

行政院經監察院一再糾正後，允爲改善，以行政院臺四十四內五二零七號函覆稱：「查內政部該次處分出版品之公文，未將該出版品違反發行旨趣之事實分別列舉，不無疏略。」

可是過了兩年，內政部故態復萌，仍以「違反發行旨趣」爲理由，令飭人間世月刊停刊十個月。我在監察院提案，說：

> 報紙或雜誌登載文字，如果觸犯刑法或違反出版法，自應依各該有關法條予以處罰，如此已足以收懲勸之效，主管機關不得捨棄各該條文而另行杜撰所謂「違反發行旨趣」或「與原登記之發行旨趣不相符合」之罪名，予報刊以違法之處分。民國四十四年本院曾爲世界評論事件向行政院提出糾正案，經行政院令飭內政部嗣後務須「注意審愼處理」。乃最近又發生類似案件，自屬不合。擬請本院派員與行政院會商改善辦法或交本院內政委員會查明糾正。

該案經監察院陳慶華委員調查後向行政院提出糾正案，引中央日報爲例，質問行政院：

查中央日報所登記之發行旨趣爲「宣揚國策，闡明主義，反映民意，報導新聞」；英文中國日報則爲「報導國內外新聞及時事評論」。事實上中央日報亦經常刊載時事評論並出版副刊，英文中國日報時有刊載讀者投書照相漫畫等，凡此皆未登記於發行旨趣，試問各該官署又是否得指其爲「違反發行旨趣」，而予以停刊？

該糾正文的結論，指出：

「防民之口，甚於防川。川壅而潰，傷人必多，民亦如之。」在昔君主專制時代，猶知開放言論之重要性，而今民主法治時代，乃見出版品各級主管官署，刻意箝制出版自由，凡刊物載有批評政府施政不當或有不利於政府官員社會名流之文字者，法律原無處罰之規定，有之，亦當援用刑法或其他法律，由受害人向法院訴追，而各該官署竟越權干預，藉「違反發行旨趣」之罪名，停止各該刊物之發行，其措施顯有未當。

行政院在覆文中說：「本案已令飭內政部、臺灣省政府、臺北市政府依照規定辦理。」但聞現在仍有以「違反發行旨趣」爲理由查禁出版品情事。

第四節　反對報禁　先見之明

我國在北洋軍閥時代，在國民黨黨治時代，甚至在抗戰時期，政府都不禁止人民辦報。政府遷臺以後，不久就實施報禁。鑒於報紙是言論自由的主要憑藉，我一向反對報禁。民國四十九年，政府准許英文中國日報正式發行，我本著與人爲善的精神，希望它是解除報禁的第一聲，因而在監察院提出一案，請函行政院答覆左列四點：

一、依據中華民國憲法第十一條之規定，人民有出版之自由。又據出版法第九條之規定，新聞紙經發行人塡具登記申請書，呈經該管縣市政府轉呈省政府核定相符者，應卽准予發行。而此項登記手續，各級機關均應於十日內爲之，並不收費用。準此規定，各級主管機關辦理新聞紙之登記，在程序上不得任意拖延，在實質上不得橫加挑剔。出版法此項規定所加於政府之限制，實大於人民。現在主管機關以行政命令根本堵塞新聞紙登記之路，似與憲法及出版法保障新聞自由之規定均屬不合。不知行政院以爲何如？

二、政府暫停新聞紙之登記或係根據國家總動員法第廿二條憲法授予之權力。按該條規定：「本法實施後，政府於必要時，得對報館通訊社之設立、報紙通訊稿及其他印刷物之記載，加以限制、停止或命其爲一定之記載」。查此項規定，有一極重要之先決條件，卽條文中之「必要時」三字。此蓋謂如無必要，或以前雖有必要而後來已無必要，政府卽不得停止報館之設立及新聞紙之登記。不知政府當局現尙認爲有停止新聞紙登記之必要乎？此「必要」之理由究竟何在？

三、聞民國卅九年政府停止新聞紙之登記，乃以節省紙張爲理由，此是否卽國家總動員法

第二十二條規定之所謂「必要」。然十年前之理由，目前尙有存在之餘地乎？查本省紙張之生產量，三十九年度僅爲一萬七千公噸，而四十八年度已增爲八萬五千公噸，其增加率爲百分之四百強。不獨已敷本省之需要，且有輸出之餘力。故爲節省紙張而杜絕新聞紙之登記，貽人以妨害新聞自由出版自由之口實，不獨不能自圓其說，抑且得不償失。不知行政院有同感否？

四、此次主管機關准許原爲通訊社新聞稿之英文中國日報以新聞紙公開發行，就法律效力論，自屬新聞紙登記發行禁令之解除。此卽政府認爲紙張已無過分節約之必要，亦卽政府認爲十年前依據國家總動員法第二十二條停止報館之設立，目前因事勢變遷已超越「必要」之限度，故特予以撤銷。如果如此，洵屬吾國之光。對內對外必可產生良好之印象及效果。不知行政院以爲然否？

行政院對監察院的查詢，提出答覆，要旨如左：

一、依現行出版法施行細則第二十七條：「戰時各省政府及直轄市政府，爲計劃供應出版品所需之紙張及其他印刷材料，應基於節約原則及中央政府之命令調節轄區內新聞雜誌之數量」之規定，對報紙雜誌通訊社之登記聲請，予以審核，自爲事實所必需，但此非堵塞新聞紙登記之路。

二、値玆萬方多難物力維艱之際，以大量紙張供應於並非必需之用途，亦不經濟。在政府立場，無論基於安定社會經濟之需要與適應戰時節約之原則，要不能不審度社會各種情況，統籌兼顧。

三、政府准許英文中國日報之登記，係根據此間外僑需要新聞報導之事實。我在看到行政院的覆文後，很不以爲然，又提一案，列述理由請予糾正。我指出：

吾國對於新聞紙之創設既採登記主義，政府對於新聞紙登記之聲請，自係可准可駁，但因事涉出版自由或新聞自由，爲憲法所保障，其批駁或限制，必須依法辦理，易言之，其理由必須有法律上之明確依據，否則不獨違法，抑且違憲。此爲吾國憲法第二十三條所明定。查出版法關於新聞紙登記之限制，已以第九條（關於登記必須聲明之事項）及第十一條（關於發行人及編輯人之限制）爲明文之規定，此外並無得以節約紙張爲理由而不准報紙登記之條款。且出版法施行細則，並非憲法第二十三條及第一百七十條所稱之法律，該細則第二十七條授權各省市政府得以紙張節約爲理由批駁新聞紙登記之規定，在法律上復無絲毫依據，是直以行政命令限制及妨害人民之出版自由或新聞自由，自爲憲法所不許。

卽以節約紙張一事而論，此在民國四十一年修改出版法施行細則時，吾國紙張產量年僅二萬三千四百七十三公噸，似尚有節約之必要，但去年產量已增至九萬七千二百六十八公噸，不獨不憂供應之匱乏，而因年來外銷不暢，生產且已過剩，紙業多岌岌可危。故以節約紙張爲限制新聞紙登記之理由，卽捨憲法而論事實，現因情勢大變，顯亦不能成立。

行政院來函雖謂本省已有新聞紙二十八家，然其發行總數與人口之比例，則每千人僅有新聞紙四十餘份，而英國則每千人有新聞紙五百七十餘份，瑞士四百六十餘份，盧森堡四百二十餘份，芬蘭三百二十餘份，香港文化程度較遜於本省，然每千人亦有新聞紙二百餘份。證以此等實例，本省新聞事業不獨有發展之可能，抑且有加速發展之必要，而區區之紙張節約，較諸社會新聞事業之發展及國民知識水準之提高，誠所謂微不足道矣。

監察院經派員調查後，對行政院提了一個糾正案。行政院於五十年九月答覆監察院，說得簡單乾脆，允將「研究改善」。

我和監察院自當加以善意的期待，但期待了兩年，報禁如故，我乃於五十二年十一月三次提案再請糾正。我指出：

現在本省人口急劇增加，社會對新報之需要，亦因而迫切，且因各報廣告增加，新聞版面因而相對減少，報社既感篇幅拮据，讀者尤覺新聞太少，前項停止新聞紙創辦登記及限制篇幅之措施，目前更有廢除之必要。但內政部對本院糾正案迄無改善之意，自屬不合。應請交內政委員會查明糾正並報院會。

在這第三次提案中，我批評了政府限制報紙張數之不當，主張一併糾正。但糾正案未能成立，報禁和限張之禁，也未解除。

第五節　言論免責　撥雲窺天

民國六十九年八月十二日，美國夏威夷時間凌晨二點十分，我在酣睡中被聯合報記者叫起來答覆他有關大法官會議對地方議員言論免責權日前所作那個釋字第一六五號解釋的問題。那時我頭腦迷糊，神志未清，可是那個解釋的申請案是我所寫，司法院擱了十餘年沒有解釋下來，令我大失所望，聯合報記者的消息，好比春雷乍響，我與奮得當晚未再入睡。

這個議員言論負責問題，先後共有三個解釋，說來話長。

司法院第一個解釋是民國三十六年院解釋字第三七三五號。它指出：「縣參議員在會議時所爲無關會議事項之不法言論，仍應負責。」

後來臺東縣議會因議員質詢被控，聲請監察院予以救濟。該院以解釋是否違反保障民意代表在會議時所爲言論的憲法精神，聲請司法院解釋，於是乃有第二個解釋。

司法院第二個解釋是民國五十六年的釋字第一二二號，主張：「地方議會議員在會議時所爲之言論，應如何保障，憲法未設有規定，本院院解字第三七三五號解釋，尚不發生違憲問題。」

監察院很不以爲然，聲請司法院再作解釋，予以變更。於是乃有第三個解釋。

司法院第三個解釋乃是民國六十九年的第一六五號，確認：「地方議員在會議時就有關會議事項所爲之言論，應受保障，對外不負責任；但就無關會議事項所爲顯然違法之言論，仍難免責。」

釋字第一六五號在保障議員言論自由這方面，顯然作出了左列貢獻：

一、它明文確認「地方議員在會議時就有關會議事項所爲之言論，應受保障，對外不負責任」。可是它沒有明示該項言論，如果違法或不法，是否仍受保障。但是鑒於同時它又說：「但就無關會議事項所爲顯然違法之言論，仍難免責」，可知地方議員在會議時的言論，祇要「有關會議事項」，卽使「顯然違法」或「不法」，對外都不負責。

用第三七三五號解釋所依據的那位被議員指爲暗娼的女敎員一例加以說明。如果那個質詢提出於敎育質詢或討論事項或臨時動議的時候，雖然涉嫌誹謗或侮辱了她，但因是「有關會議事項」，對外便不負責任，那位敎員不能加以控訴。

二、那個解釋對「無關會議事項」的言論可能發生的責任加上「顯然違法」的限制，這也是對議員稍盡了保障之責。這是說，議員的言論須以一看就知是違背法律而毫無疑義者，方負責任。例如最近有一議員稱一位女校長是「再嫁夫人」，被判刑兩月，如果確定，便須坐牢和免職。但如依「顯然違法」來衡量，他便可以不負刑責，因它尚非「顯然違法」。

三、釋字第一六五號解釋對議員言論自由最卓越的貢獻，是在一反前一解釋（第一二二號）而把地方議員言論免責權納入憲法保障之列。因爲第一二二號是認爲：「地方議員在會議時所爲之言論應如何保障，憲法未設有規定，本院院解字第三七三五號解釋，尚不發生違憲問題」，於是如果把它引申一下，議會組織規程如果刪去或剝奪地方議員的質詢自由和討論自由，換言之，如果刪去言論免責權的規定，也就不違憲和違法。幸而第一六五號則把該舊解釋加以修正，明文確認：「地方議員在會議時所爲之言論，並宜在憲法保障中央民意代表言論之精神下，依法予以適當之保障。」於是立法機關行政機關和司法機關以後都須依據該第一六五號解釋和憲法，對地方議員的言論加以保障。

但我在欣慰之餘，仍不免又生憂懼。因爲現行地方議員言論免責的條文：「……在會議時所爲之言論及表決，對外不負責任」，並無限制，他日有人如想限制，自應修改法律。現在大法官會議卻加了「但書」，認爲「仍難免責」。這無異由大法官會議來修改那個法條，而修改法條，乃是立法機關的職權，似非司法院解釋所可爲。

尤有甚者，大法官會議這個解釋，不獨影響地方議員，也可能影響中央民意代表，特別是國民大會代表。因爲大法官會議既可用「但書」對地方議員的免責權加以限制，將來當然也可如法泡製，於是憲法第三十二條可能變成這樣：「國民大會代表在會議時所爲之言論及表決對會外不負責任」（原文），「但就無關會議事項所爲顯然違法之言論，仍難免責。」（大法官會議解釋原文）於是禍患就大了。

但我早已辭去監委職務，否則我一定會再提一案，請司法院再解釋一下，割除那個「但書」。

於是我祇能寫文章呼籲，我連寫兩篇，建議監察院以申請解釋的方式要求大法官會議自行劃清解釋法律和修改法律的界限，不可以解釋作修改，以保障法律的尊嚴和五院的分權。但監察院不爲所動。

監察院那些護憲護法的作爲和精神，獲得輿論界的肯定和讚美。例如一位新選增額立法委員張俊雄先生曾在立法院指出：

> 後人研究我國的民主憲政，將會對四十、五十年代那些爲守護憲法不被侵犯，抗拒行政權強悍壓力的監察委員，表示最崇高的敬意。爲著使司法院成爲憲法第七七條所規定國家最高司法機關，他們促使大法官會議做成釋字第八六號解釋，使高等法院以下各級法院改隸於司法院；爲著使人民身體的自由得到憲法第八條的保障，他們促使大法官會議做成釋字第一六六號解釋，使警察官署不能再依違警罰法的規定裁決拘留；爲著使地方議會的議員能夠享有言論免責權，他們促成大法官會議做成釋字第一六五號解釋，使地方民意代表在會議時的言論得到保障。他們對於我國民主憲政是一份不可磨滅的功勞。

第六節　行政釋示　掀起波浪

民國七十二年八月，國防部因司法院釋字第一六五號解釋保障了地方議會議員的言論免責權，以致有人把他們的該項言論擴散出去，發生損害，請示行政院如何是好。行政院以密件釋示：

各級民意代表非在會議之時，利用書報、雜誌、錄音、錄影擴散其在會議時之言論，不論係由本人或他人所爲，並不因其內容曾在會議時發表而免責，自可逕行依法查處其應負的責任。

這是報載內容，因原文是密件，我未能核對。後來行政院在答覆黃正安立委的質詢時重申前意，正式發表，兩者無甚差異。

我看了很不以爲然，在一月十一日爲自立晚報寫了一文。提出四點質疑和批評，大意如左：

一、所謂「各級民意代表」，究何所指？我以爲應指地方議會的議員，至於中央民意代表如立法委員和監察委員則不應在內。（因該釋示既根據釋字第一六五號解釋而來，而它是就地方議會議員的免責問題作解釋，當然祇可適用於地方議員。）

二、民意代表在會議時所發表的言論，本可免責，但一經他人擴散，該議員便應負責，這個「連坐法」不獨苛刻，抑且無理。

三、有些指摘政府或官員的言論，依照刑法第三百十一條本可不罰，但照行政院該一釋示，如果出於議員而被播散，便不免責，則不無嚇阻議員言論和箝制輿論之嫌。

四、該項釋示，如果已經獲取司法機關的同意或支持，則爲害就更大了。

但是行政院卻堅持原意，我乃在一個半月後又寫「黃臺之瓜不堪再摘了」，促它撤銷該釋示。

拙文引起廣泛的共鳴，尤以胡佛敎授的「免責與免懼」和張忠棟敎授的「亂摘黃臺之瓜的政治後果」，最為酣暢、透澈和沉痛。

三月十三日，行政院邱代院長在立法院宣佈三點答覆，對前一釋示稍加變更，要旨如左：

一、絕對遵守憲法有關民意代表言論免責權的規定；

二、會議時或院內之言論經人擴散，該擴散之當事人應自負其責，發表該項言論之民意代表不對此負責；

三、民意代表本人利用書報、雜誌、錄音、錄影擴散會議時之言論，視言論內容個案處理。

當天上午，我對自立晚報記者發表下列談話：

對於今天行政院關於民意代表言論免責權的新決定，我將再詳細研究，但對其中關於「連坐」一點所說：「如為他人擴散，自不溯及民意代表本人」，論法、論理、論情都很恰當，足證我們所批評的連坐，並非一位司法人員所說的「蓄意栽誣」。至於議會內言論的擴散如果出於民意代表本人，該民意代表應否負責，其他國家的規定寬嚴不一，我以為應請司法院大法官會議解釋，以息衆議。

監察委員尤清和袁晴暉兩先生也有同感，已向監察院院會提案申請司法院解釋。但未見下文。

第七節 利匪媚匪 難謂爲匪

一位大學教授在自立晚報一篇專欄「政治的邪靈」第一段指出：「政治家的歷史地位毀譽難定。……因此一個現代政治家的毀譽參半是自然正常的現象，唯有中共毛澤東才會永遠是『中國』的××！」（註：上文的××是我爲恐誤蹈法網而使用的，原文何字，讀者可想而知。）

現在我請讀者想一下：中共或毛澤東的邪靈看了那最後一句的滋味如何？是感覺愉快得意而認爲它是在爲他們作宣傳？抑或感覺憤怒失望而罵它是作諷刺他們的反宣傳？見仁見智，茲姑不論。至於警備總司令部則認爲它是「爲匪宣傳」，於是查禁那天的報紙，並令「各級學校、圖書館、警察單位、社教機構各工（礦）廠及所屬有關單位淸查報繳」，弄得大家耳語頻頻，議論紛紛。

因爲「爲匪宣傳」這個嚴重的罪名，我國法律迄無明文規定，而「法無明文規定者不罰」。至於一向被辦案人員比附援引爲「爲匪宣傳」的「爲有利於叛徒之宣傳」，（懲治叛亂條例第七條），則與它乃是兩事，不能作爲懲治它的法律依據。

何謂「爲匪宣傳」？很顯然，它是替匪徒（註：法律用語是「叛徒」，下同）或幫匪徒作宣傳。宣作這種傳的人，應認爲與匪徒有聯絡，有勾結。

舉一個例子。放火是有罪的，刑法叫做「公共危險罪」，可處無期徒刑，但如受匪徒指使或圖利匪徒而放火，則另成叛亂罪，可處死刑。兩者區分的要件，就是是否受匪「指使」或「圖利」匪徒。

其次，在「圖利」這個條件中，「圖」字很重要。如果放火而僅是有利於匪徒，並無圖利於他的動機或意圖，則可成立公共危險罪，但尚不能科以叛亂罪。

試以這個論點或論據去判斷文字言論的宣傳是否有罪。同樣的文字或言論可能成立誹謗罪或侮辱罪，或觸犯選舉罷免法第五十四條的煽惑罪，當然也可能成立叛亂罪。宣傳如果受匪徒指使或圖利匪徒，則它就是「爲匪宣傳」的叛亂行爲；反之，如果它（宣傳）未經證明受匪指使或圖利匪徒，則縱使匪徒因而受益或有利，也難論以「爲匪宣傳」。

試看一例更可洞明。

從前警備總部曾破獲一個貪污案，涉嫌官員數人，款項數億，新聞局舉行記者會，由保防人員詳加報告，並由大衆傳播媒體廣爲宣傳。於是國家受辱，政府蒙羞，親者痛惜，仇者痛快。這樣的處理和宣傳，不能不認爲有利於叛徒了。但是破案的人和傳播的人都不觸犯「有利於叛徒之宣傳」的叛亂罪，因爲他們並非「爲匪宣傳」。

但因懲治叛亂條例第七條：「以文字圖畫演說爲有利於叛徒之宣傳者處七年以上有期徒刑」那條規定，過於籠統，沒有加上「爲匪宣傳」的界限，所以文義大有問題，最易造成寃獄。執法機關更從而把它作爲「爲匪宣傳」，統統有罪，則便差以毫厘，謬以千里了。

補偏救弊，循名責實，應如之何?我以爲很簡單，祇須把該第七條改爲：「以文字圖畫演說爲叛徒作宣傳者處七年以下有期徒刑。」於是其他作者和報刊以後可望不致再蹈自立晚報被扣「爲匪宣傳」而遭查禁的覆轍了。

此外，「媚匪」的罪名，則流弊更大。七十二年四月，行政院在答覆立法委員費希平先生的質詢時提到「書生論政」，言外之意，似乎是書生論政，「聞者足戒」，所以「言者無罪」，可以「網開一面」，我很欽佩。

但行政院答覆同時指出，書生論政不得「媚匪」，否則便須受法律程序的調查和偵審。它沒有說明所謂「媚匪」的界說和具體內容，而法律也沒有明文規定，如果「言出法隨」，書生論政便很慘了。

因爲媚匪這頂緊箍花冠，可以套在很多人的頭上。例如「中共」那個稱謂，比之於「共匪」，前者就曾被一些詩人認爲「媚匪」。而且依照「中共非中國」的宣傳指示，大陸的共產集團，自不得稱爲「中國」共產黨，如果稱之，也可能被指爲「媚匪」。這眞所謂防不勝防。

作爲中華民國的人民尤其是書生，當然不應媚匪。可是依照罪刑法定主義，也就是全世界所公遵的「行爲之處罰，以行爲時之法律有明文規定者爲限」（我國刑法第一條），所謂「媚匪」尚未成爲罪名，所以除非當事人觸犯法定的叛亂罪，或國家另訂什麼「媚匪罪」，執法機關不得對他使用「法律程序的調查和偵審」。

但娼匪乃是違背公理正義，應受政治道德的譴責和社會輿論的制裁，毋使氾濫，自不待言。

我曾向有關當局提出這些建議，現在更向仁人君子作此呼籲。

第八節　寧鳴而死　寧鳴而生

我爲爭取和維護言論自由，可以說「吃足苦頭」。但「求仁得仁」，所以「衣帶漸寬總不悔」。早在民國五十二年十月，我爲慶祝文星雜誌六週年，把范文正公（仲淹）的靈烏賦譯成語體送登該刊，並以自勉勉人。譯文如左：

靈烏！靈烏！你是一隻飛禽，爲什麼不高飛遠颺！

爲什麼要對人號呼，把吉凶報告於人而觸其怒！

人們正想折斷你的羽翼，烹食你的身體，你那時雖後悔，但已走投無路。

於是靈烏「啞啞」的申訴，請求你體會他的意思，了解他的態度。他說：

我的生命，有勞陰陽的化育，

我的身體，仰仗天地的覆露。

我生長在慈母的危巢之中，

托庇在主人的佳樹之上，
斧斤不來伐我，彈丸不來打我。
母親養我是够艱辛的，幸靠主人的仁慈而得安居。
我的羽翼，度著春風而成長，
我眷戀著高高的樹枝，而盤桓於其上。
主人對我的恩德，我當然要想報答，可是我的叫聲，使人聽了有點奇怪。
我是在憂患沒有形成之前，恐怖沒有發生之前，先人而憂，先人而懼。
了解我的人，說我是在提醒主人好避凶趨吉，不了解我的人，罵我是一隻不祥的凶禽。
所以我將凶訊預報於主人，我自己反須身受災殃；但是不報告呢，則主人將不知預防而遭更大的禍殃。
主人卽使忘掉施恩於我，但我報德之心則不可隱藏而湮沒。
所以我雖明知報告則死，但是我還得報告，以防止凶災的發生。
這好像桑樹在庭院中流血成妖，君主因恐懼而修德，王室乃從而興旺。
又像雉鳥在鼎釜中復活作怪，君王因恐懼而修德，王室也從而興盛。
「抬頭三尺有神明」，上天的耳目就在我們旁邊，我們什麼也瞞不過他，那麼我們報告一下，對人們有什麼不利呢！

那個鳴聲很低而少的鳳凰，尚且見譏於楚國的狂士；
那個名貴的麒麟，也曾為魯國人所傷害。
但是鳳凰豈能因被譏而不靈！麒麟豈能因受傷而不仁！
所以利刄假使一割而刀鋒便捲起來，還成什麼神兵！
寶玉假使一焚而便變其質，還成什麼英瓊！
我也寧願因鳴而死，不能緘默失職而偸生。
我何不學太倉的鼠類，不必談仁義道德，照樣能夠衣豐而食肥！
但是太倉假使被蝎蟲所損壞，我將何所取食！
我何不學荒城的狐狸，談什麼禮義廉恥，還不是照樣可以深冗而作威！
但是城垣假使倒圮了，我將何所託足！
我其寧願像騏驥那樣因馳驅而困乏呢？還是像駑馬那樣吃着草料而安逸度日？
我其寧願像鵷鶵那樣遨翔於雲霄而受饑呢？還是像鴟鳶那樣飽食於草叢而毫無志氣？
你不見孔子所嘆惜的「予欲無語」麼？
他老人家奔走四方，精疲力盡，無非想行道救世，不得不如此耳。
你不見孟子的如何修養他的浩然的志氣麼？
栖栖皇皇，三月不停，無非也是因為吾道不行，不敢小休。

所以只有小丈夫肯優遊卒歲，至於大丈夫則必自強不息。

我雖只是一隻小小的烏鴉，可是我天生的孝於母而忠於主。

人們對我的孝和忠卽使有所批評，我仍將吾行吾素；人們卽使再批評，我也仍將吾行吾素。

在以上的譯文中，我增加了一些補強的語句，是否畫蛇添足？甚至是否錯誤？爲求眞起見，我將范文正公的原賦全文抄錄於左：

梅君聖俞作是賦，曾不我鄙而寄以為好，因勉而和之，庶幾感物之意，同歸而殊塗矣：

靈烏靈烏，爾之為禽兮，何不高翔而遠翥？
何為號呼於人兮，造吉凶而逢怒！
方將折爾翅而烹爾軀，徒悔焉而亡路。
彼啞啞兮如愬，請臆對而心諭：
我有生兮，累陰陽之含育。
我有質兮，處天地之覆露。
長慈母之危巢，託主人之佳樹。
斤不我伐，彈不我仆。
母之鞠兮孔艱，主之仁兮則安。

度春風兮，既成我以羽翰。
眷高柯兮，欲去君而盤桓。
思報之意，厥聲或異；
憂於未形，恐於未熾。
知我者謂吉之先，不知我者謂凶之類。
故告之則反災於身，不告之則稔禍於人。
主恩或忘，我懷靡臧。
雖死而告，為凶之防。
亦由桑妖於庭，懼而修德，俾王之興。
雉怪於鼎，懼而修德，俾王之盛。
天聽甚邇，人言曷病！
彼希聲之鳳凰，亦見譏於楚狂。
彼不世之麒麟，亦見傷於魯人。
鳳豈以譏而不靈，麟豈以傷而不仁。
故割而可卷，孰為神兵？
焚而可變，孰為英瓊？

寧鳴而死，不默而生！

胡不學太倉之鼠兮，何必仁為，豐衣而肥！

食苟蝎兮，吾將安歸？

又不學荒城之狐兮，何必義為，深冗而威？

城苟圮兮，吾將疇依？

寧驥子之困於馳騖兮？駑駘泰於芻養？

寧鵷鶵之饑於雲霄兮？鴟鳶飫乎草莽？

君不見仲尼之云兮：「予欲無言！」

纍纍四方兮，曾不得而已焉。

又不見孟柯之志兮，養其浩然。

皇皇三月，曾何敢以休焉。

此小者優優，而大者乾乾。

我烏也，勤於母兮自天，愛於主兮自天。

人有言兮是然！人有言兮是然！

范賦中最膾炙人口的，是「憂於未形，恐於未熾」；「雖死而告，爲凶之防」；「天聽甚邇，人言曷病！」；「寧鳴而死，不默而生」。其中最後兩句（寧鳴而死，不默而生）曾經導出一則佳話，頗有意義。

在我八十歲那年二月，政治家半月刊第二十三期把我作爲它的「封面人物」，並由那位博學多能的傑出的記者李寧小姐訪問了臺大名教授胡佛先生寫了有關於我爲學從政立身處世的訪問記。她原想以「寧鳴而死，不默而生」爲標題，卻被印成「寧鳴而生，不默而死」。後來胡教授告訴我：李小姐爲此頗感懊惱。但我認爲那樣修改也未始不可。我說：「寧鳴而死，不默而生」，是烈士氣概，固然很好，但我寧願爲鳴而生，不願緘默而死。所以我寫文章，卽使是批評和檢討，也總是力求合情合理，不慍不火，力避輕薄尖刻和強辭奪理。

但是政海險惡，愛國痛苦，我們寫政論的人縱使十分小心謹愼，難免仍受人口誅筆伐，甚或被人煮鶴焚琴。以我爲封面人物的那期政治家半月刊，據說便因此而被查禁了。

文檢人員何以那樣整我呢？據立委蘇秋鎭先生在質詢時所提供的那份警總內部密件所載，只是因爲我在聯合報和自立晚報所登兩文中的一些主張，有如左列：

一、請依出版法重建管理言論自由、出版自由和新聞自由的法治軌道。

二、請參考法院和軍法處的鑑定制度，建立書刊檢查爭議的仲裁制度。

三、對出版物不實的報導和不當的言論，政府應該要求更正或登載辯白書。這種政治家風度和法治精神，政府卽應迅予培養。

四、請切實執行出版法第三十九條第二項的規定，准許出版人將扣押的出版品領回刪改並在刪改後准予繼續發行。於是主管機關必須把禁載事項出於何段何句詳細指明，不可再以十餘字的評語入人於罪，使人不知錯在那裏，因而無從答辯。

五、請廢止軍事機關的出版物管制辦法，以後由民政機關管理出版品。我深信即使那些「與軍事有妨害」的出版案件，民政機關也能處理得恰到好處，使警備總部心滿意足。但出版物如果爲叛徒作宣傳，（或爲有利於叛徒的宣傳），自當仍由警總依法懲治。

但是公道自在人心，社會尚有溫暖，黨政方面的友人和同志，紛紛對我支援，蔣總統更特表關切，「圍剿」事件幸而半途而廢。

第十七章　國會問題　苦心孤詣

第一節　誰是國會　何謂總額

中央政府遷臺後，中央民意機關發生三個憲法問題。我忝爲監察院的監察委員，因而負有守護憲法的職責，所以頗傷腦筋，必須有所努力。

問題之一是：如果把中央民意機關視同一般民主國家的國會，那個民意機關可稱爲國會？立法院顯然可稱爲國會或國會的一部分，然則監察院也可稱爲國會麼？國民大會是否也可認爲是國會的一院麼？

經過我和監察院同仁的奔走呼籲和溝通，司法院大法官會議乃有民國四十六年釋字第七十六號解釋，確認國民大會、立法院和監察院共同相當於民主國家的國會。這個經過我在本書第六章第七節有所敍述，玆不再贅。

問題之二，是國民大會代表的「總額」問題，也就是國民大會是否有足够的代表人數，依照憲法第一百七十四條修改憲法或照動員戡亂時期臨時條款修訂臨時條款。時在民國四十八年，先總統蔣公的第二個任期快將屆滿，依照憲法第四十七條，連任以一次為限，他不得再連選連任，而基於內外情勢，非他連任不可。於是只可修改憲法或增訂臨時條款，凍結該第四十七條，但依照憲法第一百七十四條或臨時條款前言，非有國民大會代表「總額」五分之一的提議和總額三分之二的出席，國大不能修憲或制定臨時條款以准許總統二次連任。而那時來臺國大代表僅一千五百七十八人，不足總額三分之二的一千九百七十四人，當然不能修憲或增訂臨時條款。大家多為此而大傷腦筋。

我曾提供兩個解決辦法：

一是採用憲法第一百七十四條第二款的修憲方法，由立法院擬定憲法修正案提請國民大會複決——刪除該第四十七條或在該條增加但書，規定「……在動員戡亂時期不受此限。」

我曾對自立晚報記者加以說明：

記者問：現在立法委員已够提憲法修正案的人數嗎？

陶先生說：憲法第一百七十四條關於國民大會代表的人數，明文規定「總額」二字，而立法委員的人數並沒有「總額」二字，似可認為不受總額的限制。現有人數已可行使修憲職權了。

記者又問：所謂提請國民大會複決，則複決之人數應該如何決定？是否也要總額三分之二國大代表的出席？

陶先生答：「複決的人數，憲法既無規定，似可由國民大會在議事規則中自行決定。而照世界各國的通例，有通常開會的法定人數，已經足夠了。」

但是我這方法未爲政府所採用。於是我乃鼓吹第二個方法，就是後來司法院大法官會議釋字第八十五號解釋所稱：「憲法所稱國民大會代表總額，在當前情形，應以依法選出而能應召集會之國民大會代表人數爲計算之標準」。

原來遠在大法官會議作出該第八十五號解釋前，民國四十六年七月三十日，國民大會代表趙炳坤先生等所組織的憲法論壇社和憲法研究會在陽明山舉行座談會，討論「修憲程序與代表總額」。我應邀參加，建議以監察院計算監委「全體」的方法，去計算國大代表的「總額」。

按憲法第一百條規定：「監察院對於總統副總統之彈劾案，須有全體監察委員四分之一以上之提議，全體監察委員過半數之審查及決議，向國民大會提出之」。這所謂「全體」，是憲法規定應選出的人數？是實際選出的人數？是來臺報到的人數？監察院自訂的計算標準，是以實際選出的人數減去死亡、辭職和淪陷在大陸的人數，也就是「能應召集會」的人數，作爲「全體」人數。我舉監察院那年六月院會的報告爲例，依政府所公佈選出的監委總數是一百八十人。但其中有兩人沒有報到，一人辭職，十八人出缺，九人投共。所以監察委員的全體或總額，就是一百八十人減去那三十人而剩的一百五十人。

於是我即席建議：「照這個實例，國民大會也似乎不必以憲法規定的配額爲總額，而可以內政部當初所公佈的選出名額爲總額，再從那總額中減除下列五種名額，作爲現在的總額：

一、根本未報到者，

二、在大陸投共有據者，

三、死亡者，

四、辭職者，

五、其他依法喪失資格者。」

後來大法官會議釋字第八十五號解釋所定國民大會代表總額的計算標準——「依法選出而能應召集會之國民大會代表人數」，與我所鼓吹的計算方法可謂「若合符節」。

但是我須提醒監察院，似應仿照國民大會代表總額解釋的先例，把它「私訂終身」的「全體」標準也請司法院以大法官會議解釋去確定一下，方是「明媒正娶」，「妾身分明」，永杜爭執。

第二節　補選增選　呼籲最先

現在要說到問題之三，這是我困心衡慮的中心，它就是中央民意代表的補選、增選、遴選和改選。

政府遷到臺灣後，法統和憲政不久就顯露危機。首先是立法委員的三年任期在民國四十年屆滿而不能改選，接著監察委員的六年任期也在四十三年屆滿。政府先是以行政命令准許立法委員暫時繼續行使職權。四十三年方由司法院大法官會議做成釋字第三十一號解釋：「故在第二屆委員未能依法選出集會與召集以前，自應仍由第一屆立法委員監察委員繼續行使其職權」，挽救了那個危機。

但是憲政危機接連發生，特別是國民大會代表的總額高達三〇四五人，須有過半數即至少一五二三人出席方得開議和選舉總統，而那時人數不足。幸靠大法官會議釋字第八十五號解釋方能渡過難關。詳見前節。

可是憲政危機之最大者，乃是中央民意代表年華漸老，人數漸少，影響國會功能，動搖法統基礎。而且代表自由地區的人數太少，不足以反映民意，伸張民權。社會各界多有這種感覺，而我因是監察委員，平時深入民間，接觸民意，感受特深。到了五十六年一月臺灣省產生的監察委員丘念台先生逝世後，我在監察院提案要求行政院層轉臺灣省議會舉辦監察委員選舉，以補充丘委員的遺缺。可是監察院的建議卻遭國家安全會議的反對。它認爲憲法規定監察委員任期是六年，丘念台的任期早已屆滿，雖然出缺，也不能補選。

但這理由顯然不能成立，因爲第一屆監察委員的任期不是六年，那時並未屆滿。我和趙季勳委員早在民國四十三年向監察院提案加以澄淸。我們指出：

查監察委員之任期，憲法第九十三條明文規定爲六年，但憲法實施之準備程序第三條規定：「依照憲法應由各省市議會選出之首屆監察委員，在各省市議會未正式成立以前，得由各省市現有之參議會選舉之。其任期以各省市正式議會選出監察委員之日爲止。」則首屆卽本屆監察委員之任期不受憲法第九十三條所規定之六年任期之限制。此卽謂本屆監察委員之任期，可以短於六年，亦可超過六年，端視「各省市正式議會選出監察委員」之所謂解除條件是否成就爲依歸。（參看民法第九十九條第二項「附解除條件之法律行爲於條件成就時失其效力」）。是卽謂解除條件（各省市正式議會選出監察委員）一日不成就，則原有之法律行爲（首屆監察委員之任期）自必繼續保持其效力（其任期不終了），直至解除條件成就時爲止。

或謂憲法爲根本大法，憲法實施之準備程序不能變更憲法上之規定，故首屆監察委員之任期，只能因憲法實施之準備程序第三條之規定短於六年，而不准超過六年，因短於六年並不違反憲法第九十三條之限制，而超過六年則與憲法第九十三條之限期相牴觸，自屬無效。惟此亦不然。試申論之。

㈠法律固不得與憲法牴觸，然與憲法同爲國民大會依法通過之法律，則固與憲法有同等效力，其與憲法規定相反者，自可排除憲法之適用。例如動員戡亂時期臨時條款規定：「總統在動員戡亂時期爲避免國家或人民遭遇緊急危難或應付財政經濟上重大變故，得經行政院會議之決議，爲緊急之處分，不受憲法第三十九條或第四十三條所規定程序之限制。」是乃以動員戡亂時期臨時條款之規定排除憲法第三十九條及第四十三條之適用矣。

㈡以憲法實施之準備程序而論，其所特別規定者，亦有排除憲法一般規定適用之效力。例如首屆監察委員之產生，憲法第九十一條規定，在省市須由議會選舉之，但憲法實施之準備程序第三條，則謂：「在省市議會未正式成立前得由各省市現有之參議會選舉之」。此項規定，既已排除憲法第九十一條關於議會選舉之規定，則憲法實施之準備程序關於縮短或延長首屆監察委員六年任期之特別規定，何獨不可排除憲法第九十三條關於六年任期之一般規定！若謂六年任期不得因憲法實施之準備程序之規定而延長，則六年任期又何得因憲法實施之準備程序而縮短。準備程序之特別規定若無排除憲法第九十一條一般規定之效力，則延長任期固不可能，縮短任期亦不可行，因縮短與延長同爲違反憲法之強制規定也。今縮短既因準備程序之特別規定而可行，則延長自亦無不可之理。此固事理之自明者。（完）

我們那個提案是針對大法官會議釋字第三十一號解釋而發，後者認定第一屆監察委員和立法委員的任期都已屆滿，但爲維持憲政的運作，應可繼續行使職權云云。我們提案的目的，是要大法官變更解釋，依據憲法實施之準備程序，承認第一屆監察委員的任期尚未屆滿。但監察院則認爲本屆監委既經解釋可以繼續任職，就不必要求變更解釋，所以我們的提案未被接受。

回到原題，我以爲卽使退一步認爲丘委員的六年任期已滿，但是依據繼續行使職權的解釋，臺灣省也應有五位而非四位監委同時行使職權，所以丘委員的遺缺必須選人補足。

對於五十八年三月政府公布中央民意代表增補選辦法，我在當年四月指出：「中央政府現在已經決定不辦監委的補選了。而且不獨不辦丘故委員缺額的補選，即使將來本省現有監察委員四人全部出缺，自必也不得補選了。甚至將來光復的省市要補充監委，如不修改新頒辦法，也將不能辦理了。」而其理由只是丘委員任期已滿，但其不合已如上述。

後來增補選的結果，中央三機關只增加了二十八人，而其中監察委員兩人，是因臺北市升格而新選，並不是出於增選或補選。

我當時就認爲人數太少，辦法不妥。爲擴大民主基礎，爲引進青年才俊，爲永保政治活力，爲增強朝野團結，我在民國五十九年在監察院呼籲再辦一次中央民意代表的增補選。

這個意見，未獲國內重視，但卻引起國際人士的關切。紐約時報記者來訪，在六十年一月九日該報登出一則臺北專電，一部份內容譯載於下：

> 中國政府一位著名的官員呼籲舉辦兩個中央民意機關的選舉，增加臺灣居民的代表性並引進青年人。
>
> 這個建議是監察委員陶百川提出來的。監察院是兩個中央民意機關之一，是一個「看門狗」的機構，任務是監察政府的措施。他主張立法院的選舉也要再舉辦。
>
> 陶先生的建議並不適用於第三個中央民意機關——國民大會。它六年集會一次，任務是

選舉總統和副總統以及考慮憲法的修改。

陶先生去年年終演講中指出舉辦這樣的選舉，可望在這嚴重時期增強人民和政府的團結。他的演講，引起了與論界的共鳴。

他說這樣的選舉，也將對那兩個民意機關供給新血輪，以保證將來老委員死後仍有委員繼續執行立法和監察的任務。（該報尚有四段報導立監兩院的現狀，不必迻譯）。

我在五十九年年底所建議的內容，與五十八年的大不相同。五十八年僅以臺灣地區爲範圍，新建議則主張由臺灣、金門、馬祖的選民和海外僑胞共同來增補出缺的一部份大陸代表。這是說，以後增加的立監委員，不問省籍，一律由臺灣、金門和馬祖的選民選舉補充，並在海外遴選一部份代表參加立監兩院；由國民大會增訂憲法臨時條款加以規定。

第三節　選舉敗筆　停辦二年

華盛頓郵報對此也有報導，但預料我這建議未必能爲當局所採納。可是不久我國退出了聯合國，形勢逼人，政府在六十一年果然又辦了一次增選，而且人數從五十八年的二十八人增加爲一百十九人。

但六十七年的增選，則在競選活動進行中，因爲中美斷交，人心浮動，社會不安，由政府明令停辦。

我以為「殷憂啓聖」，政府正好乘機激勵民心，一致對外，支持政府辦畢選舉，則政府應能獲得大勝。我於是向當局上書進言。我說：

選舉延期，利害參半，但如無期延長，則將無利有害，故必須定期恢復，方足以昭大信於國人，並以表示政府「處變不驚」，而非遇變大驚。

但須預籌安全措施，似可由非官方人士主動與候選人和助選員取得協議：

一、選舉恢復後，不續辦私人政見會，也不再聚衆演講。但得以宣傳車巡廻街頭並張貼宣傳品。

二、「社會人士助選團」不再出動作助選演講。

三、尚剩七日的競選活動自動縮短為三日。

如能取得協議，則投票日期似應定在現任增額立委及國大代表任期屆滿（一月份）前十日。否則如果拖過一月，他們的任期都滿，而依法不得延長，則他們自須停止職權，勢必引起糾紛，殊非所宜。

至於民選代表任期不得任意延長，我在另一意見書中指出：

按任期制度，具有兩種作用：一是保障，一是限制。如果可以不照法律規定而任意延長，這就失了限制的意義，為法律所不許。而且如果任期可以任意延長，那麼當然也可任意縮短，但是如果把四年的任期，任意縮短為兩年，這就失了保障的意義，自亦為法不許。⋯

……資深立法委員和監察委員的繼續行使職權是因無法改選，不得已耳，但尚須經司法院大法官會議解釋方算合法。……而現在則並無那種「不得已」的情形，恐大法官會議也不能作出准許任意延長任期的憲法解釋。

但是那次選舉還是沒有在六十八年一月中舉辦，直到六十九年方始恢復，而任期已滿的立法委員和國大代表在那長達二年的期間，照常行使職權，而並無一語交代。

國會所遭遇的困難，包括中央民意代表的任期，國民大會代表的總額以及他們的補選和增選等問題，都已先後解決，有如上述。但是這些只是補偏救弊的辦法，國會問題的基本危機，乃在資深代表年華老去，好景不長，尤其國會本身的結構和作風，不能與社會進步和國勢現實相適應而獲致安定和進步。於是我乃有全面改選中央民意代表的建議。但是也有很多人和若干理由，反對改選。

第四節　應勢順理　兩院改選

我在強調增補選外，在民國六十年曾就改選問題提出一套折衷的溫和的辦法，包括下列各項：

一、由下屆國民大會修訂憲法臨時條款，產生第二屆各中央民意機關，其辦法如左：

甲、第二屆國民大會、立法院及監察院，分別以左列人員組織之：

①第一屆國民大會代表、立法委員及監察委員；

②自由地區及海外僑團所選出之國民大會代表、立法委員及監察委員；

③未能辦理選舉之海外僑團由總統爲其遴選之國民大會代表、立法委員及監察委員。

乙、第二屆國民大會代表、立法委員及監察委員應選出之名額不受憲法有關各條之限制。

丙、第二屆中央民意代表之名額及其選舉或罷免，由立法院定之。

丁、第二屆國民大會代表、立法委員及監察委員之任期各依憲法之規定，任滿一律改選，其辦法由立法院定之。

二、第二屆新選中央民意代表之名額定爲二百名，計國民大會代表七十名，立法委員一百名及監察委員三十名。其由自由地區產生者應各佔百分之八十以上。

三、建立現任第一屆年滿七十歲之中央民意代表之退休制度，由國民大會決定原則，由立法院制定辦法。

六十七年十二月二十五日，中美斷交，我在聯合報一次座談會中提出進一步的改選主張，如下：

一、保留現任國大代表，以保持國家的法統——憲法的統治。而依憲法第二十八條，「每屆國民大會代表之任期，至次屆國民大會開會之日爲止」，他們依法自可繼續任職。

二、但爲順應現勢和加強功能，改選立法委員和監察委員。新立委的人數以二百人爲上限，監委可減爲八十人。四分之二須由民選，四分之一由總統遴選，其餘四分之一由現任立監委員分別互選，但後者以本屆一次爲限，下不爲例。

六年以後，七十四年一月，國家處境較前艱難，國會成員較前老化，我在美國看見報載政府正在研究如何改造及加強中央民意機關，我以爲此乃當務之急，因爲時不我待，遲恐事倍功半。我乃馳書當局提貢甲乙兩案：

甲案——全部改選，要點如左：

一、明年年底舉行第二屆中央民意代表選舉，名額如左：

國民大會代表三百人，

立法委員二百人，

監察委員七十人。

二、選舉方法：立委以由自由地區人民普選爲原則，監委以由自由地區省市議會選舉爲原則，其應由海外僑民選出之代表，授權總統遴選之。

國民大會爲憲法法統之所寄，改組後仍須具有全國之代表性。其產生方法，半數由自由地區人民普選，半數由總統就海外及大陸在臺人民中提名咨請國民大會同意遴選之。

三、前項代表選出後，現任國大代表及立監委員，不再行使職權。其機關名稱亦即改爲第二屆。

四、實施本案改革，必須修改臨時條款第六條，删除其第一第二第三各款，而代之以本文第一項及第二項。

乙案——繼續增選，要點如左：

一、下次選舉時照改選名額增加二分之一。例如立委改選名額爲九十八人，可再增四十九人，合計一百四十七人。國大代表及監委亦照此比例增選之。並卽以此爲限，以後不再增加。

二、立監委員之選舉方法仍照現制，但須修改臨時條款第六條第一款，俾國民大會代表亦得由總統遴選產生。

以上兩案各將遭遇困難，而以召開國民大會修改臨時條款爲尤甚。如果不能克服此等困難，則惟有仍依現制現狀勉強拖下去而已。但拖下去則危機更大。

我因而建議召開執政黨中央委員全體會議通過甲案或乙案，以製造聲勢。然後在七十五年春季召開國民大會臨時會通過臨時條款修正案，庶幾可在增額立法委員和國大代表任期屆滿前舉辦第二屆國會選舉。

第五節　維護法統　考慮遴選

上述我在六十年、六十七年和七十四年長達二十一年和相隔七年距離中所提出的國會改選三個方案，內容雖有出入，但都秉持兩個基本原則：

一是保留全中國人民所選出的國民大會代表繼續行使職權維護憲法以表示中華民國法統的存在和完整；

二是由自由地區人民改選立法委員和監察委員以發揚民意，監督政府。

秉這兩項特殊的任務，立監委員可以而且也應該由政府統治區內的人民選舉產生，但國民大會代表的補充則只好借重遴選了。

對於這樣的安排，見仁見智，仍有爭議。但這是傳統使然，而且也有理論基礎，尤其又爲事實所需，大家必須相忍相安，樂予接受。

我嘗以英國之制作爲論據。按英國是現代民主牌子最老也最好的國家，但它的上議院九百多議員，都由英皇遴選封贈，無一出於民選。幸而國家大權操在下議院，而它的議員都是五年一次的普選所產生。

於是英王御用著上議院，但權力不大，人民控制著下議院，但大權在握。這樣妥協折衷之後，英王與人民乃得相安無事。如果當年兩者各走極端，互不相讓，勢必導致革命，可能兩敗俱傷。

南韓也用遴選以疏解官民的權力衝突。它的辦法如下：

南韓三分之一的國會議員是由總統提名，將候選人名單提請國民會議投票表示同意或反對，但國民會議不得修改或增刪。

如全部名單不能獲得國民會議全體代表二分之一以上的同意，總統應酌加更改，再行提出，直至獲得全部同意。

在第二次提名名單送與國民會議後，該會議的代表得以五分之一人數的聯署，提出候補議員的名單，經二分之一以上的同意列爲候補議員，以後依次補充缺額。但普選產生議員的任期是六年，而遴選議員則是三年。

我以爲政治和法律都須因地制宜，因時制宜，而不宜一成不變或以不變應萬變。我在以上各節所建議的許多意見和方法，有的已荷採納，而且行之有益，對於特別敏感的遴選和改選問題，拖了已有多年，我希望能在爲時還不太遲的時候早日解決。

第六節　保障名額　保全法統

民國七十五年二月，我在美國接到中央黨部召開三中全會的通知。鑒於世變日急，國步維艱，我準備以四事向它建言。這四事好比四個「結」連綴起來成爲一個連環結，不易解開，有如下述：

一、中央民意代表機關目前不够充實，必須設法解決，而迄無善策。

二、戒嚴對人權自由和國家形象都有妨害，所以很多人主張解除戒嚴，但並非那麼簡單。

三、總統蔣經國先生擔任行政院長時，提出「廉能政治」的口號，一時頗有成效，但後因不能貫澈，形象和風氣都深受傷害。這個「結」又將如何解開？

四、對共產黨的統戰以及中國統一的問題，我們現在採取的是「不接觸、不談判、不妥協」的「三不」政策。但這「三不」政策目前既不能有利於和平統一，也不能反制中共的統戰。這個「結」更是嚴重。

對這些問題，我都有一些新見解，曾在三月三十日向三中全會提出書面意見，經大會列入紀錄。其中關於第一個結——如何充實和改造（先謀充實後加改造）中央民意機關，以恢宏憲政，促進民主。我建議：

一、現在就規定三個中央民意機關成員的上限，例如立委定爲三百名、監委定爲七十名、國大代表定爲四百名，以兩次選舉把它選足，以後卽以此爲其上限。

二、立法院以三年爲限，舉辦兩次增額選舉，國民大會和監察院以六年爲限，也舉辦兩次增額選舉，選足我所建議的新名額。

三、資深委員和代表，仍與新選人員共同繼續行使職權。

以監察院爲例，標準名額定爲七十名，分兩次選舉，第一次卽爲明年，先選三十五名。目前監察院增額及遴選的委員計有三十一名，明年全部改選，另再增選四名，共計三十五名。至於另外三十五名，就須等三年以後再增選。這七十名當然都須定期改選。資深監察委員現有卅八人，他們的平均年齡是八十四歲左右，若干年後，他們可能都已老去，那時所有的委員都是新選的了。

最重要的乃是選舉方法，與目前的選舉方法，應該稍有不同。我主張設立一種保障制度，由自由地區的選民，選出三個機關的委員和代表，並以保障名額產生代表大陸地區的國大代表和立監委員，但人數不得過多。

對於保障大陸籍人士當選立監委員的原則，我並不十分堅持，但對國民大會我要強調，一定要以保障名額，選出大陸地區的代表。因爲立監兩院任務的對象限於自由地區，立的法，編的預算，所監察的政務，都僅適用於自由地區，而非大陸地區，因此他們可由自由地區人民來選出。但國大代表就不同了，因爲他們責在制憲、修憲、保護憲法以及選舉總統，可以說是法統所繫，我認爲必須保持全國性的面貌。而要想如此，必須有一個辦法，讓在自由地區的大陸籍人士，也能通過選舉成爲國民大會代表。

依我的構想，國大代表可分四類：第一類是自由地區代表，這是最重要的，第二類是婦女和職業團體代表，第三類是海外僑民代表，第四類是大陸地區代表。這第四類代表由自由地區的選民，就各同鄉會或各黨派所提的候選人，依保障名額來投票產生，但人數不得超過全部代表的三分之一，而自由地區的代表也佔三分之一，海外和婦女及職業團體代表，合佔三分之一。

新國會應有大陸地區的代表，應爲多數國人所不爭，但不宜由在臺同鄉會選舉或由總統遴選（我曾爲它鼓吹），而應出之於自由地區選民的普選，但應保障他們在有限定額中能够當選。這個保障制度可能是一個創見，可由總統依臨時條款的授權決定名額，並由選舉罷免法比照該法第六十五條第二項，規定保障辦法。

第十八章　著作出版　備嘗甘苦

第一節　黨義教本　一鳴驚人

我五十多年的著作生涯中，最得意的是大東書局出版的「初中黨義教本」。那是因爲：

第一，它是一套初中教科書，共六册，每學期一册，行銷很廣，編寫得也很滿意，所以教育效果應該很大。

第二，它之所以特別暢銷，因爲中央黨部訓練部突然通令各書局把它們的三民主義教科書一律送部審查，後來並在審查後令飭暫停出售，以待修改後方准發行。祇有商務印書館和大東書局的兩套黨義教本，初審就獲通過，從而在一學期中佔據了整個市場，大發利市。大東的第一册銷得最好，兩年中印了三十五版。

第三，我有幸而請得蔡孑民（元培）先生擔任該書的「校訂者」，這使該書身價十倍，洛陽紙貴，我與蔡先生本來相識，而他與大東書局總經理沈駿聲先生則是老友，經他（沈）吹噓，我方得此殊榮。蔡先生做人方正，做事認眞，他校訂該書並非掛名，乃是實心實力，眞看眞改。例如我引孫中山先生的原文：「民生是人民的生活，國民的生計，社會的生存，羣衆的生命」。他認爲這樣還不够清楚，於是加上註腳：「民生對人民而言是人民的生活，對國民是生計，對社會是生存，對羣衆是生命」。手頭無書，大約如此，我對該文留著深刻的印象，所以記憶猶新。從此我與蔡先生常有往來，我的立身處世，頗受他的感召和影響。

現在我引吳稚暉先生民國二十九年悼念蔡孑民先生的話，表示我對蔡先生的了解和崇敬。吳先生說：

> 蔡先生的爲人，眞如孔子所謂：「君子和而不同」。他對什麼人都很和氣，然而絕不因爲和氣，就人云亦云。蔡先生所到之地，誰和他相處，都像前人見了程明道一樣，「如坐春風之中」。不過雖坐春風之中，很感到有一種嚴肅之氣。如果我們以之比古人，蔡先生很像周公，「不驕不吝」，「一沐三握髮，一飯三吐哺」，對什麼事情，也是「仰而思之，夜以繼日，幸而得之，坐以待旦」，儼如周公的風範。

但我很抱歉，因爲他老人家那樣費心費力地校訂我的書，而且著實爲大東書局賺了大錢，而我對他祇送了兩個中罎的紹與花鵰酒。至於大東書局給我的稿費，每册也祇有一百元，六册共六百元而已，而我尚以其中一部份買了該公司的股票，表示贊助，因爲它那時經濟很拮据。

初中黨義教本外，我又爲大東書局續寫了高中黨義共三册，分別論述「三民主義概要」，

「三民主義比較」和「三民主義實踐」。該書行銷也不惡。在敎育意義和大東營收這兩項收穫外，我因此被選爲大東書局的董事，奠定我以後擔任該局總經理的基礎。

在寫高中黨義時，我曾向胡漢民先生通信請敎，因爲他著有三民主義連環性，對我有很大啓發。我與三民主義理論體系的作者周佛海先生通信更多。他後來在抗戰初期新任中央宣傳部部長時，邀我做該部主任秘書。幸好許孝炎先生適從前方退到漢口，而他們是老友，我乃薦賢自代，從而免受許主任秘書後來在周佛海變節後的閒氣。

第二節　勞動寫作　居中偏左

在我青少年時代，列強侵凌，軍閥弄權，戰亂頻仍，民不聊生，國幾不國。有志之士爲了救國救民也是爲了自救，多少都有一些革命的抱負，我也不是例外。所以我在大學時期就參加了中國國民黨，而且在思想上不免有點「左傾」。但是「左傾」不是「左倒」，因而不做共產黨。我所謂「左傾」猶似後來羅斯福總統所說的「居中偏左」(a little left from the center)，這在年輕人是很難免的。因爲年輕人，其實也有中老年人，多有「悲天憫人」「濟弱扶傾」的襟懷，必然會趨於急進而反對保守，那便會變得左傾。如果他們本身是弱者或傾者，甚至是被悲憫的對象，則更易變得左倒。所以貧困和苦難乃是左傾和左倒的溫床。

我的青少年就是處在那樣的時代，所以我在大學曾選修一門勞動法，後來在上海黨政機關合辦的工會書記訓練所講授勞動法的理論和實務，兩年後，我年方二十九歲，又把它整理出版。該書自序就寫得相當憤慨。我說：

余早年讀律，竊怪所謂法律者惟爲富者強者謀保障，而置貧者弱者於不顧——匪特不顧，甚且設爲陷阱，設爲桎梏，以罔吾細民，是故「法律之前人人平等」一語，富者強者之間，或可適用，而貧者弱者則因財力才力之不勝，自不能與富者強者相平等，故法典中所有扶強抑弱之條文，皆應删除淨盡，另以合理者代之，蓋法律雖爲社會之產物，然決不可過分遷就社會之缺陷；若立法者發見社會之缺陷而不知救，反欲遷就事實，甚至推波助瀾，則流弊所至，必有不堪設想者矣。

我在自序中敍述該書的來由：

民國十八年秋，余以上海市黨部候補執行委員遞任正式執委，並兼民衆訓練委員，職責所在，對於勞動法規，自更不得不多所研究。民國十九年夏，同人等鑒於工會書記關係之重，影響之大，而現任者又多不稱其職，因有工會書記訓練所之設，由余講授『中國現行勞動法大綱』，每週二小時，積至半載，所編講義，逾五萬言，雖敝帚自珍，然不敢作問世之想。會張廷灝同志適有「勞工政策研究叢書」之輯，囑余即以該項講義改編成書，付諸剞劂，作爲勞工政策叢書之一；而大東書局經理沈駿聲先生等，又頻以此書相催詢，爰敢不揣譾陋，窮一月之力，刪繁補簡，輯成本書，而顏以「中國勞動法的理論與實務」。

民國三十八年五月，我軍撤出上海前二十餘日，我匆匆來臺，所有著作都未帶來。七年多前，曹伯一先生在美國史旦福大學進修，承告胡佛研究所藏有該書。四年前小女天文在該校任教，我往探望，乃能把它複印帶回。

回首前塵，感觸頗多。因為保護勞工的社會政策及其立法，我國今日反而不及五十年前，也不及資本主義國家的熱心、積極和進步。甚至一部勞動基準法，那個起碼的社會立法，也是「千呼萬喚始出來，猶抱琵琶半遮面。」我敬以民生主義的名義，要求它早日完成立法程序，而且不要弄得面目全非，見不得人！

民國二十四年，我與陸京士委員、張廷灝先生和一位朱兄，在上海發起組織中國勞動協會。陸、朱兩人是勞動運動的領袖，張是社會行政人員，我是勞工法的研究者，曾經出版「中國勞動法的理論與實務」。

那時上海產業開始現代化，勞資衝突逐漸嚴重。我們用以調和勞資問題的處理原則是：「站在發展實業的立場輔助勞工；站在輔助勞工的立場發展實業。」換言之，國家不得為發展實業而損害勞工，當然也不得為輔助勞工而損害實業，兩者必須兼顧和平衡。

但是這個原則應用起來，頗感困難。我一向則不免同情弱者，左袒勞工。因我相信，在勞資糾紛中，資方是賺錢多少的問題，但勞方則是能否生活下去的問題。我樂見資方發財，但我更不忍見勞工挨餓。

以這樣的原則去判斷最近大起爭論的工資受償權與財產抵押債權的優先問題，我主張工資應先於抵押債權而受清償。換言之，就是工資受償權的位次應列在抵押債權之前，而不是像行政院七十二年四月二十八日院會在討論勞動基準法草案時所決定的把抵押債權位在工資受償權之前。我曾在一文中引用一條法律，作爲論據。我說：

限於篇幅，長篇大論容俟他日，今天我祇想引海商法第二十四條第一項：「左列債權有優先受償之權……二、船長海員及其他服務船舶人員，本於僱傭契約所生之債權，（註：積欠工資之受償權），其期間未滿一年者。」又第二項更明文指出：「前項第一款至第五款所列優先權之位次在船舶抵押權之前」。

第三節　毀書銷版　行心所安

民國二十三年，上海市教育局局長老友潘公展先生提倡中學畢業生會考制度，並定在第二年暑假前首先在上海試辦。於是高中應屆畢業考試不再由各校分別舉辦，而改由教育局集中舉行，有類於現行高中和大專院校的聯考。應考科目，包括過去三個學年的全部課本，而過去的畢業考試旣由各校分別自辦，所考科目照例以第三學年第二學期的課本爲限，這與會考之須考三年全部課本者，難易相差很大。應屆畢業學生必須重置並複習全部課本，方能通過考試，那眞是一項虐政，我很感憐憫。

那時我已辭去上海市立敬業中學校長，但對我的學生仍有一份關愛，於是想得一個幫助他們渡過難關的辦法，那就是出版一套「會考叢書」。我的構想有如下列：

一、就應考科目各編一書，例如國文、英文、中外歷史、中外地理、物理和化學各編一本，數學則編三本：代數、幾何和三角；內容包羅各該科目過去各年的全部課業。

二、各書必須精編，儘可能利用表解和問答。原有課本的重要內容不可遺漏，但須濃縮簡化，去蕪存精。

三、定價必須也必然會低於原有全部課本。

四、在半年內出齊應市並售預約。

這個構想在現在坊間充滿複習書籍的臺灣，自然毫不新奇，但那時卻是一種發明。我問過敎育界許多朋友，他們都很欣賞。於是我乃請敬業中學各科敎員分頭編輯，如期出版，反應很好，銷路不惡。

可是它卻惹怒了敎育局的主管科長，他對會考委員會宣佈：「將來如何命題，都由各科命題委員全權決定，敎育局不加干涉，但有一點須請注意，就是必須避開陶百川主編的會考叢書。」

這話很不合理，因爲會考叢書內的敎材，都採自敎本，沒有一點杜撰或自我發明，命題委員如何避開？難道要他們不用原有敎本的固有敎材而另找旁門左道的生僻材料以命題麼？如果如此，那不是在存心坑害學生麼！則我的罪過和責任豈不太重麼！

可是那時我已在美留學，不能提出抗辯，爲求我心所安，我立卽決定停止發售，當然不再加印。在我第二年回國後，我把整整堆滿了兩大房間的新書，全部切開賣作廢紙。我雖感心痛，但卻覺得心安理得。

到臺灣後，我曾以餘暇爲大東書局編寫初中英語敎本，先寫第一第三兩册，以應初一初二上學期的需要，其中第一册且已送經國立編譯館審查通過，第三册正在送審，第五册也寫了一部份，我爲此廣蒐香港、印度、英國、日本和美國的初中英文敎科書，以供參考，著實用過腦筋，花過心血。但在我與××書局李××先生談了一次以後，我把整個計劃全部放棄了。

李先生說：「現在風氣敗壞，敎育和出版界也被汚染。以推銷敎科書而論，官方的出版商公然用官員名義強迫推銷，民營書商則送禮請客，不擇手段。而且對象不僅校長，卽使對敎員也得燒香。」

我聽了很生氣，也很灰心，於是通知大東不再印製，而且把版子和書稿全部銷燬，以免他日萬一出版時被人招搖或強銷。

後來我應大中國圖書公司和三民書局之邀，編輯「六法六用彙編」，我要求在契約中規定不得派人上門推銷該書，也不得將該書單獨印發傳單，或海報以爲推銷。在印了第一版後，有人譏笑「六用」二字有些噱頭，不够大方，而且名實不符。這在一般人不會介意，但我一向愛惜羽毛，求全責備，所以重違兩位合夥人的好意，該書乃祇印一版，不再續印。

第四節　闡揚主義　名動公卿

民國二十五年，我有蘇聯「探眞」之行，在莫斯科等地作了兩星期的實地考察，因爲事前有了「惡性補習」，我收穫頗多。回國以後，先是忙於黨務，同時競選制憲國大代表，不久對日抗戰爆發，我擔任上海市各界抗敵後援會秘書長，忙得無暇寫出我的探眞經過。直到上海撤退，我隨中央政府進駐漢口，擔任軍事委員會第六部駐漢辦事處的宣傳組長，並自辦血路週刊，我乃得略寫一些登在該刊。退到重慶後，奉派到香港創辦國民日報，我又抽暇續寫一些。後來集印了一本小册子：「遊蘇探眞記。」

我做該報社長，爲時不到兩年，把職務交給陳訓悆先生後，在港多住了四個月，利用在蘇探眞的見聞，我又寫出「三民主義與共產主義」。

回到重慶，我送了一本給陳布雷先生，他看了很感興趣，第二天就覆我一信，說：「承惠新著，於深夜十二時工作完畢後，急於展讀，愛不忍釋，至二時二十分讀完。簡潔明快，令人心折無已。……第十章，足下自承爲『罪言』，弟則以爲完全是仁者之言，全部同意。……行篋中倘有携存者否？請再賜一本以便呈總裁核閱如何？」

後來我加送一本給陳先生，他替我轉呈蔣總裁，蔣總裁閱後曾加獎勉。

該書內容包含這樣五大部份：

一、指出馬克斯主義經蘇聯實踐和實驗而終於失敗，這證明馬克斯的預言不是眞理，不能實行；

二、指出列寧幸而不是教條主義者，他遭到失敗，立卽轉向，把軍事共產主義作徹底的修正，蘇聯因而免於崩潰；

三、指出蘇聯修正的政策趨向頗有類於三民主義或民主社會主義；

四、指出共產主義必須進一步作大幅度修正，方能有益於人類，有利於世界；

五、指出三民主義必須大力推行，也須向前發展，力爭上游。

上文第一項觸發了一場論戰。那時中共在重慶發行的機關報新華日報的潘梓年社長，曾寫兩篇長文，對我所說馬克斯主義不是眞理云云，加以批評，硬說「眞理祇有一個」，那就是馬克斯主義。我在中國國民黨的機關報中央周刊中加以答辯。我在本書第七章有所敍述，可供參考。這是中國革命的一個大問題，所以中共不肯放過。但是鑒於多年來共產主義的一再修正，東歐各國固然修正有成，卽使蘇聯也在繼續修正，中共雖念念不忘「四個堅持」，但實際上也早已面臨非修正不能生存發展的懸崖。由於這些鐵的事實和血的教訓，我在四十八年前遊蘇探眞所發現以及以後所大聲疾呼的馬克斯主義靠不住的苦口婆心，乃是一個「眞理」了。

因爲這個看法那麼重要，我應多說幾句，現在姑引「聯共（布）黨史簡明教程」中的一段話作爲對一切教條主義者的暮鼓晨鐘：

列寧從馬克斯主義言論出發，根據對於帝國主義的資本主義之研究，得出了結論說：恩格斯馬克斯舊的公式已經不適合新的歷史境況，說：社會主義革命完全能够在一個個別的國家內得到勝利。一切國家的機會主義者，拘於馬克斯恩格斯的舊公式，誣蔑列寧脫離馬克斯主義，可是掌握了馬克斯主義理論的眞正馬克斯主義者，當然是列寧，而決不是機會主義者；因爲列寧把新的經驗豐富了馬克斯主義理論，把它推向前進，而機會主義者則拖它後退，把它轉成爲木乃伊。如果列寧懾服於馬克斯主義的字句之下，如果沒有足够的理論勇氣去拋棄馬克斯主義的舊結論，而代之以適合新的歷史境況的關於社會主義可能在一個個別國家內勝利的新結論，那麼我們革命和馬克斯主義，將會變成什麼樣子呢？黨就是會迷惑於黑暗中，無產階級革命就會失去領導，馬克斯主義理論，會開始衰落，無產階級就會失敗，無產階級的敵人就會勝利。」

至於那時我對蘇聯其他方面的觀感，我在本書第五章「共產修正，訪蘇探眞」中略有敍述，敬請參閱。

第五節　政治佳話　日出一書

現在請容我掭述我怎樣復興大東書局的故事。它涉及我與先總統蔣公一段「政治佳話」，所以值得我來寫和讀者來看。

民國三十三年，我的好友大東書局總經理沈駿聲先生因爲割治腹疾而在手術枱上逝世。大東的主要業務本來不是出版而是印刷，以精良的設備和技術爲銀行印製鈔票以及爲郵局印製郵票。但因戰事失利，它在上海、南昌和香港等地的印製廠都已淪陷，業務停頓，員工嗷嗷待哺，沈總經理固然因此憂勞成疾，而他死後的善後問題，僅銀行債務高達二千多萬元，其中多數是九十萬元一筆的三個月短期借款，沈在世時，東湊西拼，以債養債，已很吃力，一旦去世，債主逼來，幾乎到了破產邊緣。而大東的重要股東如呂志泉、殷子白和黃谷梅諸先生都在上海，自顧不暇。幸而在重慶尚有我和杜月笙、李元白三位董事。大東職工和沈太太於是恭請我們三人出面維持，並圖復興。但是李先生年老退休，不問世事，杜先生志不在此，興趣索然。我那時雖從中央日報辭職下來，專辦中央周刊，可說餘勇可賈，然對那個爛攤子也無力援手。後來還是大東的職工代表向我們三人建議：請杜任董事長，我任總經理，李任監察人。杜先生爲了維持大東，約我晤談，允任董事長，如果我做總經理，他而且可以墊款三百萬元以應急需，但說：「百川兄，不要以爲做大東總經理是苦差使，但硬是有人願跳大坑，向我活動，而且不僅一人，我頗爲難。」

我說：「杜先生，我從未經商，挑不起這副重擔，請你告訴我何人有這興趣，我們可以共同加以推挽，好使大東渡過難關。」

杜先生答：「這事非你不可。你如不幹，我也無能爲力。今天約你來談，是想請你幫我一點忙；爲使我能應付那兩位毛遂自薦的人，你能否請陳立夫先生寫信給我，推薦你任大東總經理？」

我允加考慮，次日便去看立夫先生，立夫先生慨允就寫，我很快就接辦大東。

杜先生在重慶設有中國通商銀行，陸續墊借三百萬元，不啻西江之水，但因大東負債實在太多，而營收少得衹够應付職工的伙食，通商銀行當然不能多借，看來我衹好鞠躬下台，但是救星居然來了。

原來蔣總裁介公聽說我做了一家書局的總經理，頗不以爲然，約我見他。他說：「去年時局嚴重，我的心境也不很好，你頗受委屈，但你仍須做黨政工作，我來替你安排。」

蔣總裁看過我的「三民主義與共產主義」，聽過我在國民參政會反對國民大會議政會的辯論，對我有相當深刻的印象。

我說：「多謝總裁的關切。但請不必爲我費心。我做的生意是文化事業，目的不在逐什一之利。以商務印書館爲例，它日出一書，一年共出三百六十五種新書。我正爲大東書局力圖復興，將來也能日出一書，其中如有十分之一爲黨宣傳，數量和力量都會大於我們整個黨的宣傳機關，則我無異仍在做黨政工作。」

於是他問我大東書局的情況以及我的復興計劃。我說：「大東一向偏重印刷事業，爲國家印製鈔票和郵票，信用卓著，有案可稽。可惜它在各地的印鈔廠都已淪陷了。我們計劃在重慶新辦一廠，分任中央印製廠的重擔。鑒於目前軍需浩大，將來勝利後尤須加發通貨，大東在這方面的貢獻，可以說是『利在自己，而功在國家』。但因缺乏資金，迄今未能實施。該公司擬向四聯總處請求借款。不知總裁能否助其實現？」

蔣先生問：「一共需要多少經費？」

我說：「三千萬元到四千萬元。三千萬元是開辦費，一千萬元是償還到期的銀行借款，所以實際上是三千萬元。」

蔣先生指示我與四聯總處接洽，他會與俞鴻鈞先生商討後給我回音。

感謝蔣先生的大力支持，大東書局不久就借到四千萬元，重慶新廠就很快成立。不到兩年，四千萬元也分批償還了。

勝利後復員回上海，大東書局果然日出一書，法政方面由林紀東先生主持，文史方面由徐蔚南先生主持。我們並辦了一份雜誌，智慧周刊，由我主編。但我不久當選監察委員，依法不得經商，辭去大東職務，由杜月笙先生的四公子杜維屛先生和陳和坤先生共同主持。上海撤守後，因爲我的關係，中共誤認爲大東是公營事業，派人實施「黨管理」，後來查明我是小股東，他們方快快而退，但大東已名存實亡了。

第六節 叮嚀文存 啓蒙驚夢

民國六十二年我七十歲，我的兒女爲了紀念我的誕辰，要集印我的文集——叮嚀文存，但我頗感躊躇，因爲我仍有許多顧慮。其中之一，是叮嚀總不免使人煩厭。賢明如唐太宗，也曾想撲殺忠君愛國而直言極諫的魏徵，而且在徵死後，太宗終因小人的挑撥，以徵曾把諫諍的話告訴史官褚遂良爲罪名，賴婚毀碑。（太宗曾允以衡山公主下嫁徵子叔玉，並親寫徵的墓碑）。（唐書魏徵傳）我現在把這些逆耳之言集印出來，豈非更惹人煩厭，自非明哲保身之道。所以原想把它在半年以前出版的，拖到最近，我還在躊躇。

其次，我在二十二歲就參加革命行列，對大義大節，從不爲名利打算。可是誠如楊朱所說：「行善不以爲名，而名從之；名不與利期，而利歸之；利不與爭期，而爭歸之」。（「列子」）有些人嘗以「好名」來貶斥我提案或發言或作文的莊嚴的純潔的動機，預料本書的出版，不免又會引起一些人的怒目和惡聲，我又何苦來呢！

可是經過幾番認眞的考慮之後，我仍把它出版了。但就上面第一點顧慮，我刪去了一部份文字，包括幾個調查報告，彈劾案和糾正案，以及一些與政府當局往來的函件。（還有好多本來沒有編入。）

至於上述第二點顧慮，我既深信有出版的必要，（有如上文三點理由），只得任之和忍之。

我對橫逆之來，如爲公事，一向只加說明，不願報以惡聲，如爲私事，我更不願斤斤較量。今後除非眞有破例的必要，我仍當保持這點風度。

但好名之誣，誤人誤事，其害極大，我不得不借用兩位古人的話，用以自勉和與人共勉。一是宋朝名臣范純仁所說的：「若避好名之嫌，終無爲善之路矣」。（宋史，范純仁傳）

另一位明儒呂新吾，說得更憤激也更透澈：

今之人只是將「好名」二字坐君子罪。不知名是自好不將去。分人以財者，實費財；敎人以善者，實勞心；臣死忠，子死孝，婦死節者，實殺身；一介不取者，實無所得！試著渠將這好名兒好一好，肯不肯！卽使眞正好名，所爲卻是道理。彼不好名者，舜乎？蹠乎？果舜耶，眞加於好名一等矣。果蹠耶，是不好美名而好惡名也。愚悲世之人以好名沮君子，而君子亦畏好名之譏而自沮，吾道之大害也。故不得不辨。凡我君子，其尙獨，復自持，毋爲曉曉者所撼哉！」（呻吟語）

這套書共計十六册，包括我對當代政治、外交、經濟、社會和文化問題的論述以及對政府當局和知識分子的諍言。書名如左：

第一册：馭變圖強之道（上）

第二册：馭變圖強之道（下）

第三册：知識分子的十字架

第四冊：爲人權法治呼號

第五冊：回國前後

第六冊：辨冤白謗第一天理

第七冊：監察制度新發展

第八冊：自由民主噹噹噹

第九冊：道揆法守蓼蓼蓼

第十冊：革新進步鏜鏜鏜

第十一冊：吏治政風咄咄咄

第十二冊：反共復國喔喔喔

第十三冊：萬利奇觀

第十四冊：我在美蘇采風探眞

第十五冊：美國對華政策透視

第十六冊：天下大勢老實話

那套書發生了相當大的影響，現舉兩例：

一位傑出的青年政論家江春男（司馬文武）先生在該叮嚀文存出版十年後的回憶和評論中提到：

那段時間，他寫了十幾本書〔叮嚀文集〕，在書中不斷爲民主、法治和人權「呼號」，我們現在所寫的，幾乎都被他寫盡了，不管就事實或理論，其銳利都不遜於現在黨外的政論文章。陶先生的文字非常洗鍊，用辭典雅有力，理智中帶感情，他所以能有這種功力，我想與他曾在新聞界工作有很大關係。

但其文集取名爲「叮嚀」，足見他對國民黨充滿深厚的眷戀之情，這是中國傳統御史的作風，也卽是他所講的，他的文章是一系列悲天憫人，憂國哀時的陳情表。所謂「不得已而後言，其歌也有思，其哭也有懷。」

嚴格說來，叮嚀是一種充滿溫情、無可奈何的囑咐和規勸，並不是現代眞正的民主態度。但唯其如此，陶百川今天才能位居高位。我知道他當了國策顧問後，寫了很多建議書給總統，也繼續在報章發表文章，他不厭其煩的關心和熱心，使得國民黨對他頭痛萬分，弄到最後，報紙也不太敢用他的文章，大家都不曉得對他怎麼辦好，一些對政治有顧忌的朋友都漸漸與他疏遠，雖然他的聲望日高，但我知道，他越來越孤獨……。

另一位青年作家李筱峯先生也在他的大作「陶百川——我的啓蒙師」中寫道：

在一次偶然的機會裏，我在書店翻到一本書，書名叫做「爲人權法治呼號」。我當時之所以會動手取閱這本書，是因爲當時學校裏的公民和三民主義老師以及敎官們，也時常對我們談「法治」，叫我們要守法、要遵守校規……（後來我才知道，老師們所說的「法治」與政治學上的法治，相去十萬八千里）。我當時以爲法治就是政府制訂法律讓人民來遵守，就好像學生遵守校規一樣，這有什麼好「呼號」的呢？於是，我便順手從書店的書架上取下這本「爲人權法治呼號」，想看個究竟。

打開該書的目錄，第一篇是「蔣總統與人權法治」，其中有四篇文章，都與先總統蔣公有關；其中的兩個題目立刻引起我的注意，一個是「從報國思親到除弊興利」，因爲當時我們的國文課本中有一篇先總統蔣公的「報國與思親」的文章，因此這個題目自然使我注意。另一篇題目是「總統連任問題的合法交待」，這個題目委實令我一怔，當時我心裏想：難道總統的連任，還有什麼合法不合法的問題嗎？我們在學校裏聽到師長一提到「蔣總統」三個字，大家都會不約而同的立正（如果是坐在椅子上，腰桿也要立刻打直），這是對偉大領袖的尊敬之意。現在忽然有人提出總統連任的合法問題，這種題目，在我當時的心靈中，幾乎是大逆不道了！這到底是何方作者？我翻過封面一瞧，「陶百川」──那是「陶百川」三個字頭一次在我腦海中留下印象。

基於好奇，我買下了這本書。回到家裏，我忘記了隔天還有模擬考試，埋頭就讀起這本書來。

陶百川那幾篇由先總統蔣公引出的文章，立刻震懾了我的心。平常我們在學校裏寫過許多效忠領袖的作文，都有一定的格式與語句，如今陶先生的寫法，卻完全超乎我們所想像的。例如，他用這樣的語句——「……我們可知總統個人是進步了，他的提示也比從前更有意義了。」這種句子如果寫到我們當時的作文簿去，不但會被國文老師打「丁」級的成績，恐怕還會被叫到訓導處去罰站。然而，陶先生的文章，卻使我大開眼界，使我發現平日一些八股式的逢迎與虛僞，並不能眞正表達對領袖的愛戴，反而像陶先生能從蔣公的文章，聯想到現實的社會，進而提出忠言建議，顯得意正筆誠，內容豐富。

尤其令我感動的是，在引述蔣公「報國與思親」一文中所談及蔣公幼年時候家門遭逢欺凌的慘境之後，陶先生以一種悲憫的口吻說：「我們現在所當檢討的，乃是臺灣是否已無強凌衆暴之事？臺灣的吏胥勢豪，是否尚可夤緣爲虐魚肉人民？人民受了吏胥勢豪的壓迫凌辱，是否呼籲有門，而且一定有效？法律的尊嚴，法治的貫徹，應該是現代社會的屏障，可是司法官的審判能否獨立而不受干涉？執法的人是否仍在知法犯法？民間是否已無含憤茹痛之人？獄中是否已無六月飛霜之寃？」

讀過陶百川先生的幾篇文章之後，我的心潮起伏，許多以前未曾想過的問題，頓然湧上我的心頭；許多「標準本」與「模擬考試」以外的問題，也開始激盪我的腦海，使我茅塞頓開。

此後，我找來更多陶百川的文章，一一循讀再三。陶先生不拘於時，不戀於權，勇敢挑起「知識份子的十字架」。他做監察委員的「狗生哲學」，他那辦寃白謗、懲貪糾瀆的包公精神，曾深深地感動我當時這個十幾歲的高中學生。而他對言論自由、對人權尊嚴、對民主法治的擇善固執，更在我當時那個高中小毛頭的頭皮之下，播下了日後發芽滋長的種子。這個種子，在當時學校的圍牆裏是完全找不到的。

崇拜英雄似乎是每個少年必經的心路歷程。在我那個年少的時代裏，陶百川可以說是我心中的「英雄」。雖然現在看來，英雄崇拜的心理是不理性的，但是我很慶幸的是，當時我心中崇拜的這位「英雄」，幸好不是一個壞蛋，而是一位開我心智，啓我智慧的啓蒙師——雖然我經過十幾年後才見到他本人。

江李二先生大作所登載的政治家半月刊第二十三期，因故未發行，外界不會看到，所以這裏多引了一些，當爲本書讀者所贊許吧。

第七節　一本萬利　今古奇觀

在「陶百川的叮嚀文存」中有一本叫做「一本萬利」，寫的是幾家公營事業和幾位公務人員的官場現形記。篇名如左：

——中國石油公司「瘴癘形詭」。

——臺灣肥料公司「捨己耘人」。

——臺灣糖業公司「懸崖勒馬」。
——臺灣電力公司「最後一鷄」。
——臺灣省鐵路局「上下交征」。
——臺昌紡織公司「城門失火」。
——工程顧問公司「天馬行空」。
——彰化大同集團「前仆後繼」（此節編在「吏治政風咄咄咄」一書中）。

其中以中國石油公司的花樣最多，圖利最甚，它包括左列幾幕：

第一幕：人人公司案。

第二幕：為其運油租廠違法失職對經濟部江部長及石油公司金總經理與夏專員的彈劾案。

為運油租廠違法越權對行政院的糾正案。

為其庇縱罪人對陳檢察官的彈劾案。

為其處理運油租廠案未為適當之改善對行政院的再糾正案。

第三幕：查究股臺公司背信撤退的提案。

股臺公司背信撤退的調查報告。

為其處理股臺公司背信撤退案違法失職對經濟部楊部長的糾舉案。

第四幕：查究高價收購慕華公司產品和舊廠的提案。

高價收購慕華產品和舊廠的調查報告。

慕華事件彈劾案非爭不可的理由。

另一幕：爲其庇縱盜油對石油公司張經理等的彈劾案。

該案第一幕上演在民國四十六年，我爲該案曾經糾彈了該公司的S總經理。（但因那時監察院未將該案公佈，所以不便把它併錄於此）。但是「中國石油公司的癉譎形詭」並不至此爲止，以後果然不出我們所料，殷臺公司在造好它自己所急需的油輪以後，又承攬了我們一大批造船生意，虧空了一大堆債務，背信撤退，仍由我們的官員予以庇縱，使外商得免於破產或淸償，而滿載而歸，而逍遙海外。此外，石油公司又引進了美商，組織了慕華公司，它將產品（肥料）以空前絕後的高價長期包賣給我國，並在賺得了暴利後又將營運已達八年的廠房和機器以貴於重置價格的高價（五億零四十九萬元）賣給我政府。

這二十餘年來一幕接一幕的「古今奇觀」，變化雖多，手法則一，內幕本來不難看穿，可是我們這位「潘監生」卻一而再，再而三，而四，而五的上當吃虧，看官們看完了這些「奇觀」，難免會廢卷三嘆。

俗諺所謂「一本萬利」，看似一句笑話，可是只要有辦法，有人事關係，不要說一本可得萬利，卽便沒有一文資本，也可白手發財。「今古奇觀」第三十九回所講的故事「誇妙術丹客提金」，證以近來許多事實，固然已經不能說是「齊東野語」，卽如最近立監兩院分別查詢的殷格斯臺灣造船船塢公司套用我國大量財物一案，如果辦法不變，將來也準是一本萬利。

在六十一年該書出版時，我寫了一段按語指出：

可是「好戲」是否就此落幕呢？「陰魂不散」，我看未必，除非大家看了這些「奇觀」而有動於衷，而懲前毖後，而警惕和預防。這是我所以不惜得罪人（有的且是朋友）而提案，而調查，而追隨同人糾舉、彈劾和糾正，以及現在又出版這書的動機和目的。我豈喜歡與人結怨哉！職責如此，不得已耳！

但是不幸我們有些「潘監生」還是「瘧譎形詭」，繼續上演今古奇觀。其中僅銀行貸款呆帳就有一百數十億元，而最駭人聽聞的，在我「吏治政風咄咄咄」一書中所報導「假出口眞退稅」判刑行賄，聲名狼籍的彰化大同公司蕭××一家居然獨借了三十一億元而逍遙法外。官場如此，政風如此，怎不令人灰心！

第八節　冷戰形勢　東亞豪賭

民國十七年，我任上海民國日報編輯，主編國際新聞。那時大家對世界新聞不很重視，報紙也不常採登，我不以爲然，經商該報編譯員陳老先生增加譯稿，我也動手迻譯，同時儘量採用陳先生個人經營的世界新聞社的通訊稿，彙編爲國際新聞專頁，登在一頁的三分之一的版面上。報紙之有國際新聞版，可能是民國日報所首創。

從此我就知道一些國際新聞。承陳老協助蒐集資料，我乃於民國十八年出版一本小册子：「楊格計劃與賠償問題」。二十三年到了美國，每星期日足不出戶，勤讀紐約時報星期版，懂得更多。所以民國二十七年我在漢口主辦血路周刊，特闢「新聞背後的新聞」每期登了不少與中國抗戰有關的「漏網新聞」，吸引了很多讀者。

但我專寫國際政治的文章，則始自五十年代（國曆是四十年代）西貢遠東日報的臺北通訊。那時先有中國大陸的淪陷，接着就有韓戰、金門砲戰、杜勒斯的戰爭邊緣主義、美國與中共的日內瓦和華沙會談，無一不扣人心絃，而一年一度在聯合國的中國代表權之爭，更聳人聽聞，凡此我都加以關切和寫作。民國五十年，我便集納那些文章，編爲兩書：一名「臺灣的命運」、一名「冷戰形勢與中國命運」。

「臺灣的命運」收入「見聞叢刊」中，編者李先生在序言中指出：

> 臺灣的命運，一半取決於國際的形勢，一半取決於國內的政治。而前者的比重，有時甚或較大於後者，所謂「形勢比人還強」，就是這個意思。
>
> 陶百川先生年來所寫的文章，大概不出這兩個範圍，但其重點，關於前者，則放在臺灣海峽和臺灣問題，關於後者，則放在民主自由，特別是言論自由。我們現在選擇其中最好的幾十篇，編成兩種小册子：關於前者，叫做「臺灣的命運」，關於後者，叫做「政治永遠需

要批評」。

陶先生關於臺灣海峽和臺灣問題的論文，多半以通訊體裁發表在海外的僑報，特別是西貢的遠東日報，那是越南最大的報紙。所以臺灣讀者很難看到他這類的文字。而他寫這類文字所用的心力，據說遠多於寫國內政治的批評。

我們認爲陶先生是很適宜於寫這類外交文字的，這可以從這本小册子取得明證。因爲他的交際很廣，平時聽得很多。他經常閱讀注重國際問題的幾種報刊，包括紐約時報，倫敦太晤士報，日本時報，經濟學人和美國新聞與世界報導等，因此他看得也特別多。平時聽得多，看得多，所以材料自然豐富，觀察自然深刻，不會是一知半解，不會是道聽途說。試看這裏所輯的十幾篇文字，有的雖寫在幾個月以前，然其中所用的材料迄今尚有見所未見，聞所未聞者，卽此已可見其名貴。至於他在文中所作的推論和判斷，經過了時間的考驗和讀者的批評而尙屹立無恙，其價值也可想見。

現在大家正關心着金門馬祖的命運、日內瓦會談的前途和聯合國代表權的安危等問題，而這些問題構成了臺灣命運的主要部份，正是陶先生近來所常論述的；我們因此徵得他的同意，把這些論文重印出來，作爲「見聞叢刊」第一種，以供讀者參考。

「冷戰形勢與中國命運」由智慧出版社印行。開宗明義，是該社所寫一篇「關於本書及其作者」的弁言。它說：

本書以「冷戰形勢與中國命運」爲中心，分四個單元加以分析和檢討：第一個單元以美國爲主體，第二個單元以蘇聯爲主體，第三個單元以中國爲主體，第四個單元則指陳自由世界的一些做法，有點像書中的結論。

本書作者陶百川先生幾年來曾爲國內外報刊寫過一百篇以上的國際問題的論文、專欄和通訊。這裏所集納的二十五篇，僅以與「冷戰形勢與中國命運」這個題旨有關者爲限。那些沒有多大關係的，卽使較好，也都割愛。

本書各篇曾經陶先生仔細校訂，加寫必要的申論、附註或附錄，使讀者不致有明日黃花之感。但是作爲一本著作來評價，他總嫌本書的組織不夠緊湊，取材不夠勻稱。

陶先生年來雖寫了許多評述國內政治的文章，然據他說他的興趣則在國際問題的研究。他說：「我希望政治早日修明，法治早日昌明，社會早日淸明，反共抗俄的大業早見光明，這樣，我就可以少寫批評國內政治的文字了。『予豈好辯哉！予不得已耳。』」他又說：他想把他評論時政的文字集印一本「嗚吠餘聲」。「餘聲」是殘餘的聲音。他希望以後少談國內政治，多談國際問題。

統觀陶先生的文章，他很重視客觀的事物，所以書中引述許多故事、數字和時論。他特別喜歡在文中講故事，據說這樣不獨可使內容格外充實，而且讀來更有趣味。他的作文守則是：「言之有物，言之有序」（顧亭林），言之有力，言之有趣。所以本書不獨可作政論讀，也可以作歷史小說看。

陶先生要我們代他向過去發表這些文章的報刊，包括西貢的遠東日報、香港的工商日報、自由人報、自由報、民主評論和新聞天地以及臺灣的聯合報、徵信新聞報和民族晚報等表示謝意。

智慧出版社　五十年七月十五日

※　※　※　※

然後進入我寫國際問題的第二階段，粗略的計算，那是六十年代。因為那時我在美國住了兩年三個月，又寫了一些國際問題的通訊和評論，回國後集印兩書：「美國對華政策透視」和「天下大勢老實話」，一併收入「陶百川叮嚀文存」第十五冊和第十六冊。

在前一書的自序中，我指出該兩書的來由和旨趣。

我在美國兩年中，幾乎有一半時間和精力用以研究國際問題，並寫了幾十萬字的報導和專論。其中一部份編入本書，一部份編成「天下大勢老實話」，後者不久也可出版。

上次我去美國，原本是為就各國國會監察制度作比較研究，但因那時毛共一再作原子試爆，赫魯雪夫突然去職，越戰繼續升高，「兩個中國」甚囂塵上，我不由得不分心去注意國際問題，特別是有關中國的美國外交政策。又因那時聯合報和徵信新聞報的主人先後邀我寫外交專欄，我於是不僅對外交和國際問題加以注意，而且加以認眞的研究。本書各篇，除四篇外，就是那時的產物。

我在美國的時候，余紀忠先生把政府當局和一般讀者對我專欄的反應陸續告訴我，雖然有褒有貶，但都相當重視。回國之初，一位政府負責人對我表示，他所以欣賞我的通訊，是因濾得很乾淨。我說：「其實我的文章濾得並不乾淨，這是我寫通訊的守則。我希望國內讀者從而了解一個問題的本來面目及其有關的變相和幻景，俾因兼聽則明，可作明智的判斷」。所以我把本書定名爲「透視」，而把另一書定名爲「老實話」。

但是「透視」也許看得不够仔細和眞切，而「老實話」往往不中聽，我希望讀者諸先生予以指教和原諒。

在後一書「天下大勢老實話」中我收印了三十三篇論文，合爲六類：一、冷戰新階段，二、以越戰爲重心的形勢，三、以毛共爲重心的形勢，四、以德國爲重心的形勢，五、以聯合國爲重心的形勢，六、自由世界戰略檢討。

在最後一類中，我講了陶坤皇帝買書的教訓，可供談助，並作殷鑑。

相傳在古羅馬的時代，陶坤在位，有一意大利著名的女巫，帶了九本巫書去見他。她說那九本書掌握意大利整個將來的命運。她需索了一個很高的價格。皇帝嫌它太貴，沒有買成。

過了不久，女巫又來。但是那次只帶去六本書，而她仍要九本的價錢。她說：另外三本已經燒燬了，可是那六本仍能掌握意大利的命運。皇帝自然更不願出高價去買它。

後來他每次回想那件往事，常覺有些不安。他詢問自己：那些書的價錢雖很貴，然藉此可以知道意大利的將來，難道就不值得去買來麼?正好女巫又來了，可是這次只帶來三本書，而要的還是第一次的老價錢。

這一次，陶坤把那三本書照價買下來了。那就是意大利的預言教科書。從羅馬遭受空前危機的時候起，直到凱撒大帝以後，每逢必要，意大利都得求教於這些寶典。

世界大戰以來的歷史，假使能够提供我們一些教訓，那個教訓就是萬事不可拖延，照第一次所討的價錢就成交，總是較爲便宜和安全。

試一回憶二十年來遠東的故事，你就會對上面這個論點起共鳴。在二次大戰時，拯救中國免於共禍所須付的代價是很小的，甚至戰後就付出救她的代價，數目還是不大。可是現在就不然了，自由世界正爲反共付出昂貴的代價，但是效果還不顯著。

※　※　※　※

現在請看第三階段——七十年代。民國六十二年，我向監察院請假一年，遠赴歐美。期滿請辭監委職務，三年多後方荷諒解，我乃回國。旅外期間見聞較多，我寫了許多國際問題的論文。

七十年代之初，美國總統尼克森將有北平之行，我以監察院外交委員名義寫信勸阻，頗有說服力。我把國務院的覆信譯錄於左：

尼克森總統要我對你七月二十八日寫給他的信中對他擬議中的北平之行所提供的意見，

表示感謝。

想你也深知，美國政府相信與中共改善關係乃是重要事項。因為中共的繼續孤立，對我們和世界都很危險。反之，相互關係的改善，則對亞洲和平可能提供長期的遠景。

但美國政府也充分了解中共與我們之間的前途，誠有如你信中所說，滿佈荆棘和陷阱。中共與我們的「意的牢結」的差距依然如故。它對美國的態度仍表現出敵視、猜疑和誤會。但美國政府為了世界和平和安全的利益，仍在準備盡力為之。

我想你必能和我同樣認為美國與中華民國具有堅強的歷史性的友誼連鎖，這種密切的關係對兩國都有利益。我們展望這種良好關係必能繼續保持。有如尼克森總統七月十五日聲明中所保證，美國與中共所尋求的新關係，決不致以犧牲老朋友而換得之。美國政府曾透過最高階層一再保證美國將繼續保持與中華民國的一切關係，並繼續信守對中華民國的防禦條約的承諾。

藉這機會，我順便向你問候。我離開臺北後曾在加拿大居留一年，本年七月方回華府擔任現職。

莫柳泉　啓　一九七一年十一月二日於美國國務院

後來我在美國又給福特總統，回國後也給卡特總統寫信，條陳處理中美問題的意見。民國六十七年，我選出有關亞洲和太平洋地區的作品集印為「東亞豪賭」，由聯經出版事業公司印行。該書重要題旨節錄於左：

現勢——低盪與「正常化」：低盪現勢和對我國的影響，蘇毛冷戰的三線鬪爭，毛蘇邊界爭執的回顧和前瞻，越南慘劇及其教訓，美國的夢遊症及其康復之謎，美國的新戰略和新軍備，核彈三十週年面對恐怖平衡，「快樂諾言」預測中俄戰爭，美國在中俄戰爭中將對誰左袒？最冷的冷戰和難低的低盪。

賭注——中美關係：鄧小平談話透視，美國的新現實主義與中美關係，窺測尼克森的神秘報告，我給卡特總統的信及其註釋，一九八〇年。

賭客——三角舞臺上的獨脚戲：要與季辛吉互增了解，美國外交的奇正之用，「魔鬼與杜勒斯」，透視卡特和孟代爾，赫魯雪夫的哀鳴和善言，赫魯雪夫回憶錄論毛共人物。

第九節　比較監察　廿年有成

在臺灣三十年的寫作生涯中，我用力最多的作品，乃是「比較監察制度」。因爲「比較」——以各國的監察制度互相比較，並以古今的監察制度互相比較，在中外現有的監察制度書籍中，我還沒有發現以一人之力而用那樣廣泛深入的比較方法所寫的著作。臺灣大學傅啓學教授等合著的「中華民國監察院的研究」，當然是一本好書，可惜竟遭取締。拙著的寫作時間雖不很長，但準備卻長達二十年，而在這漫長的時間中，我一直是念念不忘，處處留心，上天入地，廣蒐資料。

我在該書自序中略述著作的旨趣和辛苦。

我寫本書的意願，萌動於民國四十八年我應美國政府邀請去訪問美國國會的時候。那時承參議院多數黨領袖詹森參議員的介紹，我與一位國會問題專家蓋羅渭博士(George B. Galloway)討論中美兩國的監察制度，同時承他贈送他用比較方法述評英、美國會制度的一本新著作 Congress and Parliament。於是我對比較政制更發生興趣，開始蒐集各國國會監察資料，想寫一本國會監察比較。

民國五十五年，美國聖若望大學的法學季刊，登載我在該校一篇講稿，引起美國律師公會監察長（制度研究）委員會主席富蘭克 (Bernard Frank) 先生重視，開始與我締交，並供給我很多資料。民國六十二年，我有歐洲之行，那時他已兼任國際律師公會監察長委員會主席，承他介紹我與英國、瑞典、丹麥、芬蘭、西德和瑞士的監察長與我通信或晤談，我的見聞於是更多。這些資料，自是本書所必需。

但是監察制度究竟是中國固有的產物，它的根源，乃是長達二千多年的御史制度和諫官制度。本書所用這方面資料的蒐輯，多賴小兒天翼的指引和協助。

本書的中心旨趣，當然不是論述外國現代或我國古代的監察制度，而在述評行憲三十年來的監察院及其組織以及監察權及其行使，包括理論和實務及其展望。我很欣幸能有充分機會參加監察院的建制工作，對於該院多年來的大法大案和宏模宏規，我幾乎無役不從，體驗頗深。所以在本書中寫得也頗多。

現在我略陳本書的體例：

一、「監察」不是政治學的專有名詞，例如公司也有監察人，而政治方面的監察，也不是國會所獨有，但以國會監察最重要，所以本書乃以國會監察爲重心。

二、用比較法研究政治和其他科學，現在日益普遍。通常是就各國或多項事物作比較，求出它們的異同。我國現行監察制度頗多「規撫」於美國。例如監察委員的任期，與美國參議員同是六年；產生的方法，與早期的參議員也相同；兩國的委員會都負著監視行政機關的任務；監察院和參議院都行使同意、彈劾和審計等權。所以本書採用美制的許多資料，作爲對我國監察制度的說明和補充。其他國家資料之可應用的，當然也就所知酌量採入。

三、本書對註釋也曾付出相當多的心血和時間。它包括書中所引用的重要資料的根源，以及正文所不能納入的一些重要資料。其中最突出的，乃是「導論」，「註」得很多，「釋」得也不少，共計一百十三條。那是寫在四年以前，我尚餘勇可佔，而後來則逐漸的再衰三竭了。爲期集中精力，以寫好本書，我乃不得不力辭監察委員。

四、依照常例，最後一章應是「結論」。但我是把結論夾敍在每章甚至每節中，所以最後已無結論可寫，而意猶未盡，於是乃名之曰「尾語」。但我相信它有獨立存在的價值，或可免於「狗尾續貂」之譏。

最感歉悵的，是因限於篇幅，尤恐掛萬漏一，我不能把許多位鼓勵我、指教我和協助我寫本書的中外友人在此一一提名道謝。唯有中心藏之而已。

最後，本書大部份是寫在國外旅途中，自有許多不方便之處，因此會有若干錯誤，切望讀者諸女士和諸先生不吝指正，使本書，連帶的使我國這個文化傳統，更臻完美！

民國六十七年四月一日，臺北

敝帚自珍，現將該書目錄抄附於左：

導論

第一章 國會監察與監察權

第一節 國會監察的意義
第二節 國會監察權概觀
第三節 監察權與各方面的關係
第四節 監察權與提案權
第五節 監察權與釋憲聲請權
第六節 監察權的界限和節制
第七節 國會監察的新發展
第八節 監察院的國會地位
第九節 監察院與新聞界

第二章 監察委員

第一節 選舉
第二節 工作與條件
第三節 與政黨的關係
第四節 風格與紀律
第五節 薪俸和補助
第六節 言論免責
第七節 身體保障
第八節 罷免和辭職

第三章 組織和機構

第一節 院長
第二節 院會
第三節 委員會
第四節 監察委員行署
第五節 審計部

第四章　同意權及其行使

第五章　彈劾權及其行使

第六章　糾舉權及其行使

第七章 審計權及其行使

第八章 糾正權及其行使

第九章 監視權及其行使

第十章　調查權及其行使

尾　語

後來中華文化復興運動推行委員會的秘書長谷鳳翔先生，因知我對監察制度的比較研究用過一番心力，在籌備編印中華文化叢書時堅邀我寫「中外監察制度之比較」，盛情難卻，而且義不容辭，但拖了一年，我仍無暇執筆，於是乃邀陳少廷教授共寫。其中最後兩章則是我所寫，頗具特色。玆錄章節名稱於左：

第七章　監察長——監察制度的新模式

第一節　總　述

第二節　瑞典國會監察使及其特色

第三節　英國國會監察長及其特色

第四節　坦桑尼亞行政監察使及其特色

第五節　美國奧勒岡州的監察長及其特色

第六節　地方議會監察長組織條例

第八章　中國監察制度的改進意見

第一節　關於監察委員者

第二節　關於監察機關者

第三節　關於同意權者

第四節　關於彈劾權者

第五節　關於糾擧權者

第六節　關於審計權者

第七節　關於糾正案者

第八節　關於監視權者

第九節　關於行使監察權的節制

第十節　臺灣三好　應求最好

民國六十二年，我有歐洲之行，承中國時報邀我爲它寫旅途觀感或外交專欄，所以我一到瑞士，就寫了「臺灣好，臺灣要更好」。民國六十六年，我用那個題中的第二句作爲一本言論集的書名：「臺灣要更好」。

我在該書自序中指出：

民國六十二年九月，我有歐洲之行。承余紀忠先生約我爲中國時報寫些「旅途觀感」或「外交專欄」。所以我一到瑞士，就寫了「臺灣好，臺灣要更好！」現在我便用題中的第二句作爲本書的書名。

爲求臺灣的更好，我曾寫了許多文稿，五年前在我七十歲誕辰前夕，經我兒女集印爲「陶百川叮嚀文存」十六册，現在坊間尚有出售，本書乃是叮嚀更叮嚀。區區苦心，有似唐人桂花詞所說：「桂花詞意苦叮嚀，唱到嫦娥醉便醒」。我希望我的再三叮嚀，也能發生醒世作用。

本書所收文稿，絕大多數寫在歐美，也有一些是在出國前或回國後所寫。但無論寫在何處，都是以國事爲論述的中心，即使那些外國事例，也是含有「他山之石可以攻玉」的作用。

臺灣要更好，我們須就幾個大問題下決心、絞腦汁，用毅力。它們包括：

——統一談何容易！該書收印了十一篇文章。

——武力終不可免乎？收印十篇。

——團結如之何？收印七篇。

——民主實踐。共舉十一個例子和收印十一篇文章。

——道德規範。收印十三篇，包括政府道德和社會倫常。

——現代化衍義，收印十三篇，評介各國一些模式及其精神。

※　　※　　※　　※

過了一年，六十七年，我又集印了一本「臺灣怎樣能更好」，略論政治、外交、經濟、法治、教育和社會，並附很長的緒論和結論，共計七十一篇。

當然，臺灣已經相當好。否則，它不可能度過許多困境和危機而較前更安全和更安定。但是展望未來，世界局勢將更動盪，國內問題將更棘手，臺灣必須更好和更強，方能化險爲夷，遇難成祥。

我在該書自序中指出，這可就幾方面加以說明：

第一，如果美國與中共眞的建立外交關係，它與我國是否斷交？斷交是否就得廢止中美共同防禦條約？依我看來，我國應作這樣的假定，庶幾有備無患。但這談何容易！（註：那時中美尙未斷交，一年後卻不幸而言中了。七十三年加註。）

第二，即使邦交不斷，條約不廢，但靠他人總非久計，所以必須整軍經武，自強自衞。美蘇兩國已夠強大了，但是一年三百六十五日，沒有一日不在處心積慮，改良武器。不獨爲著自衞，也且用以殺敵，同時希望以此「恐怖平衡」克保「武裝和平」。許多小國，更是無一不提心吊膽，千方百計，設法增強戰備。我國在這方面應做和可做的自是很多。

第三，在這戰火可能隨時燒來的危險地區，我們的心理和精神都尚不夠健全到可以適應危難。試看那氾濫的色情！那奢侈的生活！那貪瀆的風氣！那敷衍的吏治！那青少年和知識份子的觀念和不安！如果不能及時校正，將來何能經得起狂風暴雨的考驗！現在行政院著手重振十項革新，方向很對，但內容尚嫌瑣屑，必須另作根本打算。

第四，精神固很重要，物質也須重視。如何以物質培養精神，並以精神善用物質，這是經濟政策和政治做法的重要課題。我常思慮：有朝一日，如果外資不來，內資逃匿，我國將怎樣維持適當的經濟成長和生活水準？想著能不令人憂心如焚！

第五，政治還是最重要。政治必須廉能，政務方能推行盡利，但領導實居於關鍵地位。它包括領導集團的才德和作風以及政治措施的健全和適切。而社會各界的支持、督促和匡扶，也是它成敗的要素。我們應該怎樣更求進步？

以上這些問題，多年來向感重要，現因時勢危急，更覺突出。該書對此加以論列。茲錄比較重要的篇目於左：

一、時代動向與國是重點：鞏固七大地位知變馭變用變，臺灣對中國前途所任的角色及其使命，馭變求變之道，這是什麼時代？我們怎樣應變？

二、關於政治者：臺灣政治的指導原則和評鑑標準，總統難做但能做好，議會質詢與民治吏治和法治，民心易得士氣難求，廉能之治與志士之氣，自強應變首須改革政務，如何起用人才？關於赦放政治犯的兩封信，政制「二實二虛」的構想。

三、關於外交者：中美關係：推論很糟，結論尚好，致尼克森總統的忠告信及其答覆，致福特總統的公開信及其答覆，給卡特總統的信及其註釋，二十年變局：從頭說，向前看，小國生存之道。

四、關於經濟者：未必「當然是民營」，也非「當然是公營」，經濟發展要防背離三民主義，財經作風與社風政風，怎樣保護民族工業？工業保護的歧途及其補救，南部一天的觀感，管制進口不可管而不問，土地如何易於徵收和充分利用？

五、關於教育者：改進大專聯招的第三次呼籲，不讓小算盤妨害大利益，私立學校問題之我見，為電腦閱卷催生。

六、關於社會者：設勒戒所並免罪刑以清煙毒，工廠最低工資急需調整，為新勞工法催生，請為工人「雪中送炭」，勞工保險改進問題九十個。

七、關於法治者：行政命令的法律效力問題，各國司法審查制與中國憲法問題，司法院應否有提案權？法院改隸的難產和催生，法官職務的保障和轉調的條件，寃獄賠償與法官責任，懲戒權的新構想，監察院不可請警備總部干涉民間倒會案件，異哉！公務員未被撤職免職或停職而竟被剝奪退休權利！政府履行債務應本什麼態度？

八、知識分子的責任：寬言路以求更進步和更安定，關於紐約時報公開越戰密件的感想，補述國家機密與新聞自由，監察委員的座右銘，省（市）議員需要什麼樣的監察委員？議員不可談論國策麼？反對銷燬〔監察院之研究」。

※ ※ ※ ※

民國六十八年一月，美國承認中共政權，與我斷交，我們自應有更新更好的努力和做法，以共抒國難，於是我在第二年出版「臺灣還能更好麼」，收印拙作五十篇，分為七類。

其中我最重視「世亂如麻，惟有自強」，收印四文，題目如下：

美積弱、蘇霸強，世亂如麻、我心憂傷

三國反霸條款與中美防禦條約

附錄：臺灣在世局中的戰略價值

美國國會能為我們做些什麼？

如何加強中華民國的國際映象

其次是「擁護領導中心而求其更好」，收印十一篇，我較欣賞下列八篇：

百餘年來一個大問題

總統的權力及其制衡

總統與行政院長的相制相衡而相成

對當前國是的四點意見

政風醫案

國家與亡政理六條

國家建設，平等第一

黨報也須鼓動政治的進步

最後是「政局有戾氣，團結有關鍵」，六文如下：

政局漂浮戾氣，怎樣導致祥和

寬心故能寬容，危機乃是轉機

以「正常」對「非常」而不「反常」

幾個敏感的大問題

試述吾黨盛衰一關鍵

加拿大選舉的結果和意義

第十一節　政治三喻　尚難共喻

政治應像汽鍋之有安全瓣，使過多的蒸氣可以外洩，以減少汽鍋所受的壓力。政治應像唐僧之有緊箍咒，以馴服孫行者，使他有所戒懼而不敢為非作歹。政治又應有唐堯所說的爝火光，以幫助日月之光照亮它們所照射不到的地方。

這三個譬喻——安全瓣、緊箍咒和爝火光，就是我所發現的政治三喻，也就是我在近四年中出版三書的書名——「政治安全瓣」、「政治緊箍咒」，和「政治爝火光」。

「安全瓣」(safety valve)是裝置在汽鍋上的活門。汽鍋中所裝的水，經燃燒而化爲蒸氣，有很大的衝擊力，能够推動機器。但是鍋內的水蒸氣如果太多，超過規定壓力以上，會使汽鍋破裂。所以必須使它（水蒸氣）有路可走，以免爆破成災。汽鍋上的活門，這時受蒸氣的衝擊，便會自動打開，讓它稍稍逸出，以保安全，所以稱爲安全瓣。

政治也是如此。它須有很大的力量，方能發揮效能，保國衞民，但對它（力量）如果沒有節制，也會「權力中毒」，橫衝直撞，禍國殃民。於是現代國家的政治，多裝有政治的安全瓣，就是民主和法治——民主的法治和法治的民主。

「政治安全瓣」包括兩大部份。第一部份是理論，說明何以言論自由、議會監察和行政救濟乃是政治安全瓣；第二部份是實例，共舉我所經辦的二十一個辨冤白謗的案件。

※　※　※　※

現在要說到「政治緊箍咒」的來由和意義。

話說在我出版了「政治安全瓣」以後，陳立夫先生看了來信讚：「其命名既新穎，又恰當，其內容亦多有事實爲根據，爲一部可供當局者閱讀之好書也」。欣慰之餘，我眞的買了十册，送給當局參考。

陳先生早年在國內外學的都是自然科學和工程，多年來常用科學方法來闡揚中國文化和解釋社會現象。他所創獲的新名詞如「人理學」，便是從「物理學」或「生理學」領悟和應用而來，負的是「既新穎，又恰當」，而且「多有事實爲根據」。所以他對我把機械學一個名詞「安全瓣」用之於政治學，頗有吾道不孤的欣感。

現在我把西遊記所寫觀世音菩薩敎給唐僧用以制服孫行者的「緊箍咒」應用於政治，使人民和政府兩者都有一套法寶以制衡對方，俾雙方能够相生相尅，共存共榮。

我的這套理論和方法，是把言論自由和議會政治譬作人民對付政府的緊箍咒，同時借用薩孟武先生的學說，而以法律（包括司法和軍法）作爲政府統治人民的法寶。

我這套藍圖的思路歷程，相當曲折。遠在民國四十二年我爲悼念陳布雷先生逝世五週年紀念，寫了「報紙的政治使命」，開始引用「緊箍咒」。那時我把唐僧譬作人民，把孫行者譬作政府，而把言論自由譬作緊箍咒。但是薩孟武先生則把唐僧譬作帝王，把孫行者譬作人民，而把法律譬作緊箍咒。我以爲這兩說可以並存，而且必須並存，方見全貌，並竟全功。

於是政治緊箍咒就有五種。依本書的分類，操在人民手中用以督導政府的，是言論自由和議會政治；操在政府手中用以統治人民的，是法律，包括司法和軍法。

緊箍咒和政治緊箍咒，都有很大的法力，但都不可濫用。唐僧因爲多念了一次緊箍咒，幾乎逼走孫行者。幸而他（唐僧）後來自我節制，不再濫念，雙方乃能團結合作，同成正果。政治也應如此，而事實上也確是這樣。

所以無論是唐僧控制孫行者的緊箍咒，或是國王督責臣民的法律，或是人民監督政府的言論文字彈劾或罷免，都不可濫用，而應愼防激起反作用或後遺症。

請想一想：唐僧自從在寶象國遇難而請回孫行者救駕以後，幸而不再念動緊箍咒。我有理由相信。他如再念，準會使師徒失和，恩斷義絕，他極可能在西天路上被妖魔分而食之，孫行者也當然不能成佛了。

依照同樣的道理，國王如果濫用法律，不恤臣民，準會把那些「智勇力辯」的人「逼上梁山」，釀成後患。

人民的權力也非例外，而且更敏感，更脆弱，如果用得過多，準會觸怒政府，煮鶴焚琴。殷鑑不遠，往者已矣，我呼籲大家以後都要取法於唐僧和孫行者那樣以取經爲重，以祥和爲貴，各自反省，各自克制，共成正果，共登靈山。

※　※　※　※

現在說到最後一喻：「政治爝火光」。

「爝火」是一個古老的詞語，源出莊子。他在逍遙遊中引堯的話說：「堯讓天下於許由，曰：『日月出矣，而爝火不息，其於光也，不亦難乎！』」這是說：日月都出來了，而燭火還不熄滅，以光來說，不是很難麼！

我以爲難確很難，但爝火之光仍有它的用處，因爲許多明塞噲暗的地方，日月之光不能照射進去，那就有賴於爝火之光了。

但是有如耶穌所說：「光到世間，世人因爲是惡的，不愛光，倒愛黑暗，便恨光，並不來就光。」不獨不讓日月之光照射進去，卽使是小得像爝火之光，也不能相容，甚或要把它熄滅，則更難乎其爲光了。

我年來繼我的「創意造勢，突破逆境」之後，又寫了一些文章，並不想與日月爭光，只是想發揮一點爝火光的小作用，幫著日月之光照亮那些封閉陰暗的地方，但是卻因而遭到「圍剿」，幾乎熄滅。

我集結了有關拙作，並附印一些時論，編成「政治爝火光」，分爲兩部份，請讀者予以評鑑。

第一部份是爝火之光究竟有用麼？包含左列五類：

一、論法統和憲政，

二、論統一，

三、論人權，

四、論爲政之道，

五、論中美關係。

第二部份是爝火之光可爲麼？我報告和分析了上次警備總部對我「圍剿」事件的眞相和意義，包括左列三類：

一、誣衊批鬪，石破天驚，
二、解圍洗寃，公道猶存，
三、我志未酬，激成白露。

寫到這裏，我要特別感謝蔣總統經國先生對爝火之光的重視以及對我個人遭遇的關切。我也要感謝激於義憤而提供警備總部圍攻我那個密件的王寵鈞大律師和從而在立法院向行政院提出質詢的蘇秋鎭委員以及自立晚報和中國時報的吳三連先生和余紀忠先生及其同仁爲國家和我個人仗義執言。其他爲我解圍白謗的俠義之行和正義之聲，我在該書中也隨時提到或收印他們的文章，但因限於篇幅，不無遺珠之憾。

第十二節　人權呼應　滯而有進

依照世界人權宣言以及較它稍早的中國現行憲法的規定，人權的涵義很廣，它包含：平等、自由、人身保護、參政權、社會安全、教育權利以及保證保護這些人權的措施。

這些人權，無論是天賦的或國家和法律所授予的，都是人類所賴以生存，國家所賴以安定，社會所賴以安寧，世界和平所以維持。鑒於人權如此重要，多年來尤其在做監察委員時，我不斷爲它呼號並提出一些糾正案以建立範例，成立一些彈劾案和糾舉案以資懲儆和預防。

為慶祝世界人權宣言三十週年，我出版了「人權呼應」，提綱如左：

一、自由、法治與安全：申論蔣總統的文摘祝詞，危害人權法治一邪說，法治四義，安全與自由的平衡，戡亂與法治，長期戒嚴與臨時戒嚴。

二、破案和偵查的方法：破案不得用非法方法，反對刑訊第一聲，調解不得以羈押為手段，不得以「逃亡串供之虞」濫權羈押，我為什麼特別關心武漢大旅社兇殺案。

三、軍事機關的偵查權：警備總部有無偵查一般刑案的職權？法院檢察官可否將一般刑案送請警總協查？

四、管訓處分、流氓取締和違警罰法：管訓處分的法律和實施問題，流氓取締辦法應如何改進？取締流氓作業違法失職一例，違警罰法是否違憲？保安處分和司法保護。

五、叛亂罪名及其條件：言論文字叛亂罪的認定問題，江××叛亂案的啟示，參加共匪兒童團的叛亂責任，為請「刀下留人」上蔣總統書。

六、冤獄和誹謗：非法逮捕之提審的改進，冤獄責任及其追問，監察院請提非常上訴的限制，一條命的價值和價格，電視廣播損害他人的救濟，少年犯名譽的保護。

七、臺灣和中國大陸的人權：臺灣人權問題的證詞和我的意見，附錄：臺灣人權情況及其遠景（柏頓李文），中國大陸人權透視。

民國六十六年，我還滯留在美國，臺北的仙人掌雜誌第四期，把我做它的封面人物並加以介紹，文中最後一段指出：

陶百川像是戲臺上的演員，一般大衆，甚至他的部份同僚，雖然覺得他表演的精彩賣力，卻僅止於叫好而已。像這種角色零落的戲，不知道什麼時候可以變成大衆舞臺，演員多觀衆也多，到那時候，我們的社會就有希望了。事實上，陶百川在多年以前提出的問題，至今仍在我們社會中普遍存在，但是大家卻已安之若素，連提也沒人提了，這到底是我們社會成熟了，還是麻木了？

這是七年前的舊話，現在政府方面雖還不免作出一些敗筆，爲人詬病，然國家究竟也在進步，爲人權呼號的人不斷產生，可謂吾道不孤，而政府的人權紀錄近來也有進步了。

第十三節　創意造勢　突破逆境

懍於年來危機日增，逆境堪憂，我不恤衰老，不斷呼號，並提供意見，以求共鳴，並把那些呼聲輯成「創意造勢，突破逆境」。

該書本來是想稱爲「政治熠火光」，與我的其他兩書：「政治安全瓣」和「政治緊箍咒」，合稱爲「政治三喻」。（我尚有三書：「臺灣要更好」，「臺灣怎樣能更好」和「臺灣還能更好麼」合稱爲「臺灣三好」。）後來看了蔣總統經國先生七月十五日在中央常會關於「創造」有利形勢以應付「橫逆」的提示，我乃把本書改稱爲「創意造勢突破逆境」。

我們在臺已達三十四年，中有三十年過著安定寬裕的生活，爲民國以來所僅有，但我們將來能否繼續「走上安定建設繁榮與進步的大道」，「來應付未來的橫逆與衝擊」，作爲孤孽，我們不能無慮。所以現在就須思患預防，殫精竭慮，以創造有利的形勢。

本書的編著就是本著這個動機，內容包含下列這些問題和綱領：

一、議會政治是民主關鍵，不容導誤或受打擊，怎樣求其健全發展？

二、政黨政治是國家長治久安的基礎，能在兩年內實現麼？

三、選舉要選賢與能，講信修睦，而現去理想尚遠，怎樣補偏救弊？

四、上帝的應該歸給上帝，非常時期要防誤上旁門左道，試舉數例。

五、統一中國，任重道遠，談何容易，試求它的原則和模式。

六、苦撐待變，造勢復國，最先和最後都得靠精神動員，應以何事爲重！

就上面這些問題，我都提出了一些對策，有的尚可稱爲「新意」，阮大仁兄說是能「開風氣」，但我不信它們眞能創造有利的形勢，以突破逆境。我切望邦人君子加以批評和研究，庶幾拋磚引玉而集腋成裘。面臨橫逆，我們必須創意造勢，把它突破，以免他日噬臍莫及。

那本拙著付印時，我正好是八十歲，所以在該書扉頁寫下這樣的告別辭：

在這八十歲生日，我敬以本書呈獻於我父親、母親的在天之靈而禱告道：「『那美好的伏，我已經打過了；當走的路，我已經走盡了；所信的道，我已經守住了。』（新約，保羅）所背的十字架，我可以放下了。」

民國七十一年，我遊美歸國，應自立晚報的訪問，我又引宋朝大詩人陸放翁一首白雲泉的詩以表心境。承該報又登出一位自署「小市民」的投書，修改該詩兩句以加勉。玆錄於左：

〔臺北訊〕國策顧問陶百川在本月初歸國時，曾寫了陸放翁的一首「白雲泉」，表明心境，一位署名「小民」的市民日前投書本報，改寫這首詩的後半段，以爲應和。

這位署名「一小民」的讀者所作的詩是：「天平山上白雲泉，雲自無心水自閒，滙集百川山下去，激成白露向人間。」

而陶百川所引用的「白雲泉」原文是「天平山上白雲泉，雲自無心水自閒，何必奔衝山下去，更添波浪向人間。」

國立師範大學國文系系主任黃錦鋐認爲。這首詩修改得不錯，可以說是中規中矩，而其寓意應該是鼓勵陶百川，希望他不要氣餒，該說的話還是要繼續說，最後能「激成白露向人間」。

「春蠶到死絲方盡，蠟炬成灰淚始乾」，身受國難，我的十字架，看來一時還放不下。

(附錄)本書著者著作年表

書名	出版時間	出版公司
初中黨義教本(六册)	十七年	大東書局
高中黨義教本(三册)	十八年	同右
三民主義概論	十八年	新生命書局
三民主義十講	十九年	大東書局
楊格計劃與賠償問題	十九年	同右
中國勞動法的理論與實務	二十年	同右
爭論中的幾個問題	二十七年	血路出版社
遊蘇探眞記	二十九年	讀者書局
三民主義與共產主義	三十年	血路出版社
臺灣的命運	四十五年	見聞叢刊社
冷戰形勢與中國命運	六十二年	智慧出版社
叮嚀文存(十六册)	六十二年	與三民書局合作出版

第一册：駁變圖強之道（上）　與三民書局合作出版
第二册：駁變圖強之道（下）　同右
第三册：知識分子的十字架　傳記文學社
第四册：爲人權法治呼號　同右
第五册：回國前後　三民書局
第六册：辨寃白謗第一天理
第七册：監察制度新發展
第八册：自由民主噹噹噹　三民書局
第九册：道揆法守鼕鼕鼕　同右
第十册：革新進步鏜鏜鏜　同右
第十一册：吏治政風咄咄咄　同右
第十二册：反共復國喔喔喔　同右
第十三册：萬利奇觀
第十四册：我在美蘇采風探眞　三民書局
第十五册：美國對華政策透視　同右
第十六册：天下大勢老實話　同右

比較監察制度	六十七年	三民書局
臺灣要更好	六十七年	時報文化出版公司
臺灣怎樣能更好	六十七年	遠景出版事業公司
東亞豪賭	六十七年	聯經出版事業公司
臺灣還能更好麼	六十八年	經世書局
人權呼應	六十八年	遠景出版事業公司
政治安全瓣	六十九年	遠景出版事業公司
政治緊箍咒	六十九年	遠景出版事業公司
創意造勢突破逆境	七十一年	遠景出版事業公司
中外監察制度比較研究	七十二年	中華文化復興運動委員會
政治熘火光	七十三年	自立晚報社

第十九章　佈道市義　所爲何來

第一節　非愛黨外　乃愛民主

在我的政治環境很困難的一段時期內，中央黨部一位秘書知我很深，給我鼓勵。他說：「陶委員不必怕，因爲最容易被用以整人的兩頂帽子，一是匪諜，二是貪污，都拋不到你頭上去。」我在這兩方面確已免疫了。可是字典中和法典中有的是惡名和罪名，還是可被任意用來入人於罪。「黨外」也竟成爲其中之一。

感謝黨外政論家八十年代的總編輯江春男（司馬文武）先生，他自告奮勇爲我作證，在政治家半月刊一文中指出：「至於他跟黨外的關係，許多人有所誤解」。他說：

林宅血案發生後，他的摯情表現，完全是爲了人道奔走，根本與政治無關。他深知中國遲早要走上民主的路，所以一直希望政黨政治能正常運作，基於這個理想，他才跟黨外有所接觸，但並不是密切的來往。國民黨以爲他跟黨外走的很近，是不正確的，其實，陶百川是最忠貞的國民黨員，但他同時也是三民主義和民主政治的虔誠信徒。

江春男先生又指出我與黨外交往的另一個原因：

這些年，他一直想提昇黨外的政治理想，鼓勵他們走向更有規範和更健康的道路。他是君子，也是前輩，對任何求助他的人都很誠懇，我們與其說他愛黨外，不如說他是愛民主。

其實黨外爲什麼不能愛！「四海之內皆兄弟也」，「不是敵人，就是同志」。可惜我所認識的臺灣黨外人士，像江先生那樣的政治人物，甚至連與我交談過二、三句話的人也都算在內，迄今恐尚不滿二十人。

我與黨外可以說是久已有緣。這與我的工作頗有關係。因爲自從早年投入政治以來，我一直擔任教育、新聞和文宣工作，這也是黨外的活動範圍，所以我與他們接觸較易也較多。

早在抗戰以前的上海，我就認識很多老黨外。後來我們都做國民參政會的參政員。國民黨籍的參政員在該會設置黨團，從事溝通協調等工作，我們分類分組，我的對象便是那些去自上海的黨外參政員，包括王雲五、褚輔成、沈鈞儒、史良、鄒韜奮、沙千里、黃炎培、江恒源和王造時等十餘人。

民國三十四年抗戰勝利，我回到上海，經營我的大東書局。政府那時爲了保持與各黨各派的團結合作，舉行政治協商會議，內有「上海幫」多人，中央黨部特別徵召我回重慶去與他們聯絡溝通。他們那時已成爲所謂「紅蘿蔔」，外白內紅，可是我還得奉命與他們交往。也許是我的天性使然，我一直對他們推誠相與，和諧相處，但也不失立場。後來政府對付他們的風聲日緊，其中一人的家屬特來看我，要求讓他住在我家，以便隔離，而策安全，我慨然允諾，並要他不得從事政治活動。但在我向南京請示時，他已被中共偷偷接往香港去了。

我那時爲什麼熱心地與黨外開誠相見呢？無非是爲了團結，也可說是爲了與中共爭人心，對黨外作「統戰」，不是爲黨外，乃是爲吾黨。所幸那時吾黨氣魄浩大，作風正派，我不愁被套上紅帽子。

至於我們的「統戰」終於失敗，人心終於渙散，乃是大勢所趨，「非戰之罪」也。

來臺灣後與黨外的接觸，早年只有自由中國雜誌社和雷震先生及其一些朋友。但我沒有參加他們的新黨運動。雷震先生告訴我：「新黨的朋友都希望你能共同發起新黨，推我與你接洽。但我堅持不必，因我深知你不會參加」。

江先生在文中指出我與雷先生不同之處：

提到陶百川先生，我不免想到雷震。雷震的晚年是那麼寂寞，我想陶百川先生現在也一樣。（雖然他比雷震懂得節制）。

猶記雷震病重時，他從前的老朋友都爭相走避，像國科會的×××教授到醫院看病時，經過雷震病房，見他一人在椅上獨坐，也不敢進去打招呼。

凡是在中國政壇打過滾的人，都曉得其中的現實與黑暗。陶百川就說過：「政海險阻」。但他比雷震謹慎，比雷震更了解中國的政治，他不像雷震那麼跳出來行動，只在裏面不厭其煩的叮嚀再叮嚀。所以，他辭去監委後，仍能被聘爲國策顧問，與當局的高階層單位保持聯繫。

第二節 高雄事件 妥籌善後

到了高雄事件及其逮捕案之後，我的麻煩眞正夠大了。政府爲表示公開、公正和公平，邀請或准許人權團體，新聞記者和公務人員，其中不僅本國人也有外國人，旁聽警總的軍法審判。以我對國事的關切，我乃以中國人權協會顧問的身份請該會理事長杭立武先生代爲申請旁聽證，但竟遭批駁。

「履霜堅冰至」，那大約是因爲我以國策顧問的身分和職責，對政府當局寫了十二封信，提出了一些法律見解、政治影響和處理辦法的意見，觸怒了一些人員。

我在第一封信中提出我和吳三連先生對該案的疑問和意見。它說：

昨天上午吳三連先生和我兩人在自立晚報館晤談高雄不幸事件和逮捕案。我們二人曾就下列三個問題加以研究：

一、高雄不幸事件是暴行還是暴動？是衝突還是叛亂？判斷一個刑案，看犯行，也須看犯意，不知被捕的人是否有叛亂的犯意？

二、警總從前逮捕××，當天就把叛亂證據和盤托出，後來也依它判刑。逮捕×××也是如此。但這次逮捕十四人後當天中午發表的聲明，僅說他們涉及暴行、暴力或暴亂，而未提及叛亂，與以前兩案的說法大不相同。人犯十四人雖關在警總，但又並不指明，而把它說成「有關機關」。

這可能有兩種解釋：

甲說：根本沒有叛亂證據，姑先加以逮捕，慢慢蒐集，所以一時無可奉告；

乙說：預留彈性，以便善後，例如送交法院審理。

可是晚間廣播，則說他們是叛亂犯了。但因迄今未如以前兩案那樣宣佈叛亂證據，使人仍不能無疑。

三、中壢事件焚燬警所，搶刼兵器，情節遠較高雄事件嚴重，但未辦成叛亂，人犯都由警總改送法院訊辦。高雄事件是否也將那樣處理？

以上三個問題，我們二人都不敢妄斷，但覺得很重要，而且很迫切，有迅行了解的必要。於是商定先由吳先生往訪中央黨部蔣秘書長以決定是否須見蔣總統。

那天晚上我參加了哈佛大學同學會年會，友人想起哈佛校友安克志大使近在美國「外交政策」雜誌一文，問我看到原文麼，他說報上沒有譯登有些重要的話。今天我細看全文，中有這麼幾句：「爲了獲得美國繼續支持，中華民國應避免在臺灣海峽掀起挑釁的軍事行動，以及武斷壓制不同意國民黨政策路線的人。只要臺灣維持目前的自由市場經濟政策，並把政治制度發展得更爲開放，臺灣當可獲得美國繼續支持。」

安克志大使不失爲我國一個好朋友，我們應該相信他這些話乃是肺腑之言，而不可忽略。這是我寫這個報告以稍盡國策顧問言責的動機。

六八、一二、二三

在全國震驚和全球關注的敏感時候，我在另一信中提出了一些溫和的但爲法所當然的建議：

——叛亂罪有特殊條件，不可輕易認定，必須意圖（這「意圖」二字非常重要）破壞國體或竊據國土或以非法的方法變更國憲，顛覆政府而著手實行者，或通謀外國意圖使其與本國開戰或將本國土地改屬該國者，方爲叛徒。如無叛亂事證，而僅犯普通罪刑，則可依妨害公務罪、妨害秩序罪、公共危險罪、傷害罪、妨害自由罪或毀棄損壞罪等追訴，則都應移送法院審判和懲治，而不應受軍事審判。

——對警備總部羈押中涉嫌叛亂的該案嫌疑人犯，應迅作下列處分：

一、罪嫌不足者予以釋放；

二、觸犯普通刑法者移送法院偵辦；

三、事有可恕或情有可原而有感化必要者交付感化；

四、罪證顯著者依法審判，但處刑不宜太重。

由於蔣總統經國先生的賢明和仁慈，高雄事件被逮捕的一百多個嫌疑人，有的釋放，有的移送法院依普通刑法審判，而留在警備總部受軍事審判的僅施明德等八人。

第三節 外人之言 歷史之鑑

在警備總部審判開始前，六十九年二月二十二日，設在倫敦的國際赦免組織派來臺灣觀審的兩位代表，路德敎授和范達秘書，偕同一位譯員（高雄事件被起訴案中的家屬），來寓相訪。路德敎授對我說：他不知該案將在何時開庭，不能久留，但赦免總會可能派一代表來旁聽，已荷汪總司令允准。他問我是否認識一位美籍敎授家博？他爲人如何？他（家博）曾表示願代該會觀審。

他說，他已分訪我國有關當局，了解案情，並表達關切，但他還是不解爲什麼要用叛亂罪刑去對付那些只想促進民主的被告。

我依起訴書略述他們的罪嫌，但指出那是原告的控訴，還待軍事法庭審判。

他認爲民主運動而使用暴力，這在西方國家也許還不致興大獄，但臺灣三十年的安定，沒有人去「挑戰」，政府已被「寵愛」慣了，所以受不了一點刺激。

他同時也對那位家屬說：「你們那些在獄的青年都是好律師、好議員、好國民，但不是好政客，他們有點過分放肆，也被『寵壞』(spoiled)了。政府當然要懲罰他們。」

那位家屬說：「但他們不是叛亂呀！政府爲什麼要把他們辦成叛亂罪呢！」於是大哭。路德對她說：「現在還須待軍事法庭審判，還有平反的機會。聽說臺灣是民主的，蔣總統也是仁慈的。軍事審判要聽命於總統，你們固然應在法庭上努力奮鬥，但更要去求總統給你們悔改的機會。」

那位家屬插言：「但是我們見不到總統呀！」

他說：「你們可請陶顧問轉求總統。」

眞正慚愧！英美人多把國策顧問誤認爲像美國總統府的安全顧問那樣的重要。

我頗受上述談話的感動，於是想起諸葛亮七擒孟獲的故事。三國志諸葛亮傳記載：亮知土酋孟獲深得民心，但反對蜀漢。亮乃出兵把他擒來，問他服不服，他說他誤中亮計，不服。亮放他回去，約他再戰，又把他生擒，但他仍不服，亮又放他再戰。這樣七擒七縱，獲遂拜服說：「公天威也，南人不復反矣。」於是諸葛亮乃無後顧之憂，而能專力討伐曹操。

我又想起吳三桂勾結滿人的故事。從吳的降淸而後又反淸，可知他本來也有民族思想，只因李自成擒擄了他的愛妾陳圓圓，他遂在防地山海關，開關迎接滿軍助他擊敗李自成而鑄成大錯。而且可惜原因很小——只是「衝冠一怒爲紅顏」而已。

於是我不避冒瀆，又向政府當局進言，指出我們今天大敵當前，不可在內部製造新的吳三桂；我們要學諸葛亮的謀略，既示威又示恩而卒使南人臣服。

我所以那樣重視該案，而爲那批人犯說話，不是爲了他們的利益，因爲我與他們根本毫無私交。言不信由你，但我深信政府當局經查證後已經相信，我生平與黃信介、姚嘉文和林義雄相見僅一次，與張俊宏和陳菊兩次，與呂秀蓮因同爲哈佛校友則有三次，與林宏宣和施明德及其他數十人且從未晤面。

我所以不計同志們的誤會而放膽執言，（但我並不公開主張），純粹是因爲深怕我們在中共和臺獨虎視眈眈之下重蹈吳三桂「衝冠一怒爲紅顏」（陳圓圓）的覆轍。不幸現在果然有點應驗了。

第四節　民主前途　政黨政治

民國七十二年冬，增額立法委員選舉結束後，與吾黨中央有密切關係的黃河雜誌社，舉辦了一次「新歲展望民主政治前途」座談會，我也被邀參加。

座談提綱有兩個支題：一、本次選舉對今後民主政治發展的意義，二、如何開創我國民主政治的前途。我從而提出三點相當敏感而重大的意見。

第一，民主政治是議會政治。談到議會政治就不能不談到立法院、監察院和國民大會代表的名額及其補充問題。立法院現有三百七十多位立法委員，其中增選的名額只有九十八位。但資深委員逐漸凋謝，因此必須預作準備，注入新血輪。如果等到資深代表完全凋謝才大量以新人取代，則傳統難免脫節，衝擊不免太大。我主張在以後舉辦增額立委選舉時，應增加名額，但以二百名爲限，分兩次增足。這是說，新的增額立委目前有九十八位，三年以後，我主張增加五十位，一共選舉一百四十八位。再過三年，可能有更多的老委員去世，我認爲在原有的一百四十八位改選以外，再增加五十二位，總計就是二百位。再假定六年以後，我們仍在臺灣，立委名額也不必再增，將來就以二百名作爲總額。這樣的安排，老委員與新委員間不致脫節和斷層。

目前監察院約有七十位委員，我想將來的總額也定在七十位。監察委員依法六年改選一次，除了上次新產生的三十二位委員應予改選之外，下次增加十八個名額，再過六年，再增加二十位，總數達七十人，這就是監察委員的總額。國大代表部份也準此辦理，而把總額定爲三百名。

第二，民主政治也是民意政治或輿論政治。輿論政治或民意政治的發揚，端賴言論和出版自由。沒有言論出版自由，議會就變成啞子，政府就變成聾子和瞎子。在這次選舉中，我們的言論出版自由有傑出的表現，從黨外人士政見發表會上所說的以及黨外人士的「傳單」、「海報」、「小册子」和「快報」所表達的意見，有些地方連我看了都覺得有點不服氣。但是政府卻都容忍下來了，選舉委員會也容忍過去了。這是一個好現象。我希望限制將會放寬。因爲這有事實上的原因，這不是一種理想主義，而是一種務實主義。

此外，集會結社的限制也放寬了。因爲黨外後援會未被干涉，它在選舉期間的活動，包括提名和輔選，儼然是一個政黨。我們選舉強調公正、公開和公平，這次有了黨外後援會，足以說明

「三公」已有進一步的發展。這才是公道。這才從三公進步為四公。

第三，民主政治乃是政黨政治。因為議會政治而沒有政黨政治或民意政治而沒有政黨政治，我可以說那種民主政治就沒有基礎，也不能運作。所以有議會不一定有民主，中共也有議會，蘇聯也有議會，他們也發行刊物、印行報紙，而且也有憲法，也辦選舉，但因他們是一黨專政，沒有輿論，沒有競爭，也沒有制衡，所以不成為民主政治。

說我曾向政府建議解除黨禁，實施政黨政治，在二年間能制訂一個政黨法，規定四點：其一，須有最低的申請人數，美國許多州的總統候選人須有超過該州千分之五人口的推薦，才可列在該州總統候選名單中。例如加州的千分之五就是要有十萬人推薦，各州人數限制各有不同。如果如此，我們一千八百萬人，就要有九萬人聯名申請，方許組黨。其二，申請書要聲明遵守中華民國憲法。其三，申請書由中央選舉委員會受理，但是該會要更民主化。其四，政黨組織以後，如有重大違憲或觸犯刑法，如內亂罪或外患罪，政府有權將它解散，解散政黨之權也由中央選委會掌理，被解散的政黨有訴訟的機會，由最高法院設立特別法庭受理之。

政府曾對我的建議考慮研究，但在一年後表示不擬開放黨禁，於是我就不再談黨禁問題。但是，現在的環境不同了，政府的想法也應該變一變了，所以我應再提這個重大問題。

在那天黃河雜誌的座談會，我卽景生情。從黃河雜誌的名字，聯想起中國的第二大河——黃河。它的歷史悠久，可以說有中國就有黃河。舜派鯀治水，那水就是指黃河而言，結果失敗了。舜就將鯀殛斃，命其子禹去治水，而禹卻成功了，並且得到了舜所禪讓的王位。鯀與禹的治水之法相異之處很小，鯀採圍堵政策，以堤防水，禹也築堤，但同時開九條大河，把水引入海洋，所以成功了。我以爲對在野的政治勢力也須採用禹的疏導方法，它才不致泛濫，而且反可利用它來革新政治，制衡權力，以福國利民。整治黃河向來是一個令人頭痛的問題，因爲沒有人能堵塞黃河的水源，根絕黃河的泛濫，「政治黃河」也是如此。我希望政府能及早考慮這個問題。

第五節　期以兩年　提升民主

上文提到，我在民國七十年曾向政府建議，在兩年內訂定政黨法，開放黨禁。我現在追述它的經過和理由。

事緣那年吾黨要召開第十二次全國代表大會，廣徵黨員和民間建言。我在中國論壇半月刊一次「國民黨的再出發」的座談會提出那個主張，理由有四。

首先，鑒於半年來，西德、美國、新加坡、南韓和我國都舉行了大選，有三點引起大家的注意：

一、這五國各有大黨，也各有小黨：西德有大黨四個聯合爲兩大陣容，另有小黨八個。美國有大黨兩個，小黨十二個。新加坡有大黨一個，小黨七個。南韓有大黨四個，小黨十三個。我國也有一個大黨和兩個小黨。可見民主國家一定是多黨制度。

二、最應注意的乃是南韓。因爲全斗煥本已將所有政黨全部解散，但最近竟准它們全部恢復活動，且另增新黨，可見形勢比人還強。

三、選舉結果：西德、新加坡、南韓和我國都是在朝黨獲勝。可見在朝黨或大黨，對小黨或新黨不必過分怕懼。美國的民主黨總統雖被共和黨取代，但這正可證明政黨政治的可貴。因爲如果美國不施行政黨政治而讓卡特繼續執政，美國和自由世界恐將因懦弱無能以致鼓勵蘇聯繼續侵略而逼成第三次世界大戰。

其次，鑒於我國在蔣總統領導下，勵精圖治，國富民樂，但政風不良，利之所在，往往弊亦隨之，而政府的除弊決心和成果，似尚難副衆望。補救之道，必須加強監督力量，包括對政府機關和官員的監督。卽使吾黨本身也因長期安逸而也需要來自外部的刺激、競爭和制衡，方能期其激昂奮發。這就是孟子所謂：「入則無法家拂士，出則無敵國外患者，國恆亡。然後知生於憂患，而死於安樂也。」

在這些情形下，應該也只有聽任並利用在野黨派發揮適度的制衡作用，方能起衰救弊。這是一帖覇藥，但恐終不能免，而「良藥苦口利於病」，我們不可再諱疾忌醫了。

第三，鑒於我們在臺三十餘年，祖父時代已經過去，父親時代也在結束的邊緣，快將由孫子一代起來當家，所以他們多在急起直追，躍躍欲試。而以他們社會背景的紛歧，不是吾黨一條管道所能兼收並蓄，似須開放政黨以容納不同的利益和意見，俾能合法競爭，和平共存。這是勢所必至，也是理所當然，所以民主國家都施行多黨制度，且多能獲得安定和進步。

第四，更鑒於吾黨孫總理曾在民國二年指示：「橫覽全球，無論為民主共和國，為君主立憲國，莫不有政黨。……今日講到民權，更不能不要政黨，無政黨則政治必愈形退步，將呈江河日下之觀。流弊所及，恐不能保守共和制度。」孫中山先生後來雖主張要有訓政時期，以黨治國，但明定時間僅六年，國民政府也宣佈民國十八年至二十四年為訓政時期。如非日本侵略，執政黨早在民國二十五年實施憲政。而證以抗戰開始就承認各黨的合法地位，並與其合作，可知蔣總裁對政黨政治也有信心。所以現在開始準備政黨政治，實為本黨的歷史使命。

最後，基於這些國際潮流、國內情形和本黨傳統，我鄭重主張：在兩年內實施政黨政治。辦法如下：

一、提請第十二次全國代表大會決議，在兩年內取銷組黨限制，並訂定政黨法，准許人民依法組黨。

二、凡聯合合格選民九萬人或聯合最近一次立法委員或國大代表選舉時獲得三十萬張同類選民票的候選人或當選人得向中央選舉委員會提出組織政黨的申請。

三、申請人必須公開聲明：遵守中華民國憲法。

四、政黨如違反憲法或觸犯法律情節重大者，得由中央選舉委員會予以解散。

五、申請人如不准許組織政黨，得以中央選舉委員會爲被告，向最高法院訴請裁判。敗訴的判決，如有合於民事訴訟法再審的情事，應准再審。政黨如不服該委員會的解散命令，也可向最高法院提起訴訟和再審。

據說黨政當局曾把這個重大問題再三研究，一年後正式表示：黨禁不應開放，新黨不准組織。

第六節　替天佈道　爲黨市義

在我提出兩年內訂立政黨法開放黨禁的結語中我編了一首歌謠，如左：

在朝當思在野日
早種善因待善果
在朝如果種惡因
冤冤相報無已時

× ×

盈虛損益是天理

在野也有在朝時
人民眼睛最明亮
善因方能有善果

這首歌詞的哲理，所謂「盈虛損益是天理」，是本於老子一些名言，他說：

天之道，其猶張弓乎？高者抑之，下者擧之，有餘者損之，不足者補之。天之道，損有餘而補不足。人之道則不然，損不足而奉有餘。孰能以有餘奉天下？惟有道者！

所以天道忌盈而貴謙虛，而「滿招損，謙受益」，就是天道之所當然。個人如此，政治尤其這樣。因爲政治乃是管理衆人之事，乃是公器，而不是私產，應以「天下爲公」。這是公道，背之不祥。

吾黨創建民國，再造共和，鏟除軍閥，戰勝日本，廢除不平等條約，但至今大陸未復，民困未蘇，革命尙未成功，同志仍須努力，而肩負這樣大責重任，必須繼續掌握政權，期能完成歷史任務，則從而多享一些權力，多做一些工作，也是天道，應該不致遭受天譴。

但仍須有限度，而應以必要爲界線，不可太過，不可太滿，須把有餘的部份分給不足的人，這更是天道或公道之所當然。反之，我說：「在朝如果種惡因，寃寃相報無已時」；因爲「人民眼睛最明亮，善因方能有善果」。

以上述我所主張和建議的政黨政治來說，無論看世界潮流，吾黨傳統，立國原則，民意所趨，天道所示，甚至本於利害打算，我國都應及時實施政黨政治，而照我所建議先訂政黨法的兩年計劃，更是有利無害。否則無計劃的拖下去，馴至請酒不吃而吃罰酒，當然不是謀國之忠，甚至也不是利己之道。

我想起了馮煖市義的故事。

史稱，齊國宰相孟嘗君有食客三千人。其中有馮煖者，自告奮勇請派他到薛邑去討債。臨行去問孟嘗君道：「收債完畢，要買什麼東西回來？」孟嘗君道：「你買我的家裏所少有的東西就是了。」

馮煖到了薛地，差吏卒去召集那些應當還債的人，都來對照合同。合同對過了，馮煖乃假傳命令，說是孟嘗君把那些統統賜給他們，不要他們還了，就此燒燬那許多合同。百姓都歡呼萬歲。

馮煖回到齊國，見到孟嘗君。孟嘗君問：「債都收完了麼？回來怎麼這般快？買了什麼東西回來呢？」

馮煖道：「你說買我家所少有的東西，所以我替你暗暗的計算，你的宮裏積滿了珍珠寶貝，狗和馬養滿了外面的馬房，所有的姬妾都是美麗的女子，你家所少有的東西，不過是義罷了。所以替你買了義。」

孟嘗君問：「義是怎樣買的呢？」

馮煖道：「現在你只有一方小小的薛地，卻不像對兒子一樣去保養百姓，反而去盤剝他們的利息；所以我私下假傳了你的命令，把債賜給百姓，因而燒燬了合同，百姓都歡呼萬歲。這就是我所以替你買的義啊！」

孟嘗君聽了很不愉快，說：「唉！先生休矣！」

後來隔了一年，齊王對孟嘗君道：「寡人不敢把先王的臣子來做寡人的臣子。」孟嘗君只好退休於薛，還沒走到一百里，百姓都已扶了老人，帶了小孩，整天在道上迎接他。孟嘗君回轉頭對馮煖道：「先生所說爲田文買的義不料在今天看見了。」

馮煖說：「狡兎有三窟，僅得免死，今有一窟，還不能高枕而臥，請爲君再鑿二窟。」

戰國策讚美馮煖：「孟嘗君爲相數十年，無纖介之禍者，馮煖之計也。」

我不敏，卻很愛黨愛國，因而，而且必須也愛民主。我的政黨政治以及寬容各黨各派和黨外的主張，可說毫無私圖，而只是爲天佈道，爲黨市義而已。

突然想到天龍八部電視連續劇主題曲中的三句話：「磊落志，天地心，傾出摯誠永不悔」。

我願以此自勉自慰，並聊以解嘲。

《附錄》為自由人權護法的陶百川

仙人掌雜誌

陶百川喜歡把自己比做看門狗和報凶的烏鴉，他的座右銘是「寧鳴而死，不默而生」。但是最近自美歸國的陶百川，卻沒有對時局表示什麼意見，看來他已經下定了退休的決心。

事實上，遠在十二年前，陶百川就打算辭去監察委員的職務，然而終因輿論的督促和友好的敦勸而未成事實。陶百川自責甚嚴，對自己身任「現代御史」的職務，常感「內疚神明，外慚清議」，時有倦勤之意。然而，他在十二年前無法下定掛冠求去的決心，是由於「盛名之累」的緣故。陶百川之享盛名，是因爲他經常大力爲自由民主敲鐘，爲革新進步打鼓，爲人權法治極諫，他的這些作爲召來了盛名，也召來了寃謗。對於好名之譏，陶百川曾引兩個古人的話來自解，「行善不以爲名，而名從之」，「若避好名之嫌，即無爲善之路矣」。

做爲一個以敢言著稱的民意代表，陶百川的「盛名」的確有其不得已之處。因爲他得向人民負責，事情辦好了，必須對人民有所交代，事情辦不通，也得對人民有所解釋。陶百川一直遵循著這個原則，很忠實地把自己「暴露」在民衆面前，接近民衆、尋求民衆的支持和諒解。他這種作爲，只能算是盡了民意代表的天職，但是由於其他民意代表的沉默，造成了陶百川的突出，因而帶來盛名之累。其實，由於大衆傳播工具的進步，愈具活動力的人必然愈有名，如果盛名會帶給人一種負擔一種痛苦，甚至一種罪惡的話，那麼，這些對陶百川來說，應該算是一種必要的負擔、痛苦、和罪惡。

我們在這個時候談陶百川，並不想再增加他的「盛名之累」而妨礙他個人的抉擇。我們只是想介紹一些他的作爲，藉以鼓勵後繼者，希望陶百川的風骨不至成爲絕響。若說政府三十年來，一直未能敎育出能言敢言的人才，還要勞動七十五歲的陶百川繼續爲國馳驅，也實在不是國家社會之福。

西元一九〇二年，陶百川生於一個「紹興師爺」的家庭，父親見他頗有分析和判斷的能力，希望他能繼承衣缽，但他終於因爲母親的影響而進了敎會中學唸書。中學畢業後，因爲父親失業而無力升學，擔任了一年的中小學英文敎員後，自力升讀大學英文系。唸大學時只希望日後能敎書或擔任海關工作，大學畢業後卻進了英文報紙當翻譯。

民國十六年，北伐的浪潮把陶百川捲進了上海市黨部的宣傳部門，旋又兼任上海民國日報編輯，因感覺過去所學的英文對黨政工作沒有多大用處，乃重入大學讀法律。後來用其所學，出任淞滬警總軍法處處長，兩年之後，他深感審判犯人的工作太消極，又不能忘情於當初從事敎育工作的志向，於是力辭軍職，轉往美國哈佛大學留學。

抗戰前夕，陶百川輟學歸國，在國民參政會擔任了七年的參政員，並陸續兼任香港國民日報和重慶中央日報的社長。在此前後，他先後主辦過「向前進」、「大路」、「血路」、「國風」、

「智慧」等週刊，並擔任上海大東書局總經理。

我們可以說，陶百川在出任監察委員以前的事業，主要集中於三方面：一是學校，二是民意機關，三是新聞事業和出版事業。這些早年的經驗，使他日後擔任監察委員的任內，具有與衆不同的特殊風格。做爲報紙和雜誌的編輯人，陶百川磨鍊出一手銳利流暢的文筆，養成了以文學表達思想的習慣，並且深切瞭解文字所能發揮的力量。更重要的，他認識到言論自由的重要性，了解只有相互激盪的力量才是促成進步、掃除黑暗的可靠基礎。基於這樣的認識，再加上他光明磊落的胸襟和「忠實反對者」的性格，遂使他日後在監委任內能有非凡的表現。陶百川並不把自己拘限於監察委員的身份之中，他時常以一個知識份子的身份，不斷地盡其言責，極力鼓吹自由、民主、人權、和法治。

陶百川曾身爲國民黨員，而主張建立反對黨；身爲監察委員，而主張民意代表改選，在在顯示出他「君子不器」的胸懷。他曾引用詹森的一段話來自況：「我是一個自由人，一個美國公民，一個參議員，一個民主黨黨員。我照著這個次序的先後來考慮問題。」同樣我們可以說，陶百川是一個自由人，一個中國公民，一個知識份子，一個監察委員，一個國民黨黨員。陶百川這種以知識份子的天職自任的態度，不能說不受其早年做爲一個報人和學者的經驗的影響。

民國三十六年，當大陸各地正籌備立法委員和監察委員的選舉時，陶百川正在上海擔任三個自認爲很有意義的職務，是十里洋場的忙人之一，因而無意於競選。後來聽到上海流行的傳言：

「守法者死，違法者富，玩法者貴，毀法者富而且貴」，內心很是憂急，才決定重回中央議壇。他比較立監委的職權，認爲監察委員在糾彈和制裁違法失職方面，可望有較大的作爲和貢獻，於是選擇了監察工作，沒想到一做就是三十年。

在這三十年的監委任內，陶百川提了不計其數的彈劾案糾正案，贏得很多稱道，也惹來不少麻煩。他所參與的彈劾案不避高官，也不偏同黨，對國民黨籍行政院長俞鴻鈞的彈劾就是很好的例子。俞案的提出曾引起軒然大波，憲法學家們因而爭議五院的關係，國民黨中央也因而重視監察院黨籍委員的紀律問題。然而，無論如何，俞案的成立不得不說是我國監察權發展史上的一件大事，在俞案發生爭議的過程中，陶百川堅持到底，數度撰文說明他對監察權行使的一些基本觀點，以學者陶百川的言論來支持監察委員陶百川的作爲。從這裏我們可以得知，陶百川的多重角色對其執行監委任務的重要性。

陶百川對案件的處理一向堅持到底，絕不放鬆，民國五十二年發生的大同實業公司「假出口、眞退稅」案可以爲例。在該案的第一階段，陶百川提出了對海關人員的糾舉，對檢察官的彈劾，和對行政院的糾正案；後來因爲高等法院擅自撤銷對該公司罰鍰的強制執行，遂又提出對高等法院院長的彈劾案。他對案件的追踪，可說是有始有終，鍥而不捨。

除了對官員貪汚失職的大力糾彈外，陶百川也時常注意小老百姓的寃情。許多沉寃不白的百姓，都風聞陶百川仗義執言，紛紛寫信求助，甚至警察挨了揍，也會寫信向他鳴不平。有時他會在凌晨二點鐘，突然接到陌生人的電話，告訴他一件不合法的事。他在接獲百姓的報告後，就立刻展開案情的調查，設法替百姓們解決問題。陶百川除了監察委員的身份調查案情外，他更時常為百姓寫信給法官、檢察官、政府官員，代百姓向他們伸寃。民國六十年，陶百川並會同酆景福委員調查民刑審判久懸不決的案件，結果發現拖纏四年以上未決者竟有一百三十一件之多，乃將調查報告移送司法院，促其迅速結案。

陶百川對於人權的維護不遺餘力，特別注重言論自由和刑求的問題。民國四十四年曾為「世界評論」事件向行政院提出糾正案，五十六年又為「人間世」和「影劇春秋」仗義執言，數度糾正內政部取締出版品適用法條的錯誤。他並於民國五十年八月間，獲得監察院院會的決議，以出版法第四十條和四十一條是否違反憲法，提請司法院解釋。對於警察機關常以刑求逼供，陶百川更是深惡痛絕，凡是調查案件中涉及刑求事項，無不追究到底，一定要查個水落石出。陶百川有時在家中看報紙，發現新聞報導中的案情有可疑之處，就主動在監察院提案要求調查。他這種主動、積極、徹底的作風，可以說把監察委員的角色發揮到了極致。

陶百川常說，「監察委員是『風霜之任』，以得罪人為本旨，以批評時政為常業，捨此別無他事可做」。以陶百川擔任監委職務的認眞、不徇私、不苟且、堅持到底的作風來判斷，他所得罪的人一定多如牛毛，但始終能站穩腳跟、不被佞人所誣陷，乃是由於他自己在操守上無懈可擊，別人抓不到把柄。對於監察委員的工作，陶百川常有「公僕難為」之嘆，他認為作監察委員必須有「三頭六臂」才能勝任。他對「三頭六臂」有這麼一段說明：

所謂「三頭六臂」的第一頭，是仁。但仁到極點，也會生怨，怨人之不仁，從而打抱不平。第二頭是智。徒有仁而無智，祇能做一個好好先生，而不易成為一個能幹和盡職的監察委員。第三頭是勇。勇者不怕得罪人，而且敢得罪自己的親友和同事。

三頭之外，還須有六臂。因為監察委員天天在得罪人，容易被人懷恨，一不小心，便為人所乘。僅有三頭是不够的。而且三頭愈好，做事愈多，招怨也愈甚，所以尚須有自衞和自保的條件，那就是六臂。第一臂是自身的健全，第二臂是家屬要爭氣，第三臂是言論自由、新聞自由和「沒有恐怖」的自由，第四臂是領導階層的賢明和容忍，第五臂是要有二三位助理人員，第六臂，也是極重要的一臂，是同仁的合作和支持。

陶百川能够促成若干重大的糾彈案件，是因爲有了這三頭六臂的幫助，但是也許在更多的場合裏，由於六臂殘缺而使他不能有所作爲。陶百川數次欲辭去監察委員的職務，就是因爲自覺六臂殘缺，不能善盡其責，不願繼續戀棧。

民國五十九年，陶百川南下查案，晚上在旅社裏看到電視演出「節義廉明」，見毛御史爲弱女子平反殺夫沉寃。因而「猜想那晚一定有很多人從毛御史聯想到今天的御史——監察委員，責怪我們不能爲人民洗寃白謗，並把貪官酷吏置之於法」。因而「內疚神明，外慚清議，久久不能成眠」。由此可知，做爲監察委員的陶百川是多麼困惑、多麼寂寞。有時候，事情辦不通，還得罪了人，不免自我解嘲：「我自信不是我做人做事的根本觀念有了什麼改變，那完全是因爲做了監察委員就不能不得罪人。這也是『職業中毒』，有時竟『明知故犯』，而實在是『無可奈何』」。

陶百川做人做事的根本原則從未改變，但是他做參政員和做監察委員的方式卻大不相同，是因爲他體認到時代的不同。他認爲國民參政會的任務是團結、民主和抗戰，而且那時對於時政的批評，自有各黨各派的參政員在做，用不到國民黨人幫腔。但是監察委員是「風霜之任」，任務是糾彈違法失職的官吏，是稽察和審核財政收支，是檢舉不忠不法的行爲，是批評時政和糾正政府的行政措施。所以監察委員不得不糾彈本黨官員，不得不批評本黨的行政措施，要不然，在朝黨的監察委員尙有何事可爲？

有人認爲監察委員不應公開批評時政，但是陶百川不以爲然。他認爲監察委員上承古代的諫議大夫，職責所在，必須盡言極諫，他贊成韓愈在「爭臣論」中的說法。韓愈以爲諫議大夫有領導天下輿論的責任，「使四方後代知朝廷有直言骨鯁之臣，天子有不僭賞從諫如流之美，庶嚴穴之士聞而慕之，束帶結髮，願進於闕下而伸其辭說」。陶百川認爲監察委員旣是民意代表，就必須對人民負責，必須用輿論的力量來加強監察的效果，所以案件必須公諸百姓。

其實，陶百川並不是天生的「反對者」，他是根據時代和職責的需要來調整自己的作爲，以便忠實地扮演一個有益於國家的角色，他的精神正符合了佛家「我不入地獄，誰入地獄」的原則，但是他內心的痛苦掙扎，他所遭受的誣謗排擠，又豈是外人所能了解的？

陶百川在做監察委員以前，曾經是一個報人，這段經歷對他的影響，使他在意識上及行爲上不受監委角色的拘束，不時地顯露出自由知識份子的氣質。做爲一個關心國事的知識份子，陶百川的認識面十分廣濶，舉凡外交、政治、教育、經濟、社會的問題都是他發表意見的範疇。但是，使他感觸最深的，還是言論自由和人權法治的問題，他在這方面很敢言，也很能言。

談到言論自由，陶百川喜歡舉「西遊記」爲例來說明其重要性。他認爲政治之爲物，和孫悟空一樣，十足是隻潑猴，可與爲善，也可與爲惡；人民就是唐三藏，唐三藏制伏孫悟空的法寶是那個緊箍咒，而言論就是摧動緊箍咒的咒語。言論自由至多只能使政府感到頭痛而已，而政府受到了輿論的刺激，乃不致陷於痲木不仁。基於這種看法，陶百川撰寫了數十篇呼籲言論自由的文字，說明「政治永遠需要批評」，建議「言路如何開，異議如何待」，商榷「政府對付批評的做法」，質疑「出版法和違警罰法是否違憲」，並提出「爲什麼不讓辦新報」的問題。陶百川所發表的言論，爲言論自由的正面效果做了很好的示範，他言人所不敢言，而且根據理性發言。

陶百川經常爲人權法治呼號，大事他呼號，小事他也呼號。他認爲官府之小事，乃是民間之大事，不可因爲善小而不爲。所以他曾爲「一條命賠五百元」的事情大聲疾呼，要求檢討人民損害的救濟措施。陶百川認爲人民遭受刑訊，是「人權法治的一次重大考驗」，因而要求改進「非法逮捕的提審」。他曾對警備總司令部偵查犯罪的權限提出了他的看法，並且撰文討論管訓處分的法律和實施問題。凡此種種，都是陶百川呼號的一部份。他的呼號，不知替民衆洗清了多少寃屈，也不知替政府贏得了多少民心，使政府在推行保障人權法治上，向前邁進了好幾大步。

做爲一個知識份子，陶百川繼承了中國古代士大夫的優良傳統，也浸潤了西方民主法治社會的理性精神。就這一點來說，他超越了許多同時代的西化派人物。那些人物，雖然也接受西方的進步思想，卻往往不敢堅持到底，一遇挫折，就立刻修正他們的信念；一旦得勢，則更容易忘記他們的信念。陶百川對信念的堅持到底，是値得我們再三喝彩的。

陶百川做了將近三十年的監察委員，經常產生困惑。爲了不徇私情，他已經是「六親斷，故友絕」，事實上他「非常的孤獨」。但是他也有不寂寞之處，就是經常收到大批的信件，這些信件卻往往又造成他精神上的負擔。他在民國五十四年曾表示「擬辭監委職務，完全因事情較前難做，深怕尸位素餐。」民國五十七年，他又說：「我雖有時不免很灰心，但還是勉強打起精神來，做一點算一點。」六十三年，他致書大學雜誌主編，重申辭意，「再過一個月，弟卽達七十三高齡，況又衰朽，難任馳驅。『仁民愛物非吾事，自有周公孔聖人』；兄等不能再以此期待或責望於弟矣。」他曾很坦白的表示，「我在國外二年多，有幾次不打算回國，而且也有適當的工作，優厚的待遇約我去做，我雖然答應了，但心情總很沉重。我的兒女也顧慮我將來會不會於心不安。」於是，他又回國了。陶百川不諱言他的困惑，但是他始終與困惑纒鬪不休，企圖解開困惑，這就是他一直在寫「國會監察制度比較」的理由，他希望後繼者不再困惑。

陶百川像是戲臺上的演員，一般大衆，甚至他的部份同僚，雖然覺得他表演的精彩賣力，卻僅止於叫好而已。像這種角色零落的戲，不知道什麼時候可以變成大衆舞臺，演員多觀衆少，到那時候，我們的社會就有希望了。事實上，陶百川在多年以前提出的問題，至今仍在我們社會中普遍存在，但是大家卻已安之若素，連提也沒人提了，這到底是我們社會成熟了，還是痲木了？

六十六年三月

滄海叢刊已刊行書目(七)

書名	作者	類別
文學欣賞的靈魂	劉述先	西洋文學
西洋兒童文學史	葉詠琍	西洋文學
現代藝術哲學	孫旗譯	藝術
書法與心理	高尚仁	藝術
音樂人生	黃友棣	音樂
音樂與我	趙琴	音樂
音樂伴我遊	趙琴	音樂
爐邊閒話	李抱忱	音樂
琴臺碎語	黃友棣	音樂
音樂隨筆	趙琴	音樂
樂林蓽露	黃友棣	音樂
樂谷鳴泉	黃友棣	音樂
樂韻飄香	黃友棣	音樂
色彩基礎	何耀宗	美術
水彩技巧與創作	劉其偉	美術
繪畫隨筆	陳景容	美術
素描的技法	陳景容	美術
人體工學與安全	劉其偉	美術
立體造形基本設計	張長傑	美術
工藝材料	李鈞棫	美術
石膏工藝	李鈞棫	美術
裝飾工藝	張長傑	美術
都市計劃概論	王紀鯤	建築
建築設計方法	陳政雄	建築
建築基本畫	陳榮美 楊麗黛	建築
建築鋼屋架結構設計	王萬雄	建築
中國的建築藝術	張紹載	建築
室內環境設計	李琬琬	建築
現代工藝概論	張長傑	雕刻
藤竹工	張長傑	雕刻
戲劇藝術之發展及其原理	趙如琳	戲劇
戲劇編寫法	方寸	戲劇

滄海叢刊已刊行書目㈥

書名	作者	類別
人生小語㈠㈡	何秀煌	文學
印度文學歷代名著選(上)(下)	糜文開	文學
寒山子研究	陳慧劍	文學
孟學的現代意義	王支洪	文學
比較詩學	葉維廉	比較文學
結構主義與中國文學	周英雄	比較文學
主題學研究論文集	陳鵬翔主編	比較文學
中國小說比較研究	侯健	比較文學
現象學與文學批評	鄭樹森編	比較文學
記號詩學	古添洪	比較文學
中美文學因緣	鄭樹森編	比較文學
比較文學理論與實踐	張漢良	比較文學
韓非子析論	謝雲飛	中國文學
陶淵明評論	李辰冬	中國文學
中國文學論叢	錢穆	中國文學
文學新論	李辰冬	中國文學
分析文學	陳啓佑	中國文學
離騷九歌九章淺釋	繆天華	中國文學
苕華詞與人間詞話述評	王宗樂	中國文學
杜甫作品繫年	李辰冬	中國文學
元曲六大家	應裕康 王忠林	中國文學
詩經研讀指導	裴普賢	中國文學
迦陵談詩二集	葉嘉瑩	中國文學
莊子及其文學	黃錦鋐	中國文學
歐陽修詩本義研究	裴普賢	中國文學
清真詞研究	王支洪	中國文學
宋儒風範	董金裕	中國文學
紅樓夢的文學價值	羅盤	中國文學
中國文學鑑賞學隅	黃慶萱 許家鸞	中國文學
牛李黨爭與唐代文學	傅錫壬	中國文學
浮士德研究	李辰冬譯	西洋文學
蘇忍尼辛選集	劉安雲譯	西洋文學

滄海叢刊已刊行書目 (五)

書名	作者	類別
青囊夜燈	許振江	文學
我永遠年輕	唐文標	文學
思想起	陌上塵	文學
心酸記	李喬	文學
離訣	林蒼鬱	文學
孤獨園	林蒼鬱	文學
托塔少年	林文欽編	文學
北美情逅	卜貴美	文學
女兵自傳	謝冰瑩	文學
抗戰日記	謝冰瑩	文學
我在日本	謝冰瑩	文學
給青年朋友的信(上)(下)	謝冰瑩	文學
孤寂中的廻響	洛夫	文學
火天使	趙衞民	文學
無塵的鏡子	張默	文學
大漢心聲	張起鈞	文學
回首叫雲飛起	羊令野	文學
康莊有待	向陽	文學
情愛與文學	周伯乃	文學
文學邊緣	周玉山	文學
大陸文藝新探	周玉山	文學
累廬聲氣集	姜超嶽	文學
實用文纂	姜超嶽	文學
林下生涯	姜超嶽	文學
材與不材之間	王邦雄	文學
人生小語	何秀煌	文學
印度文學歷代名著選(上)(下)	糜文開	文學
寒山子研究	陳慧劍	文學
孟學的現代意義	王支洪	文學
比較詩學	葉維廉	比較文學
結構主義與中國文學	周英雄	比較文學
主題學研究論文集	陳鵬翔主編	比較文學
中國小說比較研究	侯健	比較文學
現象學與文學批評	鄭樹森編	比較文學

滄海叢刊已刊行書目 (四)

書名	作者	類別
中國歷史精神	錢穆	史學
國史新論	錢穆	史學
與西方史家論中國史學	杜維運	史學
清代史學與史家	杜維運	史學
中國文字學	潘重規	語言
中國聲韻學	潘重規 陳紹棠	語言
文學與音律	謝雲飛	語言
還鄉夢的幻滅	賴景瑚	文學
葫蘆・再見	鄭明娳	文學
大地之歌	大地詩社	文學
青春	葉蟬貞	文學
比較文學的墾拓在臺灣	古添洪 陳慧樺	文學
從比較神話到文學	古添洪 陳慧樺	文學
解構批評論集	廖炳惠	文學
牧場的情思	張媛媛	文學
萍踪憶語	賴景瑚	文學
讀書與生活	琦君	文學
中西文學關係研究	王潤華	文學
文開隨筆	糜文開	文學
知識之劍	陳鼎環	文學
野草詞	韋瀚章	文學
現代散文欣賞	鄭明娳	文學
現代文學評論	亞菁	文學
當代臺灣作家論	何欣	文學
藍天白雲集	梁容若	文學
思齊集	鄭彥棻	文學
寫作是藝術	張秀亞	文學
孟武自選文集	薩孟武	文學
小說創作論	羅盤	文學
往日旋律	幼柏	文學
現實的探索	陳銘磻編	文學
金排附	鍾延豪	文學
放鷹	吳錦發	文學
黃巢殺人八百萬	宋澤萊	文學

滄海叢刊已刊行書目(一)

書名	作者	類別
國父道德言論類輯	陳立夫	國父遺教
中國學術思想史論叢(一)(二)(三)(四)(五)(六)(七)(八)	錢穆	國學
現代中國學術論衡	錢穆	國學
兩漢經學今古文平議	錢穆	國學
朱子學提綱	錢穆	國學
先秦諸子論叢	唐端正	國學
先秦諸子論叢(續篇)	唐端正	國學
儒學傳統與文化創新	黃俊傑	國學
宋代理學三書隨劄	錢穆	國學
莊子纂箋	錢穆	國學
湖上閒思錄	錢穆	哲學
人生十論	錢穆	哲學
中國百位哲學家	黎建球	哲學
西洋百位哲學家	鄔昆如	哲學
比較哲學與文化(一)(二)	吳森	哲學
文化哲學講錄(一)(二)(三)(四)	鄔昆如	哲學
哲學淺論	張康	哲學
哲學十大問題	鄔昆如	哲學
哲學智慧的尋求	何秀煌	哲學
哲學的智慧與歷史的聰明	何秀煌	哲學
內心悅樂之源泉	吳經熊	哲學
哲學與宗教(一)(二)	傅偉勳	哲學
愛的哲學	蘇昌美	哲學
是與非	張身華譯	哲學
語言哲學	劉福增	哲學
邏輯與設基法	劉福增	哲學
知識・邏輯・科學哲學	林正弘	哲學
中國管理哲學	曾仕强	哲學